JN294823

租税競争の経済学

資本税競争と公共要素の理論

松本 睦 著

Economics
of Tax Competition:
A Study of Capital-Tax
Competition
and Public Input
Provision

有斐閣

はじめに

　本稿は租税競争，特に資本税競争についての理論研究の書である。時代によって競争に対する世間的・一般的感覚は異なると思われるが，近代経済学を学ぶものには"競争は資本主義市場経済の根幹であり，資源配分効率性や経済発展をもたらす原動力"という感覚が強いであろう（少なくとも，経済学部においてそのような教育を受けるであろう）。ただし，競争のメリットはあくまで"市場経済のカタログ性能"であって，現実にはカタログ性能の発揮を妨げる様々な要因が存在する。公共経済学・財政学では，このような要因は"市場の限界"と呼ばれている（公共財や技術的外部性など）。また，カタログにはそもそも載っていない公平性の問題もあり，この問題を含めて教科書では"広義の市場の限界"として解説されている。市場の限界を克服して競争のメリットを生かすべく，公共部門による市場経済への介入が行われる（岸本1986を参照）。

　租税競争を考える際には，上述のようなスタンダードな競争の捉え方や先入観はとりあえず脇に置いておく方が良い。近代経済学において主に語られる競争は，民間経済主体間の競争である。これに対して，租税競争とは，本来は民間経済における競争の弊害や限界に対処すべき政府間の競争である。資本や企業あるいは住民の誘致や流出防止を目指して，政府が互いに政策を競い合う。経済のグローバル化や地方分権化が進むと，否応なしに国際的・国内的な政府間競争が発生するだろう。Sinn（2003, pp.5-7）が強く警告しているように，市場経済のカタログ性能のアナロジーで"政府間の競争は良いものだ"と早合点するのは大変危険である。私自身，経済や財政に詳しいはずの偉い方から，そのような早合点を捲し立てられて閉口した経験もある。租税競争について賛否両論があるのは事実であるが，本稿のサーベイが示すように，応用ミクロ経済学としての租税競争文献は，政府間競争の弊害を理論的に解明するところから始まっている。

　本稿は2つのパートから構成されている。第Ⅰ部（第1〜6章）は租税競争文献のサーベイである。『フィナンシャル・レビュー』のプロジェクトにおいて作

成した租税競争理論のサーベイ論文(松本 2006)が,その土台となっている。このサーベイ論文は,資本税競争の理論を中心に租税競争文献を体系的に紹介することを意図して作成されたものであるが,参考文献数が多いためか"租税競争文献の邦語辞書"のような扱いを受けているようである。本稿第Ⅰ部サーベイの作成に際しては,松本(2006)の基本構成を維持しつつ,租税競争に関する最新研究やトピックなどを取り入れた。一部削除した研究もあるが,それでもサーベイに含まれる参考文献の数は増えている。松本(2006)で言及した論文についても,説明内容を再吟味した上で必要に応じて加筆・修正を行った。松本(2006)以前に公表された研究についても,改めて精査した上で,租税競争理論を理解するために重要であると判断したものについては,今回のサーベイに新たに付け加えた。第Ⅰ部のサーベイを通じて,租税競争に関わる理論研究の多様性や奥深さを感じ取ってもらいたい。本稿サーベイの読破をきっかけに租税競争に関心を持ち,その先端研究に挑む若手研究者が出てくれば"幸甚の至り"である(必ずしも"若手限定"という訳ではないが)。

　本稿第Ⅱ部(第7〜16章)は,私自身が行ってきた租税競争と公共要素の研究を系統的にまとめたものである。過去 20 年の間,私は主に生産関連の公共サービス(公共要素)を対象に租税競争のモデル分析を行ってきた。第7〜9章は本稿のための書き下ろしであるが,第 10〜16 章は *Journal of Urban Economics*, *Regional Science and Urban Economics* 及び *International Tax and Public Finance* に掲載された 7 本の論文に加筆・修正を施したものである(出版元の Elsevier 社及び Springer 社からライセンスを取得)。いわゆる"ジャーナル論文"については,編集者や査読者の意向で分析の簡略化や論文自体の短縮化を求められることが多い。加筆・修正に際しては,このような"消えた分析"を必要に応じて復活させるとともに,各章のつながりが分かりやすくなるように内容を再構成した。第Ⅱ部において使用される理論モデルの構造は,決して難解なものではない。私は"シンプルな理論モデルから面白い結果を捻り出す"ことに生き甲斐を感じている。"まとも"な公共経済系の修士論文を書いたことのある方ならば,本書のフォーマルな理論分析に対応可能であろう。経済理論としての高度さは別として,第Ⅱ部の内容は租税競争と公共要素に関する"系統的な研究群"と言える程度にまとまっていると自負するところである

(この点については，第Ⅱ部を読んで頂いた後に"おわりに"にも目を通してもらいたい)。この研究分野の大まかな流れを理解した上で，理論モデルの高度化及び精緻化に取り組む若手研究者が出てくれば，これまた"幸甚の至り"である。

過去20年余りにわたる研究生活を通じて，多くの先生に大変お世話になった。私が租税競争に関心を持ったきっかけは，神戸大学大学院時代の恩師であり，中村一雄ゼミの先輩にも当たる玉岡雅之先生との六甲台図書館書庫前での何気ない会話である。先生の話は"租税競争は理論的に面白そうだし，日本ではあまり浸透していないので，手をつける価値があるのでは？"という内容だったと記憶している。確かに1990年代前半のわが国では，このトピックの研究は"超青田刈り"の感もあり，"そんな研究に意味があるのか？"と他大学の偉い先生から厳しい指摘を賜ったものである。

しかしながら，1990年代末期辺りから明らかに潮目が変わった。変化を感じた背景には，世界レベルでの租税競争研究の広がりや，わが国における地方分権への関心の高まりに加えて，私と同年代の優秀な公共経済学者たちの圧倒的な存在感があった。赤井伸郎先生（現大阪大学），小川光先生（名古屋大学），佐藤主光先生（一橋大学），土居丈朗先生（慶應義塾大学），林正義先生（現東京大学）は，当時それぞれ独自の視点から地方財政に関する興味深い理論・実証研究に取り組んでいた。本稿第Ⅰ部の土台である松本（2006）は，これらの先生たちとともに参加したプロジェクトの産物である。このプロジェクトには，当時，新進気鋭で鳴らしていた西川雅史先生（青山学院大学）も参加していた。彼らの活発な研究活動は，何かと頭の回転が鈍い私にとって大変良い刺激であった。特に，プロジェクトへの参加を促してくれた林正義先生には，今でも感謝すること頻りである。

公共要素の理論研究については，大学教員としての駆け出しの頃に関連研究の大家である多和田眞先生（現愛知学院大学）から様々なアドバイスを受ける幸運に恵まれた。同じく公共要素の理論研究家として知られるJames Feehan先生（Memorial University of Newfoundland）は，立命館大学経済学部時代にお世話になった坂野光俊先生や神戸大学大学院時代に御指導頂いた中村一雄先生，

岸本哲也先生，玉岡雅之先生とともに，"恩師"と呼ぶべき人物の1人である。1996年夏に"何でも良いからコメントを下さい"という（今思えば極めて無礼な）手紙を付して論文をFeehan先生に送りつけたが，先生からは驚くほど丁寧なコメントを頂いた。以降，Feehan先生とは3本の共著論文を作成する機会に恵まれた（本稿第12章はその中の1本に基づいている）。今でも論文を書く度に，先生から詳細なコメントを頂いて勉強させてもらっている。私が積み上げてきたささやかな研究業績も，先生の存在なくしては決してなし得なかったであろう。

　本稿の作成に際しては，作成プロセス全般において有斐閣の柴田守氏に大変お世話になった。"短い英語論文しか書かない"と言われることも多い私が専門書出版に取り組む気になったのは，学会や研究会で地方財政研究のベテランである齋藤愼先生（現大阪学院大学），中井英雄先生（近畿大学），堀場勇夫先生（青山学院大学）の背中を眺めていて，"私もそろそろやってみようかな"と思い立ったためである。ここ2, 3年の間，ベテラン陣からの"良い意味での圧力"を常に感じていた。特に，中井先生には，"明確かつ適切な圧力"を掛けて頂いた上に，出版に向けての最終決断に際して細かい点にまで相談に乗って頂いた。この場を借りて心から御礼申し上げたい。なお，本研究はJSPS科研費24530374の助成を受けている。

　最後に，私事で恐縮であるが，何かとわがままで偏屈な"自由人"である私を温かく見守ってくれる両親と家族に，この場を借りて感謝の意を表したい。

　　2014年1月

　　　　　　　　　　　　　　　　　　　　　　　　　　　　松　本　　睦

目　次

はじめに

序　章　租税競争の重要性 — 1

第 I 部　租税競争の理論 —— 資本税競争を中心として

第 1 章　ZMW モデルと租税競争理論の展開 — 8
　　はじめに　8
- **1-1．ZMW の資本税競争モデル** … 9
  - ZMW のフレームワーク　9
  - 地域間財政外部性　11
- **1-2．租税競争理論の展開と第 I 部におけるレビューの範囲** … 12
- 補論　ZMW のモデル分析について　17

第 2 章　地域規模の影響と非同質地域間の租税競争 — 20
　　はじめに　20
- **2-1．** 地域間金銭的外部性 … 20
- **2-2．** 地域数の影響 … 21
- **2-3．** 戦略変数の影響 … 22
- **2-4．** 地域規模格差の影響 … 23
- **2-5．** 集積の経済性 … 26
- **2-6．** 手番の内生化 … 28
- 補論　補助金競争と地域間資本配分の効率性について … 29

第 3 章　複数の税が利用可能なケース — 32
　　はじめに　32
- **3-1．** 労働・資本課税 … 32
- **3-2．** 源泉地・居住地資本課税 … 34
- **3-3．** 居住地資本課税と情報交換 … 36
- **3-4．** 均一課税 vs. 差別課税 … 39

第4章　地域間人口移動 —— 43
　　はじめに　43
- **4-1.** 小地域・人口移動モデル …… 43
- **4-2.** 大地域と自発的財政移転 …… 46
- **4-3.** Tiebout モデルとの融合 …… 49
- **4-4.** 再分配政策 …… 50

第5章　租税競争以外の非効率要因を含むモデル —— 54
　　はじめに　54
- **5-1.** 租税輸出 …… 54
- **5-2.** リバイアサン・モデル …… 56
- **5-3.** 政策決定プロセス …… 58
- **5-4.** 垂直的財政外部性 …… 61
- **5-5.** 不確実性 …… 63
- **5-6.** 情報の非対称性 …… 65
- **5-7.** コミットメント能力の欠如 …… 67
- **5-8.** 非競争的労働市場 …… 69

第6章　政府間財政移転と地域間協調 —— 72
　　はじめに　72
- **6-1.** 政府間財政移転 …… 72
- **6-2.** 地域間協調 …… 77

第Ⅰ部のまとめ —— 83

第Ⅱ部　資本税競争と公共要素

第7章　租税競争文献における公共要素の研究 —— 88
　　はじめに　88
- **7-1.** 公共支出水準への影響 …… 89
- **7-2.** 公共支出構成への影響 …… 91
- **7-3.** 競争参加地域の内生的決定 …… 92

7-4. 第Ⅱ部の研究対象と構成 …………………………………………… 94

第8章　ZMモデルと地方公共要素 ──────────── 98
　　はじめに　98
8-1. ZMモデル ……………………………………………………………… 99
8-2. 租税競争均衡の非効率性 …………………………………………… 101
8-3. ZM安定条件と過少供給の条件 …………………………………… 103

第9章　公共要素の分類 ──────────────── 109
　　はじめに　109
9-1. 要素貢献型・企業貢献型・不払い費用型 ………………………… 109
　　要素貢献型公共要素　109
　　企業貢献型公共要素　110
　　不払い費用型公共要素　111
9-2. 公共要素を巡る諸議論 ……………………………………………… 112
　　要素貢献型 vs. 企業貢献型　113
　　不払い費用型について　116
　　補論　企業貢献型と生産効率性について ……………………………… 118

第10章　租税競争と要素貢献型・企業貢献型公共要素 ──── 120
　　はじめに　120
10-1. 要素貢献型：代替的供給ルールに基づく分析 …………………… 121
　　理論モデルと供給ルール　121
　　財政外部性と租税競争均衡　122
10-2. 企業貢献型：地域企業数を内生化した分析 ……………………… 124
　　市場への自由参入を考慮した租税競争モデル　124
　　地方公共要素の供給ルール　126
　　一律政策変化の厚生効果　127
　　財政外部性と租税競争均衡　128
　　地域間企業移動　129
10-3. 関連研究との比較 …………………………………………………… 130

第11章　企業貢献型公共要素と混雑現象 ─────────── 132
　　はじめに　132

- **11-1.** 混雑現象を導入した租税競争モデル ……………………… 134
- **11-2.** 効率的資源配分 ……………………………………………… 135
- **11-3.** 租税競争均衡 ………………………………………………… 136
  - 均衡税・支出政策の特徴　136
  - 地域間資本移動の影響　138
- **11-4.** 一律政策変化の厚生効果 …………………………………… 140
- **11-5.** 地域間企業移動のケース …………………………………… 143
- 補論　Sinn（1997）の混雑外部性モデルについて ……………… 144

第12章　資本助成としての不払い費用型公共要素の供給 — 147
  - はじめに　147
- **12-1.** OSモデルと公共生産に関する規模の経済性 ……………… 148
- **12-2.** 租税競争均衡 ………………………………………………… 150
- **12-3.** 規模の経済性と財政外部性 ………………………………… 152
- **12-4.** 関連研究との比較 …………………………………………… 155
  - OS系列の研究との比較　155
  - ZMモデルとの比較　155
- 補論　地域資本量の変化について ………………………………… 157

第13章　地方公共財・公共要素の支出構成 — 159
  - はじめに　159
- **13-1.** 人口移動を導入した租税競争モデル ……………………… 160
- **13-2.** 地方政府の最適化問題 ……………………………………… 162
- **13-3.** 均衡支出水準 ………………………………………………… 163
- **13-4.** 均衡支出構成 ………………………………………………… 166
- 補論　企業貢献型について ………………………………………… 169

第14章　要素特殊的公共要素の支出構成 — 171
  - はじめに　171
- **14-1.** 要素特殊的公共要素を導入した租税競争モデル ………… 172
- **14-2.** 地方政府の最適化問題 ……………………………………… 174
- **14-3.** 均衡支出水準 ………………………………………………… 175

14-4. 均衡支出構成 ……………………………………………………… 178

第15章　租税競争に参加する地域数の内生化 ────────── 181
　　はじめに　181
　　15-1. 地域開発費用を導入した租税競争モデル ……………………… 182
　　　　競争参加地域における政策決定　183
　　　　開発決定と資本市場　184
　　15-2. 効率的資源配分 ……………………………………………………… 185
　　15-3. 均衡と財政外部性 …………………………………………………… 185
　　　　地方公共要素の供給ルール　185
　　　　地域開発に伴う財政外部性　186
　　15-4. 地方公共要素供給の非効率性 ……………………………………… 187
　　15-5. 競争参加地域数の非効率性 ………………………………………… 189
　　補論　公共支出水準の離散的比較について　192

第16章　地域的な経済格差と租税競争 ────────────── 194
　　　　財政移転 vs. 公共投資
　　はじめに　194
　　16-1. 地域的な経済格差を導入した租税競争モデル …………………… 195
　　16-2. 効率的資源配分 ……………………………………………………… 197
　　16-3. 租税競争均衡 ………………………………………………………… 199
　　16-4. 一律政策変化の効果：予備的分析 ………………………………… 201
　　16-5. 財政移転・公共投資の支出構成 …………………………………… 203
　　16-6. 公共支出水準の一律変化 …………………………………………… 205
　　補論　2次形式効用関数の例　207

第II部のまとめ ──────────────────────── 209

おわりに　213

参考文献　216

索　引　238

本書のコピー，スキャン，デジタル化等の無断複製は著作権法上での例外を除き禁じられています。本書を代行業者等の第三者に依頼してスキャンやデジタル化することは，たとえ個人や家庭内での利用でも著作権法違反です。

序　章

租税競争の重要性

　租税競争（tax competition）の理論は，1980年代後半以降急速に発展し，公共経済学・財政学における主要な1分野として確立されるに至った。関連研究の裾野は都市経済学や国際経済学などにも拡大しており，最近では政府間非協調ゲームの理論一般を指すものと認識されることも多い。元来，租税競争の理論は地方財政理論の1つであり，アメリカを中心に発展してきた財政連邦主義（fiscal federalism）の経済理論に含まれるものである。その主たる分析対象は，地域間移動可能な課税ベースの誘致競争である[1]。地域経済は財貿易や企業・資本・人口の移動を通じて密接に連関しており，課税ベースは地域境界を跨いで移動する。分権的財政システムの下では，課税ベースのロケーションについて，地域経済は互いに競合関係に置かれることになる。アメリカのように州レベルで強い課税自主権が認められている連邦国家では，税・支出その他の政策ツールを駆使した州・地方政府間の企業・資本誘致競争は，半ば"日常の風景"となっている[2]。

　租税競争の重要性は，連邦国家における地方財政の問題に限定されない。北米自由貿易協定（NAFTA）の締結，欧州連合（EU）における経済・通貨統合，

---

[1] 財政連邦主義の経済理論全般については，基本的文献としてOates（1972）やWildasin（1986a, 1987）を参照してもらいたい。邦語では，米原（1977）が欧米の地方財政理論を紹介した先駆的文献として知られている。租税競争を含む地方財政に関する諸理論を包括的に扱っている最近の邦語文献として，堀場（1999, 2008），土居（2000），伊多波（2002），中井（2007）や佐藤（2011）などがある。

[2] アメリカにおける州政府間の企業誘致競争の状況については，Chi and Hofmann（2000）が参考になる。1960～70年代の地方財政文献において，アメリカの州・地方レベルでの競争の激しさを窺わせる記述が既に見受けられる（Break 1967, p. 23やOates 1972, p. 143を参照）。McLure（1986, Footnote 5）及びPechman（1987, p. 279）によれば，さらに遡って1920年代に州間の遺産・贈与税の税率切り下げ競争が問題になり，連邦税上の地方税控除導入のきっかけとなった。

そして世界中で進行する自由貿易協定（FTA）に向けての動きに象徴されるように，経済活動のボーダレス化・グローバル化が進行している。新興国の著しい経済発展を受けて，企業・資本はビジネス・チャンスを求めて世界中を移動する。このような背景から，学問と政策の両面から租税競争への関心はますます高まっている。国内企業の海外進出と経済空洞化に直面するわが国の財政にも無縁ではない。さらに，中央集権的と見られがちであるわが国の地方財政にも決して無縁ではない。わが国においては，地方分権化の必要性が永らく主張されてきた。分権化の流れは決して速いものではないが，地方への税源移譲，課税自主権の拡大や道州制導入の是非を巡る論議を通じて流れの方向は明確である。わが国の地方自治体も，企業・資本の誘致政策に積極的に乗り出している[3]。

租税競争は経済にどのような影響を及ぼすのであろうか。財政関係の研究者や実務家の間では，課税ベース拡大を目指した税率あるいは税負担の切り下げ競争を意味する"底辺への競争（race to the bottom）"の可能性がしばしば指摘される。過少な課税に伴う公共支出削減の危惧，移動可能な課税ベースに対する過度な優遇によってもたらされる経済の歪み，生産活動促進のための環境規制や労働基準の過度な緩和，資本から労働への税負担シフトによる福祉国家の危機，などの弊害を列挙して，懸念を顕わにする議論もある[4]。他方で，租税競

---

[3] 佐藤（2011，第6章）によれば，不均一課税や（一定期間の）課税免除・減免，自治体独自の補助金や融資制度を駆使した資本・企業誘致競争が始まっており，菅原・國崎（2006），深澤（2009），田中（2013）のような租税競争に関連する実証分析もある。佐藤（2011, p. 178）は，"欧米流の地方財政理論は日本には当てはまらない"という過去の認識を批判して，"地方分権が進むとともに，自治体による課税自主権の行使や租税競争など，テキストに則した環境に近づきつつある"と指摘している。

[4] 本章脚注1で言及した邦語文献を含めて，租税競争のトピックを含む地方財政文献では，このような懸念に関する記述が必ず登場する。なお，本文に列挙した懸念は，OECD（1998）によって"租税競争の弊害"とされているものでもある。進展する経済統合を背景としてEUでも弊害への関心が高まっており，OECD（1998）と同様の議論が展開されている。EU内での議論や租税競争対策の実態については，Pinto（2003）やKiekebeld（2004）を参照せよ。他方，OECDやEUにおける政策論議の関心は，租税競争の理論で主に扱われるような一般的な税率切り下げの問題よりも，地域間移動可能な企業や生産要素への差別的優遇の問題に向けられることが多い。その背景には，各国の課税自主権を尊重しなければならないという政治的制約があるものと思われる（同様の制約は，連邦国家の州・地方にも当てはまるであろう）。実際，OECD（1998）の政策提言やEUにおける競争対策（code of conduct for business taxation: 企業課税に関する行動綱領）では，過度な差別的優遇の是正が大きな柱になっている。なお，Thomas（2000, Chapter 5）は，ア

争に好意的な議論もある。課税ベース移動性に伴う地域間競争は，良質な公共サービスを低い税負担で提供する契機を生み出すと考えられる。特に公共部門が非効率に膨張する傾向がある場合には，租税競争が生み出す税負担の削減圧力は，経済全体にとってむしろ望ましいものかもしれない[5]。また，租税競争自体は非効率なものであっても，現実経済には市場メカニズムの資源配分機能を妨げる様々な要因があり，これらの要因を考慮すると租税競争の規範的含蓄は全く異なったものになるかもしれない。

　本稿第Ⅰ部（第1～6章）では，租税競争理論を体系的にサーベイする。膨大な数に上る租税競争文献をひもとけば，競争に対する上述の批判的・好意的な考え方がともに含まれていることが分かる。この文献には様々な形態の地域間移動性，経済状況，地域態様や政策手段を想定した分析が含まれているが，第Ⅰ部のサーベイの主たる対象は，事業用資本への源泉地課税を想定した資本税競争の理論である[6]。この理論には，Zodrow and Mieszkowski（1986）とWilson（1986）によって築かれた確固たるベンチマーク・モデルがある。この理論モデルを形作る諸々の前提条件を1つ1つ緩和した理論的拡張の積み重ねが，実証・規範の両面から租税競争文献の発展をもたらしてきたと言っても過言ではない。

　Zodrow and Mieszkowski（1986）と Wilson（1986）の関心は専ら租税競争の

　　メリカとカナダにおける州間競争と EU における対策を対比して，差別的優遇への抑制策すらまともに機能していないという意味で，前者の競争を"野放し状態（non regimes）"と記述している。

5　租税競争に好意的な論調は，その発信者が公共経済学・財政学の専門家であるか否かに関係なく，Brennan and Buchanan（1980）に代表される公共選択系列の議論，あるいは"足による投票（voting with one's feet）の理論"で有名な Tiebout（1956）系列の議論に影響されているように思われる（本稿第Ⅰ部のサーベイには，これらの系列に属する租税競争の研究も含まれる）。また，"小さな政府"の信奉者と思われる個人・団体が，YouTube などを通じて盛んに租税競争のメリットを主張している。ここでは次の例を挙げておく："Tax competition: a powerful force to restrain big government（http://www.youtube.com/watch?v=OSXSCaRixYI）"，配信元 Center for Freedom and Prosperity Foundation。他方，租税競争のデメリットを訴えるクリップも配信されている。例として，著名な国際経済学者である Ian Wooton 教授のクリップ（http://www.youtube.com/watch?v=MCGchdpit0s）を見てもらいたい（いずれも，2013年8月5日に確認）。

6　地域間移動可能な資本については，その課税方法として"源泉地課税（投資先での課税）"と"居住地課税（資本所有者の居住地での課税）"の2つが考えられる。本稿全般において，主に扱うのは前者の課税方法である。特に断りがない限り，資本税は源泉地原則に基づく課税を意味している。

非効率性に向けられており，彼らの分析は底辺への競争に伴う過少課税・公共支出の弊害を理論的に証明したものである。彼らのモデル分析を契機として，租税競争の理論は課税ベース移動性の経済的帰結を分析する理論として急速に発展を始めた。その研究範囲は，租税競争に直面する政府の戦略的行動，政府間財政移転や地域間政策協調，そして個人間再分配への影響などへと広がっている。

Zodrow and Mieszkowski (1986) と Wilson (1986) 以降の拡張的諸研究では，租税競争が住民厚生の観点から有益になり得るケースも確認されている。しかしながら，租税競争の有益性は，課税体系，地域規模，地域間移動性や公共サービスのタイプなどに関する一定の条件が整わない限り，政府行動の非効率性などの他の非効率性要因が存在する場合に限定される。このような場合には，租税競争の非効率性で他の非効率性を部分的に打ち消しているに過ぎない。逆に，租税競争が既存の非効率性を悪化させるケースさえある。自由な市場経済の効率性のアナロジーとして，自由な租税競争が資源配分効率性をもたらすと考えられるケースは，極めて限定的である。

本稿第Ⅱ部（第7～16章）は，私自身がこれまで行ってきた資本税競争と公共要素の研究をまとめたものである。公共支出の非効率性を論ずる租税競争研究の圧倒的多数は，地域住民の効用関数の独立変数である生活関連公共サービス（公共財）を扱っている。しかしながら，国・地方レベルに関係なく，公共部門は各種インフラ，R&D関係や職業訓練などの生産関連公共サービス（公共要素）を幅広く供給している。このタイプのサービスは，生産関数の独立変数として扱われるべきものである。また，一般教育のように，公共財と公共要素の特性を兼ね備えている公共サービスもあろう。民間生産部門の技術や費用構造に直接影響しないとしても，各種助成や地域開発を通じた事業誘致など生産活動に多大な影響を与える公的支出や政策も考えられる。

租税競争文献においては，本質的に公共サービスの種類に関係なく成り立つ議論が多い。他方で，公共財と公共要素の違いを明確に意識したカテゴリーが存在するのも事実である。第Ⅱ部において扱われるトピックは，大別して公共支出水準，公共支出構成，地域開発の3つであるが，いずれもこのカテゴリー

に属するものとして位置づけられる[7]。

　租税競争の弊害として知られる過少課税・公共支出の問題は，基本的に地方公共財を想定したものである。地域レベルで生産性向上に貢献する地方公共要素が供給されるケースについては，過剰公共支出の可能性を指摘する議論がある。また，この種の公共サービスに限っては，応益原則の観点から租税競争の効率性を主張する議論すらある。本稿では，これらの多様な関連研究との比較を行いつつ，公共支出水準の非効率性に関する私自身の研究を系統的に提示したい。この研究の特徴は，公共要素を一定基準に基づいて分類し，要素のタイプごとに支出非効率性の分析を行っていることである。

　公共支出は多様な公共サービスから構成されている。支出政策を検討する際には，個別サービスの供給量や支出総額の効率性に加えて，サービス間の支出構成の効率性が問われることになろう。この発想は，税体系に関するタックス・ミックスの議論とパラレルなものである。租税競争文献においては，課税ベース移動性が公共財と公共要素の支出構成に与える影響などについて研究が進められている。本稿では，関連研究を紹介するとともに，公共要素に関わる私自身の支出構成の議論を提示したい。

　地域開発の重要な役割の1つは，企業・資本誘致に向けた生産環境の整備である。開発には多額の投資を要する場合も多く，投資コストを負担して誘致競争に参加するか否か自体が1つの選択問題になる。この種のトピックは主に都市経済学の文脈で議論されているが，本稿では租税競争に参加する地域数を内生化したモデルを構築し分析する。また，地域的な経済格差の問題を租税競争と公共投資の観点から考察する。格差是正策として直接的財政支援と地域開発用の公共投資を想定し，租税競争がこれらの支出水準・構成に与える影響を検

---

[7] 課税ベース移動性が各地域の支出政策に与える影響については，"租税競争"ではなく"支出競争（expenditure competition）"という表現も使われる（Wilson and Gordon 2003や小川2006を参照）。本稿第Ⅱ部の公共要素の研究も，特に支出構成に関する議論は支出競争のカテゴリーに属するものと思われるかもしれない。しかしながら，第Ⅱ部において議論される公共支出水準・構成の非効率性は，地域間移動可能な要素への課税によって財源調達することに起因する。公共支出自体が非効率性を生み出している訳ではない。このため，本稿では一貫して"租税競争"という表現を使っている。例えば，公共サービス便益が他地域に漏出するスピルオーバー（spillover）のケースでは，支出政策自体が非効率性の原因となる。なお，本稿においては，（一部の脚注で言及するのを例外として）スピルオーバーの問題を捨象している。

討する。

　第Ⅰ・Ⅱ部の各章の概要については，それぞれ第1章2節と第7章4節に簡潔にまとめてある。第Ⅰ部のサーベイでは，各章・節で取り扱われるトピックに関わる範囲で，公共要素を含む租税競争モデルにも言及している。第Ⅱ部冒頭の第7章には租税競争と公共要素に関する研究のサーベイが含まれているが，サーベイの範囲は第Ⅱ部の各章に直接関連するもの（公共支出水準，公共支出構成，地域開発）に限定している[8]。

　なお，第Ⅰ・Ⅱ部では記述スタイルが大きく異なることに注意してもらいたい。資本税競争を中心に租税競争文献をできるだけ幅広くに紹介するために，第1章補論を例外として，第Ⅰ部のサーベイにおいては定式化された理論モデルを一切提示していない。取り上げられた各研究のエッセンスを簡潔に伝えることを念頭に，理論モデルの基本的特徴とそこから得られる結論，そして他の研究と関連性を重点的に記述してある。他方で，第Ⅱ部の軸となるのは，定式化された理論モデルの分析である。特に，第10章以降の各章は，通常の学術論文のスタイルを採っている。

---

[8] 第Ⅰ・Ⅱ部の両方に跨がって言及される論文もある。このような論文については，取り上げられる各章・節のトピックに応じて説明の重点を変えてある。

第Ⅰ部

租税競争の理論
──資本税競争を中心として

第1章　ZMW モデルと租税競争理論の展開
第2章　地域規模の影響と非同質地域間の租税競争
第3章　複数の税が利用可能なケース
第4章　地域間人口移動
第5章　租税競争以外の非効率要因を含むモデル
第6章　政府間財政移転と地域間協調
第Ⅰ部のまとめ

第1章

ZMW モデルと租税競争理論の展開

❖ はじめに

　租税競争文献の原点として知られているのは，地域間移動可能な事業用資本への源泉地課税に関する Oates (1972) の著名な議論である。その内容は，課税ベース移動性に伴う底辺への競争を暗示する以下のようなものである。資本税調達によって生活関連の公共支出を行う場合，負担に見合う公共サービスを受けられない資本は税負担の低い地域へ移動してしまうであろう。課税ベースの流出を恐れる地方政府は税率を切り下げる誘因を持つので，効率的公共支出に必要な税収が得られなくなり，資本移動が存在しない場合に比べて住民厚生は低くなる[1]。

　Oates (1972) の直観的議論は，Zodrow and Mieszkowski (1986) と Wilson (1986)（以降，第Ⅰ部では ZMW と表記）によって精緻な経済理論モデルとして定式化された。彼らの分析は，"過少課税・公共支出"を基本命題とする租税競争文献の中でも資本税競争モデルの先駆けとして知られており，以降の関連研究のベンチマークになっている。本章では，ZMW モデルの基本的フレームワークを紹介し，資本税競争以外の租税競争の分析を簡潔に紹介した上で，第Ⅰ部におけるサーベイの範囲を提示する。

1　租税競争文献においてしばしば引用される彼の議論を提示しておく（Oates 1972, p. 143 を参照）。"The result of tax competition may well be a tendency toward less than efficient levels of output of local services. In an attempt to keep taxes low to attract business investment, local officials may hold spending below those levels for which marginal benefits equal marginal costs, particularly for those programs that do not offer direct benefits to local business."

　なお，本稿第Ⅱ部（第 7, 12 章）で言及するように，Oates 自身は租税競争の非効率性を主に生活関連の公共サービスに関わる問題として認識している。

1-1. ZMW の資本税競争モデル

ZMW の重要な特徴は，単なる開放小地域モデルではなく，多数の地域からなる一般均衡モデルに基づいて租税競争の経済的帰結を分析していることである。課税ベース移動性に直面する個別の地方政府の政策選択のみならず，分権的な政策決定が経済全体に与える影響を規範的観点から検討している。

Zodrow and Mieszkowski (1986) が1生産部門モデルであるのに対して，Wilson (1986) は地域間貿易財・非貿易財部門及び公共生産部門からなる3部門モデルである。生産部門のモデル化の違いに起因して，両者には後述するような分析手法の違いがある。しかしながら，一般均衡モデルとしての基本的特徴に多くの共通点が見られるのも事実である。そのため，租税競争文献では，ZMW を同列に扱いながらも，理論分析の具体的説明に際してはシンプルな Zodrow and Mieszkowski (1986) の1部門モデルに準拠するのが通例となっている[2]。本稿においても，ZMW モデルに言及する場合，基本的に Zodrow and Mieszkowski (1986) の理論モデルを指していると考えても差し支えはない。

ZMW のフレームワーク

ZMW のフレームワークは，地域間移動可能な資本と地域間移動しない生産要素（土地や労働）を使用した生産活動が，各地域において競争的に展開される経済を理論モデル化したものである。理論モデルの主な特徴として，①多数の同質小地域からなる経済，②住民の同質性，③人口移動の不在，④経済全体における資本供給の一定性（消費・貯蓄選択の捨象），⑤各地域における移動不可能要素量の一定性（労働の場合，労働・余暇選択の捨象），⑥地元住民による移動不可能要素の所有，⑦資本への源泉地課税による地方公共財の供給，⑧地方政府による地元住民の厚生の最大化，などが挙げられる。課税ベース移動性

---

[2] Wilson (1999) 及び Zodrow (2003) を参照。ZMW に関する別の大きな違いは，Wilson (1986) が地方公共財のみを分析対象としているのに対して，Zodrow and Mieszkowski (1986) は生産関連の公共サービスである地方公共要素も分析対象にしていることである。ここでは，彼らの地方公共財の分析のみを取り上げる（地方公共要素の分析については，第Ⅱ部において取り扱う）。

の影響に焦点を当てるために，資源配分非効率性を生み出す他の要因（財・要素市場における不完全競争，不確実性，情報非対称性や公共部門の非効率性など）は一切捨象されている．以下では，ZMW モデルとそこから得られる結果のエッセンスを簡潔に記述しておく．定式化された ZMW モデルと結果の導出プロセスについては，本章末尾の補論を参照してもらいたい．

地域間資本移動の下では，より高い収入を求めて投資先が選択される結果として，全地域で資本純収益率が均等化される．小地域の前提は，経済全体の資本市場において各地域が価格支配力を持たないプライス・テイカーであることを意味する．同質地域の前提によって，全地域が最終的に同じ資本税率と地方公共財の供給量を選択する"対称均衡"に分析は限定される．対称均衡では全地域に均一に資本が配分されるので，地域間資本配分の非効率性は分析の対象外である．住民の同質性により，公平性や政策決定プロセスに関わる問題は捨象される．このようにして，Oates（1972）と同様に，分析対象は各地域における過少課税・公共支出の問題に絞られている．

資本移動に直面する地方政府の行動は，政策変数と地域資本量との関係に大きく左右される．ZMW モデルにおける資本税率と地域資本量との関係は，資本需要者である地域企業の利潤最大化 1 階条件から導出される．税率を資本 1 単位当たりの負担として表現する場合，この条件は

$$\text{資本の限界生産力} = \text{資本純収益率} + \text{資本税率} \qquad (1.1)$$

になる[3]．増税は資本粗収益率を高めるので，限界生産力逓減を通じて企業の資本需要を下落させる．他域の政策を与件として，税率・資本量の負相関を考慮した上で，各地方政府は住民厚生を最大化するように資本税率と地方公共財の供給量を決定する[4]．租税競争均衡における地方公共財の供給ルールは

$$\text{地方公共財の限界便益} = \text{限界費用} - \text{資本税収の変化} \qquad (1.2)$$

になる[5]．右辺の"資本税収の変化"は，限界的増税・公共支出増に伴う税収変

---

[3] 資本市場において各地域がプライス・テイカーである場合，従量税・従価税のいずれの方式で資本税が課せられるかは本質的な問題ではない．他方，プライス・メイカーである場合，均衡の性質は課税方式に依存する．この点については，第 2 章 3 節において言及する．

[4] 資本量が経済全体で一定である場合，同質地域間の対称均衡では，各地域について事後的に"資本量＝賦存量"が成立する．しかしながら，他域の税率を与件として非協調的に行動する各地方政府は，自らの税率変化が (1.1) に従って地域資本量に影響を与えると予想して政策決定を行う．

化を均衡税率で評価したものに等しい（地域資本の減少量×均衡税率）。(1.2) が示すように，各地方政府は課税ベースの減少を支出増に伴う政策コストとして認識している。均衡では"限界便益＞限界費用"が成立するため，両者を均等化する効率的配分状態と比べて地方公共財の供給量は非効率である。

Zodrow and Mieszkowski (1986) の1生産部門モデルでは，同質地域間の対称均衡に分析を限定する限り，租税競争均衡と効率的配分状態の間で税率・支出水準の離散的比較が可能である。"限界便益＞限界費用"は，均衡における地方公共財の供給量が効率的供給量を下回ることを意味する。しかしながら，このような比較はWilson (1986) の3生産部門モデルには必ずしも当てはまらない[6]。代替的アプローチとして，Wilson (1986, p.297) は過少課税・公共支出を"均衡からの全地域一律の増税・公共支出増が，正の厚生効果をもたらす状態"と定義している。彼の3生産部門モデルでは，要素代替の弾力性などのパラメーターが経験的に合理的な範囲内にある限り，一律資本増税は住民厚生を高めることが示されている。

地域間財政外部性

地域経済の開放性を前提する現代的な地方財政理論では，分権的な政策決定に伴う資源配分の非効率性を"地域間財政外部性（fiscal externalities）"の問題として捉えるスタイルが確立されている。財政外部性理論は，分権的政策決定を地方政府による非協調的行動と捉えて，地方公共政策の非効率性を地域間協調の失敗（coordination failure）として説明する。そのエッセンスは"各地方政府は自らの政策が他域の厚生に与える影響を考慮しないので，分権的政策は非効率な資源配分をもたらす"というものである[7]。Wildasin (1986b, 1989) は，課

---

5 租税競争均衡の存在については，Wildasin (1988, Appendix)，Laussel and Le Breton (1998), Bayindir-Upmann and Ziad (2005), Rothstein (2007), Petchey and Shapiro (2009) 及び Taugourdeau and Ziad (2011) を参照せよ。ただし，これらの研究については，以下の (a)～(c) のいずれかが当てはまることに留意する必要がある。(a) 局所的な最適化2階条件のみが分析されている，(b) 地域住民が一切資本を所有しない"不在資本所有者"のケースのみを分析している，(c) 資本税以外に一括固定税の使用が前提されている。

6 Atkinson and Stern (1974) などの最適課税理論から知られているように，非効率な課税を伴う均衡において公共サービスの供給ルールが"限界便益＞限界費用"であっても，セカンド・ベスト供給量がファースト・ベスト供給量を下回るとは限らない。

7 地域間財政外部性の一般理論については，Gordon (1983), Wildasin (1986a, b) やDahlby

税ベース移動性に伴う非効率性を財政外部性に基づいて説明している。各地方政府の観点からは，資本増税に伴う資本流出は厚生ロスと認識される。しかしながら，他域は資本流入を通じて利得を享受する。分権的政策決定の下では，各地方政府は自らの増税がもたらす正の財政外部性を無視することになるので，経済全体の観点から見て過少な税率・支出水準が選択される。

課税ベース移動性が唯一の非効率性要因である ZMW モデルでは，資本移動に伴う外部効果は他域の資本税収の増加に等しい。資本流入は限界生産力に等しい生産物を生み出すのに対して，資本利用の機会費用は資本市場で決定される純収益率である。両者の差が，各地域にとっての追加的資本流入の純利得である。純利得がゼロにならない限り，資本移動は財政外部性を生み出す。ZMW のフレームワークでは，(1.1) に示されるように，資本流入の純利得は資本税率に等しい。また，経済全体の資本量が一定なので，個別地域の資本増税に伴う地域資本の減少量は他域における資本増加量に等しい。したがって，(1.2) に示される地方公共財の供給ルールにおいて，財政外部性は限界便益と限界費用の差に一致する。

財政外部性理論は，Wilson (1986) タイプの厚生分析にも密接に関連している。全地域一律に資本増税と地方公共財の供給増を行った場合，結果としての厚生効果は，(a) 自域の税率上昇がもたらす厚生効果と (b) 他域の税率上昇がもたらす厚生効果に分けることができる。(b) は地域間財政外部性に対応する。均衡では (a) がゼロになるように政策選択が行われるので，一律政策変化の厚生効果は財政外部性の内部化を通じて発生しているものと解釈できる。

1-2. 租税競争理論の展開と第Ⅰ部におけるレビューの範囲

Oates (1972) と ZMW 以来，資本税競争の研究は租税競争文献において大きなシェアを占めているものであるが，別形態の競争を扱う研究や租税競争に密接に関連する研究も数多く存在する。租税競争に分類される主な研究カテゴリ

(1996) を参照してもらいたい。この理論の背後には，複数地域間の因果関係をモデル化した一般均衡的フレームワークがあることに注意しなければならない。なお，堀場 (2008) は，地方財政理論の発展過程とその過程における財政外部性理論の位置づけについて詳しく論じている。

ーとして，メトロポリタン・モデル（metropolitan model），消費税競争（commodity tax competition），垂直的租税競争（vertical tax competition）や国際的課税問題に関わるものなどがある。また，オークション理論に基づく補助金競争の理論も，租税競争に関連する研究分野である[8]。

メトロポリタン・モデルは，Tiebout（1956）の"足による投票"の理論から派生したカテゴリーと位置づけられる。このカテゴリーに含まれる研究には，地域間人口移動を前提にしたクラブの理論や政府間競争の理論などがある[9]。メトロポリタン・モデルの検討対象は都市圏内での居住地選択であり，住宅生産部門が導入されて住宅用資本への課税が想定されることが多い。これに対して，事業用資本の誘致競争を想定する資本税競争モデルは，広域な経済圏内での生産要素や人口の移動を想定する"リージョナル・モデル（regional model）"のカテゴリーに含まれる[10]。

消費税競争は，Mintz and Tulkens（1986），De Crombrugghe and Tulkens（1990）や Kanbur and Keen（1993）による先駆的研究以降，資本税競争と同様に多数の研究が蓄積されてきたカテゴリーである。消費税競争の理論では，地域間貿易財への原産地（生産地）課税が想定されており，地域境界を跨いだ消費行動（cross-border shopping）によって引き起こされる政府間競争が検討されている。このカテゴリーの研究には，原産地・仕向地（消費地）課税の比較分析や，企業間の不完全競争が税政策に与える影響の分析などが含まれる[11]。

---

[8] この分類は，租税競争に関連するすべての理論研究を網羅するものではない。資本税競争を含む租税競争の理論全般を包括的に解説したものとして，Wilson（1999）のサーベイが有名である。また，Sorensen（2000），Sinn（2003），Zodrow（2003），Cremer and Pestieau（2004），Epple and Nechyba（2004），Wilson and Wildasin（2004），Fuest, Huber and Mintz（2005）や Boadway and Tremblay（2012）らのサーベイには，租税競争に関連する研究が含まれている（ただし，Wilson 1999 と比較して，取り上げられる研究の範囲は限定的である）。邦語文献では，佐藤（2011，第4章）が広範囲かつ簡潔に租税競争の理論をサーベイしている。

[9] Tiebout（1956）のオリジナル・モデルの発想に近い研究（純粋なクラブ理論に近い系列）では，地域数・規模の内生性及び応益負担税（人頭税あるいはゾーニングを伴う住宅課税）の利用可能性の下で，効率的な地域規模や地方公共政策が検討されている。他方，租税競争を含む政府間競争の文脈では，使用される地方税や地域規模の非効率性を前提した上で，地域間外部性や政治プロセスに起因する非効率性が検討される。Tiebout 系列の諸研究については，Mieszkowski and Zodrow（1989）及び Scotchmer（2002）の包括的サーベイを参照せよ。

[10] メトロポリタン・モデルとリージョナル・モデルの区分は，Mieszkowski and Zodrow（1989）によって導入されたものである。

[11] 消費税競争に関する主要な研究成果については，Lockwood（2001）や Haufler（2001）を参照

垂直的租税競争は，中央・地方政府の課税ベース重複に着目したカテゴリーである。これに対して，同レベルの政府間で移動可能な課税ベースを巡って展開される競争は，"水平的（horizontal）" 租税競争と呼ばれる。水平的・垂直的競争は，全くの逆の政策誘因をもたらす。垂直的競争の先駆的研究である Flowers（1988）は，課税ベース重複に伴う過剰課税の問題を指摘した論文である。税率と課税ベースが負相関である限り，増税は他のレベルの政府の税収を下落させることで負の財政外部性を引き起こす[12]。

国際課税に関する代表的トピックは，複数の地域で事業展開する場合に発生する投資の二重課税の問題や，租税回避を目的とした地域間所得移転の問題である。関連文献では，税額・所得控除などの二重課税調整（double tax convention），移転価格税制（transfer pricing），地域を跨ぐ企業内金融取引や税務当局間の情報交換（information sharing）などを考慮した政府間非協調ゲームが研究されている[13]。特に，所得移転の問題は国際課税に限定されない。課税所得の配分に関する定式配分（formula apportionment）の研究は，地域間所得移転の研究から派生したものである[14]。

　　　せよ。特に，cross-border shopping については，Ohsawa（1999, 2003）や Lucas（2004）も参照してもらいたい。不完全競争を導入した消費税競争については，Behrens, Hamilton, Ottaviano and Thisse（2009）を参照せよ。

12　課税ベースの地域間移動と重複に起因する外部性は，それぞれ水平的・垂直的財政外部性と呼ばれて区分されている（本稿では，特に断らない限り，租税競争・財政外部性はそれぞれ水平的競争・外部性を指す）。垂直的租税競争に関するサーベイについては，Keen（1998）を参照してもらいたい。最近の関連研究には，垂直的租税競争に伴う過少課税の可能性を指摘したものもある。例として，課税ベース重複が部分的であるケースを分析した Hoyt（2001）や，重複課税対象に従価税が課せられるケースを検討した Dahlby and Wilson（2003），Kotsogiannis and Martínez（2008）及び Madiès（2008）がある。特に，Dahlby and Wilson（2003）及び Madiès（2008）では，労働所得税（労働への従価税に相当）による調達で地方公共要素が供給されるケースについて正の財政外部性が発生することが示されている。最近では，Esteller-Moré, Galmarini and Rizzo（2012）のような "有益な垂直的外部性" に関する議論もある。彼らのモデルでは負の消費外部性が導入されており，過度な消費を抑制する手段として垂直的外部性が有効である。

13　国際課税に関する包括的なサーベイについては，Gresik（2001）を参照せよ。二重課税に関する研究については，Bond and Samuelson（1989），Janeba（1995），Davies（2003）や Davies and Gresik（2003）を参照してもらいたい。移転価格税制と企業内金融取引による課税所得の移転については，それぞれ Elitzur and Mintz（1996）と Mintz and Smart（2004）が先駆的な租税競争の研究として知られている。分離会計（separate accounting）の下では，地域ごとに別個に事業所得が認定され課税されるので，税負担軽減のために低税率地域への所得移転が促進されて過少課税の傾向が生ずる。居住地課税を前提とした税務当局間の情報交換については，その実態や理論研究を包括的に紹介した論文として，Keen and Lighthart（2006a）がある。

ZMW系列に属する租税競争の理論は，地域全体あるいは地域内の特定産業・区域に適用するために制度化された税・支出政策を分析対象としている。これに対して，Black and Hoyt (1989) や King, McAfee and Welling (1993) を先駆的研究とする補助金競争の理論は，特定企業の生産拠点誘致を巡って地域間で"競り合い (bidding wars)"が行われる状況を想定している。このカテゴリーの研究は，潜在的な競争相手（立地候補地）の存在を踏まえた立地地域と企業の相対取引を想定したものであり，オークション理論を地域間競争に応用したものとして捉えることができる[15]。

 これらの形態別の分類とは別に，1つの主要なトピックとして再分配政策が挙げられる。租税競争文献は資源配分効率性に関わる分析を軸に発展してきたものであるが，人口・要素移動と分権的再分配政策との関係に着目した研究も数多く存在する。その標準的な議論は，再分配の受益・負担者の移動や課税ベースとしての資本の移動によって再分配政策が抑制されるというものであり，効率性に関わる過少課税・公共支出の議論に相通じるものがある[16]。

 このように，租税競争文献は多種多様な研究からなるが，本稿第I部ではZMWによって基礎が確立された資本税競争の理論をレビューしていく。ZMWモデルは様々な方向に拡張されている。第2章では，地域規模が地方政

---

14 本章脚注13で言及した分離会計とは異なり，定式配分の下では複数地域の事業所得が統合される。そして，売上・事業用資産・労働コストなどのシェアに基づいて，各地域に課税ベースが配分される。この方式の下でも，低税率地域に事業活動を集中する誘因が生ずるため，非協調的・分権的政策決定は過少課税を引き起こす傾向がある。定式配分と租税競争については，先駆的研究として Gordon and Wilson (1986) が知られている。最近では，分離会計と定式配分の比較分析も盛んに行われている。この比較については，Eichner and Runkel (2011) を参照せよ。
15 オークションの基礎理論については，McAfee and McMillan (1987) を参照せよ。本稿では"補助金競争"という表現を使うが，均衡において企業課税が行われる可能性も否定できない。この分野の研究については，Dembour (2008) や Madiès and Dethier (2012) に含まれるサーベイを参照せよ。なお，"租税競争は限界的投資行動への影響を分析するものであり，補助金競争は離散的な企業立地への影響を分析するものである"という区分方法もある。この区分方法については，Kind, Knarvik and Schjelderup (2000) や佐藤 (2011, 第4章) を参照してもらいたい。
16 地域間移動性と再分配政策に関する研究については，Cremer, Fourgeaud, Leite-Monterio, Marchand and Pestieau (1996) 及び Cremer and Pestieau (2004) によるサーベイや林 (2006) を参照せよ。林 (2006) が指摘しているように，再分配については，どのような視点（社会正義・効率性・政治経済）から分析するかに依存して議論の内容は大きく異なる。本文の議論は効率性に立脚しており，地方再分配政策を促進することで全地域のパレート改善が可能であること（つまり，再分配水準の過少性）を指摘したものである。

府の行動に与える影響を考察した研究や，地域間の非同質性を導入した研究などを取り上げる。第3章では資本税を含めた複数の税が利用可能なケース，第4章では人口移動が存在するケース，そして第5章では租税競争以外の非効率要因が存在するケースについて，それぞれ関連する主な研究を紹介していく。第6章では，非協調的政策の非効率性に対処するための政府間財政移転や地域間協調に関する研究を取り上げる[17]。

なお，第Ⅰ部で紹介される論文には，資本税競争とは別形態の租税競争に関わるものも含まれている。租税競争文献においては，先に列挙したカテゴリーの中でも複数に跨がる研究が多くなってきており，文献内でのボーダレス化が進行しつつある。また，異なる形態の租税競争の研究であっても，資本税競争理論の展開を説明していく上で，重大な含蓄を含んでいるものが見受けられる。このため，本稿では，必要に応じて（体系的には整理しないものの）別形態の競争に関連する研究にも触れている。特に，税務当局間の情報交換，Tieboutモデル，再分配政策及び垂直的租税競争については，それぞれ独立した節を設けて資本税競争に関連する研究を扱っている（第3章3節，第4章3，4節及び第5章3節を参照）。また，補助金競争についても，地域規模の影響（第2章4節）及び立地効率性の問題（第2章補論）に絞って言及する。本稿において租税競争の規範的側面を語る際には，資源配分効率性を軸に議論を展開するが，個人間や地域間の経済格差を論ずる場合でも，主に効率性の観点から考察を進める（本章脚注16を参照）。

---

[17] 本稿のサーベイは租税競争の理論に限定される。租税競争に関する実証研究については，Zodrow (2010) や田中 (2013) のサーベイを参照してもらいたい。ここでは，代表的トピックの1つとして，税率の地域間相関性に関する実証研究に言及しておく。この研究は"租税競争が実際に行われているならば，各地域の資本・法人税率には正の相関性が存在するはずである"という仮説に基づいている。代表的な研究として，Hayashi and Boadway (2000), Brueckner and Saavedra (2001) や Buettner (2001) などが知られている（わが国に関する実証については，菅原・國崎 2006 及び深澤 2009 を参照せよ）。税率の正相関性は，ナッシュ・ゲームの反応関数のタームでは"戦略的補完性"に対応する。但し，この仮説には，ヤードスティック競争（yardstick competition）との峻別困難性の問題がある。また，理論的には，戦略的補完性が租税競争モデルにおいて常に成立する訳ではない。

補論　ZMWのモデル分析について

　ここでは，租税競争の非効率性について，定式化されたZMWモデルに基づくフォーマルな分析を提示する[18]。本章第1節で提示した①〜⑧が前提される。代表的地域の生産関数を $F(K)$ とする。K は各地域の資本ストックを示す[19]。生産されたニュメレール財は，民間消費財と地方公共財に1対1で変形可能である（1生産部門モデル）。したがって，地方公共財の限界費用は1である。資本の限界生産力は正で逓減する（$F'(K)>0>F''(K)$）。競争企業の利潤最大化条件（1.1）は

$$F'(K) = r+T \quad (A1.1)$$

になる。r は経済全体の資本市場で決定される純収益率であり，T は資本税率である。小地域の前提により，各地域は資本市場においてプライス・テイカーである。（A1.1）は地域資本量を税率の関数として与える（$K(r+T)$ と記す）。限界生産力逓減により，$K'(r+T)=1/F''<0$ を得る。

　住民の同質性と移動不可能性を踏まえて，各地域の住民数を1に基準化する。住民の効用関数を準凹関数 $U(C,G)$ とする。C と G はそれぞれ民間消費財と地方公共財である。移動不可能要素に加えて，各住民は一定量の資本 $\overline{K}$ を所有する。要素所得は C に支出されるので，各地域の住民厚生は次のようになる：

$$U(F(K)-(r+T)K+r\overline{K}, G) \quad (A1.2)$$

$F(K)-(r+T)K$ と $r\overline{K}$ は，それぞれ移動不可能要素と資本から得られる所得である。

　資本税調達の制約下，各地方政府の予算制約は以下の式で与えられる：

$$TK = G \quad (A1.3)$$

各地域の地方政府は，（A1.1）と（A1.3）の制約の下で，（A1.2）を最大化する

18　ここで扱うのは，Zodrow and Mieszkowski (1986, Section 2) の1生産部門・地方公共財のモデルである。彼らの地方公共要素のモデルについては，第8章を参照してもらいたい。

19　記号の単純化のため，移動不可能要素は省略する。また，同質地域の前提により，地域を示す記号は省略する。

ように税率と地方公共財の供給量を決定する。資本需要関数 $K(r+T)$ と地方政府の予算制約を効用関数に代入すると，最適化問題は次のようになる：

$$Max_T U(F(K(r+T))-(r+T)K(r+T)+r\overline{K}, TK(r+T)) \quad (A1.4)$$

1階条件に（A1.1）を適用すると，$U_G(K+TK')=U_CK$ を得る（U_C と U_G は各財の限界効用）。この式を変形することによって，地方公共財の供給ルールが導かれる：

$$U_G/U_C = 1 - T\Delta_{G,T}K \quad (A1.5)$$

$$\Delta_{G,T}K \equiv K'(r+T)\frac{U_G/U_C}{K} \quad (A1.6)$$

（A1.5）は本章1節の（1.2）に対応する。$(U_G/U_C)/K$ は地方公共財の限界的増加に必要な資本増税額に等しい[20]。したがって，負のターム $\Delta_{G,T}K$ は，資本税調達による地方公共財の増加が地域資本量を減少させて他域に正の財政外部性を及ぼすことを示している。$T\Delta_{G,T}K$ が財政外部性に対応する。

以下，全地域が同じ政策を選択する対称均衡を想定して，税・公共支出の過少性を示す。非協調的に行動する各地方政府は，（A1.1）に従って自らの政策が地域資本量に影響すると予想する。しかしながら，全地域が同じ供給ルール（A1.5）に基づいて行動するので，最終的に同じ政策を選択すると考えて差し支えはない。同質地域間の対称均衡においては，資本が各地域に均等に配分されるので，資本市場の均衡条件は

$$K(r+T) = \overline{K} \quad (A1.7)$$

で与えられる。すなわち，均衡における個別地域の資本量はその賦存量に等しい。対称的な配分では，各地域の消費可能性が $F(\overline{K})=C+G$ に固定されるので，限界代替率の比較に基づく効率的配分状態と租税競争均衡との離散的比較が可能になる。図1は，この比較を示したものである[21]。G^F は限界便益と限界費用が一致する（$U_G/U_C=1$）効率的な地方公共財の供給量を，そして G^* は租

---

20 （A1.3）を微分して $(K+TK')dT=dG$ を得るが，（A1.4）の1階条件 $U_G(K+TK')=U_CK$ を代入することにより，$(U_C/U_G)KdT=dG$ を得る。したがって，（A1.6）については，$\Delta_{G,T}K=K'dT/dG$ が成立する。なお，（A1.5）は Zodrow and Mieszkowski (1986, Equation 8) のオリジナル・ルールとは異なるものであるが，租税競争の非効率性と財政外部性の関係を明確にする上で有用なルールである。この点については，Wilson (1999, Equations 2 and 3) の議論も参照してもらいたい。

21 この図は，Zodrow and Mieszkowski (1986, Figure 1) と本質的に同じものである。

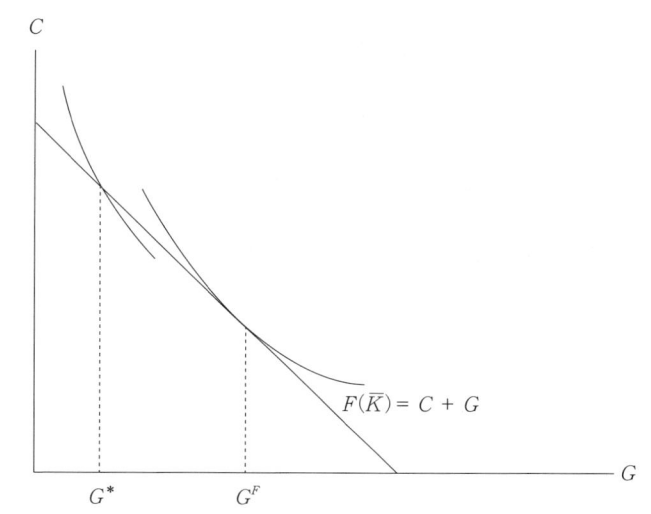

図1 地方公共財の効率的な供給量と租税競争均衡での供給量

税競争均衡での供給量を示す。(A1.5) より，均衡で $U_G/U_C>1$ が成立するので，限界代替率逓減の下では $G^F>G^*$ が成立する。

最後に，以上のモデル分析に基づいて，Wilson (1986) タイプの厚生分析を行っておく。(A1.5) が成立する均衡を起点として，全地域が一律に資本増税を行い，地方公共財を増加させたとしよう。小地域の前提により，単一地域の政策変化は，当該地域の資本量を変化させても資本純収益率には影響しない。これとは対照的に，対称均衡からの全地域一律の政策変化は地域間資本配分 ($K=\overline{K}$) に影響せず，その効果は資本純収益率に還元される。つまり，(A1.7) より $dr+dT=0$ が成立する。(A1.3) より地方公共財の増加は $dG=\overline{K}dT$ に等しいので，純収益率の変化は $dr/dG=-1/\overline{K}$ になる。(A1.2) を微分して，これらの条件を適用すると，

$$dU/dG = U_G - U_C = -U_C T \Delta_{G,T} K > 0 \qquad (A1.8)$$

を得る。第2の等号は (A1.5) に基づく。(A1.8) より，一律政策変化に伴う正の厚生効果は，財政外部性を内部化することによって発生していることが分かる。

第2章

地域規模の影響と
非同質地域間の租税競争

❖ はじめに

　本章では，ZMW の同質小地域の前提を緩和した研究を取り上げる。経済が有限数の大地域からなる場合，各地域における資本需要の変化は，経済全体の需要に大きな影響を与えて資本純収益率を変化させる。各地域は資本市場においてプライス・メイカーであり，自らの資本増税が資本需要を下落させて純収益率を低下させることを認識している。大地域に関する租税競争の研究には，地域数や戦略変数が租税競争の厚生コストに与える影響を分析したものや，地域規模や生産性について非同質的な地域間の租税競争を検討したものなどが含まれている[1]。特に地域規模については，"相対的小地域のメリット"が租税競争文献における標準的議論の1つとして引用されることが多い。しかしながら，生産に関する規模の経済性を導入した分析や補助金競争の分析，さらには集積経済性（agglomeration）の理論と租税競争理論との融合を通じて，相対的小地域のメリットを覆す結果も導き出されている。また，大地域間の租税競争については，産業組織論における手番選択の理論を応用した分析もある。

2-1. 地域間金銭的外部性

　非同質大地域モデルの特性として留意すべき点は，Wildasin（1989）の財政外部性（第1章1節を参照）とは別形態の外部性の存在である。非同質地域間の非対称均衡では，地域間税率格差に応じて資本移動が起きる。各地域が資本市

---

[1] 本章1〜3節の内容に関するテクニカルな説明については，小川（2006）を参照せよ。

場において価格支配力を持つ場合，資本輸出（輸入）地域は資本助成（課税）によって資本純収益率を高める（低める）誘因を持つ。結果として生ずる地域間の所得移転は，地方公共政策に伴う地域間外部性に対応する。DePater and Myers（1994）の先駆的研究以来，この外部性は"地域間金銭的外部性（pecuniary externality）"と呼ばれている[2]。地域間金銭的外部性は，一括固定税が利用可能であっても，戦略的に資本税・助成を使用する誘因を生み出す。そして，地域間資本配分を歪めることで経済全体の所得を減少させる。資本生産性に地域間格差が存在する場合，生産性の低い（高い）地域が資本輸出（輸入）側になるので，戦略的政策によって高生産性地域への資本移動が阻害されてしまう。

2-2. 地域数の影響

地域数が租税競争均衡に与える影響については，Hoyt（1991a）が同質大地域モデルに基づく分析を行っている。彼の分析によれば，地域数の増加は租税競争の非効率性を悪化させる。つまり，少数の大地域間の資本税競争と多数の小地域間の競争を比較すると，後者の方がより大きな厚生ロスを生み出す[3]。この議論は，資本市場における価格支配力と課税ベースの弾力性との関係に基づく。大地域のケースでは，資本増税の効果は資本純収益率の下落に部分的に還元されるので，資本需要を決定づける（資本税込みの）粗収益率の上昇は抑えられる。これに対して，資本純収益率を与件とする小地域のケースでは，資本増税は粗収益率を同額だけ押し上げる。地域数の増加は各地域の資本市場シェアを低下させて価格支配力を弱めるので，資本増税に伴う粗収益率の上昇は大きくなり，域内資本需要は大幅に下落することになる。すなわち，地域数の増加に伴って地方政府が直面する課税ベースの弾力性は高くなるので，ZMWが主張するような過少課税・公共支出の傾向が強くなる。

---

[2] この議論のエッセンスは戦略的関税の理論と同じであり，地域間金銭的外部性を"交易条件効果（terms-of-trade effect）"と呼ぶ論文もある（Ha and Sibert 1997を参照）。

[3] 大地域モデルでは各地域の生み出す外部効果は大きいので，租税競争の歪みがより大きいと思われるかもしれない。しかしながら，Hoyt（1991a）の議論は，大きな外部性を生む少数の地域と小さな外部性を生む多数の地域を比較すると，後者の方で租税競争の厚生ロスが大きいことを示している。

2-3. 戦略変数の影響

　ZMWの小地域モデルでは，各地方政府は他域の税率・支出水準をいずれも与件として扱う。しかしながら，有限数の大地域から構成される経済においては，各地方政府は自域からの資本流出が他域の政府予算制約に影響することを認識すると考えられる。すなわち，各地方政府は他域の政策変数の変化を予測して政策選択を行うだろう。互いに他域の資本税率（公共支出水準）を与件として行動する"税ゲーム（支出ゲーム）"のケースでは，各地方政府は資本増税に際して"自域から資本が流出すると，課税ベースが増える他域の政府は公共支出増（資本減税）によって予算制約を保つ"と予測することになる。Wildasin（1988）が示しているように，ZMWを同質大地域モデルに拡張した場合には，税・支出ゲームのいずれにおいても過少課税・公共支出が発生する。この基本的特性のためか，租税競争文献では，大地域間のナッシュ・ゲームを扱う理論モデルの大半が税ゲームを分析している[4]。

　他方，Wildasin（1988）が着目したのは，戦略変数と租税競争の厚生ロスとの関係である。彼の分析によれば，支出ゲームの方が過少課税の歪みは大きくなり住民厚生は低くなる。このゲームの下では，増税が直接的に資本流出を引き起こすのに加えて，"減税で予算制約を保つ"という他地域の反応がさらなる資本流出を引き起こす。これに対して，資本生産性に影響しない地方公共財を想定すると，税ゲームにおける"支出増で予算制約を保つ"という他域の反応は，追加的資本流出を引き起こさない。したがって，支出ゲームのケースで資本増税に対する課税ベースの弾力性は高くなるので，税ゲームの均衡よりも低い資本税率と地方公共財の供給量が選択される[5]。

　Wildasin（1988）に関連する研究として，Lockwood（2004）による従価税・従

---

[4] この背景には，税ゲームのモデル分析が比較的容易であるという事実もある。なお，本章1，2節で言及したDePater and Myers（1994）やHoyt（1991a）も税ゲームを分析しているが，彼らの議論のエッセンスは税・支出ゲームのいずれにも当てはまる。

[5] Wildasin（1988）の議論は，資本生産性に直接影響する地方公共要素を導入したケースには必ずしも当てはまらない（Bayindir-Upmann 1998を参照）。資本減税と地方公共要素の供給増はいずれも資本誘致効果を持つため，税・支出ゲームの比較は容易ではない。

量税方式の比較検討が挙げられよう[6]。同質大地域モデルにおいては，租税競争に伴う過少課税・公共支出の非効率性は，従価税方式の下でより深刻なものになる。従価税方式が採用される場合，各地域における資本1単位当たりの税負担は"税率×資本純収益率"に等しい。資本増税に伴う資本流出は，純収益率を低下させることで，実質的に他域における資本税負担を軽減することになる[7]。従量税方式を採る場合と比較して増税に伴う資本流出が大きくなるため，地方政府は税率をさらに切り下げる誘因を持つ。

Wildasin（1991a）は，税・支出ゲームに関して戦略変数の内生的選択を導入した研究である。彼のモデル分析では，"戦略変数の選択→税率・支出水準の決定"の2段階ゲームが検討されている。部分ゲーム完全均衡においては，税ゲームが選択される。関連研究として，Lockwood（2004）のモデルを"従価・従量税方式の選択→税率・支出水準の決定"の2段階ゲームに拡張した Akai, Ogawa and Ogawa（2011）や Ogawa（2011）がある。前者の論文では，同質大地域の対称均衡において従量税ゲームが選択される。後者の論文は，資本賦存について非同質的な地域間の非対称均衡を分析した研究である。非対称均衡において，資本輸入地域（賦存の少ない地域）は従価税方式を，そして輸出地域（賦存の多い地域）は従量税方式を選択する[8]。

2-4. 地域規模格差の影響

非同質大地域に関する租税競争の研究において強い関心を集めてきたのは，

---

6 その他にも，政府間非協調ゲームにおける戦略変数の相違に着目した研究として，メトロポリタン・モデルに基づいて税・支出ゲームを検討した Hoyt（1993）がある。また，地域間人口移動下での再分配政策について，高所得者への税あるいは低所得者への補助金を戦略変数とする Hindriks（1999）の分析も関連研究として位置づけられる（租税競争が再分配水準に与える影響については，第4章4節を参照）。

7 従価税方式の場合，第1章補論の記号（A1.1式を参照）を使うと，企業の利潤最大化条件は $F'(K)=r(1+T)$ になる。したがって，資本純収益率の低下は資本減税効果を持つ。

8 消費税競争の文脈で従量税・従価税の比較分析を行った研究として，Aiura and Ogawa（2013）がある。戦略変数の選択に関連する研究として，ここでは Köthenbürger（2011）にも言及しておく。彼のモデル分析では，中央政府からの補助金が存在する場合について，税・支出ゲームの選択が内生化されている。政策選択を行う際に，各地方政府は他域の政策変化が補助金配分に与える影響を考慮する。なお，この論文では課税ベース移動性は捨象されており，補助金政策を通じた地域間依存関係のみが考慮されている。

相対的小地域のメリットに関わる議論である。この議論に関する先駆的研究として知られる Bucovetsky（1991）と Wilson（1991）によれば，資本税競争の下では，人口規模の小さい地域が相対的に高い住民厚生を得る。彼らのモデルは人口規模のみが異なる2つの地域からなり，この格差は要素賦存量の地域間格差のみに反映される[9]。このモデルには生産・消費に関する規模の経済性が存在しないので，より多くの1人当たり資本量を獲得した地域がより高い住民厚生を得る。そして，均衡において相対的に多くの1人当たり資本を得るのは，相対的に低い税率を選択する小地域である。この地域は資本賦存量の小さい地域であり，経済全体の資本市場における価格支配力が弱い。本章2節で Hoyt（1991a）に関して述べたように，価格支配力の弱い地域は，高い課税ベースの弾力性に直面して低い資本税率を選択する。結果として，地域間資本配分は歪められることになる。特に，人口格差が十分大きい場合には，地域間で税率格差と1人当たり資本量の格差も十分に大きくなり，相対的小地域の均衡厚生が効率的配分状態の厚生水準を上回る可能性さえある[10]。なお，大地域では地方公共財の過少供給が生ずる一方で，過剰な資本量を抱える小地域については過剰供給の可能性が否定できない。Bucovetsky（1991）及び Wilson（1991）の議論は，地域数が任意であるケースにも拡張可能である。Bucovetsky（2009）は，有限数の地域が存在する一般的な資本税競争モデルにおいて，人口規模が小さい地域ほど低い資本税率を選択してより高い厚生を得ることを示している。

　相対的小地域のメリットに関する議論は，租税競争文献において幅広く受け入れられてきた[11]。他方で，Burbidge and Cuff（2005）のように，相対的大地域

9　Bucovetsky（1991）と Wilson（1991）の資本税競争モデルでは，選好・技術・1人当たり要素（労働・資本）賦存に関する地域間の同質性，地方公共財に関する共同消費性の不在，そして生産に関する収穫不変性が前提とされている。したがって，地域間人口格差は，地域ごとの要素賦存量の格差のみに反映されている。

10　相対的に高い（低い）資本税率を選択する人口規模の大きい（小さい）地域は，資本輸出（輸入）地域であるので，本章1節で言及した地域間金銭的外部性の議論に基づけば，資本税率を低める（高める）誘因も持っているはずである。しかしながら，Bucovetsky（1991）及び Wilson（1991）の議論は，地域間の非同質性が人口格差に限定されるケースについて，課税ベース移動性に基づく財政外部性が金銭的外部性を凌駕することを示している。この点に関する詳細な議論については，Bucovetsky（2009, Lemma 3）を参照せよ。

11　人口格差に起因する小地域のメリットは，Kanbur and Keen（1993）の消費税競争モデルにも当てはまる。彼らのエッセンスは Bucovetsky（1991）と Wilson（1991）と同様であり，相対的大・小地域が直面する課税ベース弾力性の差に基づくものである。

のメリットを主張する研究もある。彼らの分析によれば，Bucovetsky（1991）と Wilson（1991）のモデルに生産に関する規模の経済性（収穫逓増）を導入すると，大地域の住民厚生が小地域よりも高くなる可能性がある。地域規模格差に起因する大（小）地域の資本増（減）税誘因にもかかわらず，資本は収穫逓増のメリットを追求して人口・労働供給の多い大地域に移動するかもしれない。このような場合には，地域間税率格差によって小地域における1人当たり資本量が相対的に多いにもかかわらず，大地域は相対的に多い地域労働・資本量を有して収穫逓増のメリットを享受している[12]。

非同質地域間の租税競争については，1人当たり資本賦存の格差を考慮した Hwang and Choe（1995）と Peralta and Ypersele（2005）の研究もある。この格差の下では，資本賦存の多い地域が相対的に低い資本税率を選択する傾向があり，この地域の住民厚生が相対的に高くなる。資本増税は純収益率を下落させて住民の資本所得を減ずるので，資本賦存の多い地域ほど増税の厚生コストは高い。他方で，1人当たり資本賦存の格差と人口格差を同時に考慮した場合，必ずしも明快な結論は得られない。例えば，1人当たり資本賦存と人口がいずれも多い地域では，これらの格差が逆方向の税率操作誘因を生み出す（1人当たり賦存→低税率；人口→高税率）。

資本税競争とは異なる文脈で，相対的大地域のメリットをより明確に主張した研究として，補助金競争モデル（第1章2節を参照）に基づく Haufler and Wooton（1999）が挙げられる[13]。この論文は，独占企業の誘致を巡る2地域間の競争を分析したものである。補助金交付によって独占企業を誘致することが

---

12 Burbidge and Cuff（2005）と類似した結論を導出している研究として，Pieretti and Zanaj（2011）による地方公共要素の分析や，Sato and Thisse（2007）による非競争的労働市場と地域間企業移動の分析がある。Pieretti and Zanaj（2011）では，小地域が相対的に低い資本税率を選択しても，地域生産性を高める地方公共要素の供給が少なければ，この地域に資本が流入するとは限らない。Sato and Thisse（2007）のモデルでは，労働市場の需要側で企業群が独占的競争を展開しており，人口の多い地域に企業が集中すると労働者から搾取する余地が減るという，一種の混雑効果が発生する。このため，封鎖経済から開放経済への移行（企業移動・租税競争の導入）に伴って，大地域から小地域への企業移動が発生する。大地域では企業数減による賃金率低下（労働者搾取の強化）が発生するものの，経済開放に伴う企業利潤の増加によって大地域の住民厚生は小地域よりも高くなる（非競争的労働市場を想定した租税競争の研究については，第5章8節で言及する）。

13 本章補論では，地域間資本配分の（非）効率性に焦点を当てて，資本税競争と補助金競争の比較を行う。

できれば，財輸入に伴う地域間貿易費用を負担しなくても済む。Haufler and Wooton（1999）のモデルでは，地域間人口格差は財市場規模の格差を意味し，この格差は貿易費用の存在と相まって相対的大地域のメリットを生み出す。両地域で補助金が同額であれば，独占企業は貿易費用を節約するために市場規模の大きい地域へ移動する。つまり，企業に対してより有望な利潤機会を提供するという意味で，大地域には"立地レント"が存在する。また，人口規模が大きい地域では，小さい地域に比べて企業誘致に伴う貿易費用節約の厚生効果が大きい。これらの状況の下では，補助金競争の結果として，大地域は小地域をアウトビッドして企業誘致に成功する。そして，大地域の住民厚生は小地域よりも高くなる[14]。

2-5. 集積の経済性

Haufler and Wooton（1999）のように立地レントを考慮した分析として，Kind, Knarvik and Schjelderup（2000），Ludema and Wooton（2000），Andersson and Forslid（2003），Baldwin and Krugman（2004）らの集積経済モデルがある[15]。このモデルの特徴は，同質地域のケースでも地域間貿易費用と非競争的企業の存在が立地レントを生み出すという点にある。同質地域の前提の下では，貿易費用の額に応じて2種類の均衡が生じ得る。1つは全地域において移動可能な課税ベースへの税率が等しく，課税ベースが全地域に均一に分布する対称均衡である。もう1つは，移動可能な課税ベースが1地域に集中する

---

[14] 一般的に言えば，補助金競争モデルにおける均衡立地は，企業利潤と最大限拠出可能な補助金（以下，"最大補助金"と呼ぶ）の合計が最も大きい地域である。各地域の最大補助金は，企業を誘致した場合と誘致しない場合の住民厚生の差額に等しい（この額を超えて補助金を支出する誘因はない）。企業利潤と最大補助金の合計が最大の地域は，自らの補助金を吊り上げることで他域をアウトビッドできる。企業誘致に必要な均衡補助金は，他域が最大補助金を支出してもなお企業が自域を選択するのに必要な最低額に等しい。Haufler and Wooton（1999）の議論で興味深いのは，地域間人口格差が十分に大きい場合，均衡補助金が負になり得ることである。立地レントが十分に大きい場合には，課税をしても企業を誘致できる可能性がある。

[15] 集積経済性を導入した分析は，都市経済学・経済地理学の分析手法を租税競争の研究に応用したものである。集積経済性の基礎理論については，Baldwin, Forslid, Martin, Ottaviano and Robert-Nicoud（2003）や佐藤・田渕・山本（2012）を参照せよ。ここでは集積経済モデルをHaufler and Wooton（1999）に関連づけて議論しているが，Wilson and Wildasin（2004）にはこのモデルに関する多角的な考察が含まれている。

"集積均衡（非対称均衡）"であり，集積地域において立地レントが発生する。集積地域を"事後的"大地域とみなすならば，この議論は相対的大地域のメリットを主張するものと捉えることが可能であろう。以下では，Baldwin and Krugman（2004）に基づいて，集積発生メカニズムと集積地域の優位性について説明する[16,17]。

　Baldwin and Krugman（2004）の2地域モデルは，地域間移動不可能な労働者を使用する競争的産業と移動可能な独占的競争企業群からなる。課税対象である企業群の移動は，消費者としての企業家の移動をも意味する。企業移動は，移動先地域における競争を激化させて利潤下落圧力を生み出す一方で，その地域で生産される財の種類と消費者を増加させて財市場規模を拡大する。前者の効果は集積を阻害するが，後者は立地レントを生み出して，さらなる移動・集積を促進する。集積を阻害あるいは促進する圧力の相対的強さは，地域間貿易費用に依存する。集積経済モデル一般の傾向として，費用がゼロあるいは極めて高くない限り，集積均衡が発生することが知られている。貿易費用の存在しないケースでは，そもそも集積のメリットは存在しない。費用が高いケースでは，集積地域からの財輸出が困難であるため，集積のメリットは失われる。この両極端なケースの中間的な貿易費用の額において，立地レントは最大になる[18]。

---

[16] ここでの議論はBaldwin and Krugman（2004）に基づいているが，本節冒頭で列挙した他の論文も（モデル構造がそれぞれ異なるものの）本質的に同じ集積発生メカニズムを包含するものである。政府間非協調ゲームを検討する際，Baldwin and Krugman（2004）は税率・税収に依存するアドホックな地域厚生関数を前提としている。しかしながら，地域住民の厚生を最大化するケースにも，本節の議論は当てはまる（これらの政府目的関数は，本節冒頭に列挙した論文で前提とされているものである）。また，Andersson and Forslid（2003）及びBaldwin and Krugman（2004）は事後的集積地域をリーダーとしたシュタッケルベルグ・ゲームを，そしてKind, Knarvik and Schjelderup（2000）及びLudema and Wooton（2000）はナッシュ・ゲームを検討しているが，本節の議論はゲーム形態に関係なく成立する。

[17] Ottaviano and Ypersele（2005）とBorck and Pflüger（2006）は，対称・集積均衡のみならず"部分的集積均衡"を検討している。部分的集積均衡は対称均衡と同様に内点解であるが，一部の地域に地域内要素賦存比率を上回る水準で移動可能要素が偏在している状態を指す。なお，Ottaviano and Ypersele（2005）については，本章で言及される他の集積経済モデルとは異なり，地域間人口格差が考慮されている（この論文については，本章補論において地域間資本配分の効率性の観点から言及する）。

[18] 立地レントを貿易費用の関数として表現すると，費用の低い（高い）段階ではレントは費用の増加（減少）関数になる。

立地レントが発生する集積均衡では，集積地域の厚生が非集積地域よりも高い。レントが大きいほど，移動可能な課税ベースを引き留めつつ高い税率を課すことができる。しかしながら，全地域で協調的政策決定が行われる場合と比較して，集積地域は集積状態を維持するために低い税率の選択を迫られる。集積地域には企業立地に伴う潜在的厚生ゲインが存在するが，租税競争はこのゲインの実現を妨げている[19]。Haufler and Wooton（1999）の補助金競争モデルにも，同様の議論が当てはまる。非協調的な政策決定によって，企業誘致に必要な補助金が高くなり，相対的大地域の住民は競争がない場合に比べて過剰な財政負担を強いられることになるだろう[20]。

2-6. 手番の内生化

大地域間の租税競争の研究においては，同時手番のナッシュ・ゲームあるいは手番を与件としたシュタッケルベルグ・ゲームが想定されることが多い。このような研究とは異なり，Kempf and Rota-Graziosi（2010）は，資本税競争モデルにおけるゲーム手番の内生化を試みている[21]。彼らの分析によれば，各地域の税率が戦略的補完関係（第1章脚注17を参照）にあるケースでは，同時手番の租税競争均衡は存在しない。内生的に逐次手番が選択される。他方で，Ogawa（2013）は，Kempf and Rota-Graziosi（2010）の議論が"不在資本所有者の前提"に依存することを明らかにしている。Kempf and Rota-Graziosi（2010）

---

[19] この議論のエッセンスは，Haufler and Wooton（1999）の均衡補助金の決定メカニズム（本章脚注14を参照）と基本的に同じである。集積地域が選択する均衡税率は，集積状態を保持できる最高税率である。この税率は，非集積地域が選択可能な最低税率（集積状態と非集積状態で住民厚生を均等化するような税率。これ未満に切り下げる誘因はない）によって制約される。Baldwin and Krugman（2004）が示しているように，非集積地域に対して最低税率を上回るような下限税率（minimum tax）を設定することで，非集積地域の厚生を一定に保ちつつ集積地域の税率及び厚生を高める余地が生ずる。

[20] この傾向は，地域間の同質性が高く立地レントが小さいほどに顕著になる（Haufler and Wooton 1999においては，地域間人口格差が小さい場合に対応する）。補助金競争理論における均衡立地の特性から，地域間の非同質性が高い場合には立地レントが大きいので，立地地域の補助負担は小さくなる（本章脚注14を参照）。逆に，同質地域間で競争が展開される場合，立地レントが全く存在しないので，均衡補助金は誘致地域の最大補助金になってしまう。

[21] Kempf and Rota-Graziosi（2010）の研究は，企業間競争に関する内生手番の基礎理論であるHamilton and Slutsky（1990）に基づいている。

では，租税競争に参加する地域の住民は資本を全く所有していない。資本所有を捨象すると全地域は資本輸入者という共通の立場に置かれることになり，本章1節で議論されたように，資本純収益率を下落させる誘因を持つ。全地域が資本税率を高める誘因を持つので，戦略的補完関係の下では，同時手番よりも高い均衡税率が選択される逐次手番を選好することになる。

租税競争に参加する地域の住民が資本を所有する場合，資本輸入・輸出地域間で純収益率・税率に関する選好が異なる。いずれの地域も，シュタッケルベルグ・リーダーとなって自らに有利な方向に純収益率を誘導しようとするだろう。結果として，均衡では同時手番になってしまい，ナッシュ均衡が成立することになる[22]。

補論　補助金競争と地域間資本配分の効率性について

ここでは，地域間資本配分の（非）効率性の観点から，資本税競争モデルと補助金競争モデルの比較を行う[23]。地域間税率格差に対して連続的に地域資本量が変化する資本税競争モデルでは，資本配分の効率性条件は限界生産力の地域間均等化である。地域間で資本税率格差が存在する限り，相対的高税率地域から低税率地域への過剰な資本移動が生ずる。本章1節で取り上げた戦略的資本税・助成政策や4節で論じた地域規模格差と資本需要弾力性の関係は，いずれも非効率な資本配分を引き起こす要因である。これに対して，Haufler and Wooton (1999) の補助金競争のモデルでは，企業の均衡立地は効率的である。競争の歪みは企業立地にではなく，企業誘致する地域による過剰な補助あるい

---

[22] 資本税競争モデルの分析では，議論の単純化のために不在資本所有者を前提とするケースが見受けられる（第1章脚注5の議論を参照）。本章3節で言及した Wildasin (1988, 1991a) も，同質地域間の税・支出ゲームの比較に際して不在資本所有者の前提を置いている。しかしながら，Ogawa (2013) が指摘するように，この前提は非同質地域モデルの均衡の性質を大きく左右する。特に，Kempf and Rota-Graziosi (2010) 及び Ogawa (2013) では，一括固定税の前提や線型効用関数の前提を通じて実質的に過少課税・公共支出の問題は捨象されており，本章1節で議論した地域間金銭的外部性のみが考慮されている。したがって，資本所有の状態，すなわち資本輸入・輸出地域のいずれであるかは，各地域の政策選択に大きな影響を与えるものと思われる。

[23] ここでの議論は，非同質地域間の非対称均衡を念頭に置いたものである。

は過少な課税に反映される[24]。

Haufler and Wooton (1999) の議論は,企業誘致を巡るオークション的な地域間競争を分析した Black and Hoyt (1989) や King, McAfee and Welling (1993) の立地効率性の議論に沿ったものである。ある企業の効率的立地は,当該企業の得る利潤と企業立地が生み出す諸々の地域的余剰(地元雇用の促進,公共サービスの規模の経済性や地元企業への技術供与などから生み出される利得)の合計が最大の地域である。企業は地域間利潤格差に基づいて立地選択を行うが,誘致競争に際して提示される補助金は,企業に地域的余剰を知らせるシグナルとして機能する(本章脚注 14 で取り上げた最大補助金は地域的余剰に等しい)。このシグナルによって,利潤と地域的余剰を考慮した効率的な立地選択が誘因づけられる[25]。

要素・企業の地域間配分については,部分的な集積経済性の理論に基づく Ottaviano and Ypersele (2005) が,資本税競争と補助金競争の議論をミックスしたとも言える結論を導出している。地域間人口格差と移動可能な独占的競争企業群への課税あるいは補助金を導入した彼らのモデルでは,地域間貿易費用の額が低い場合には大地域への集積が効率的であり,誘致競争の有無に関係なく集積均衡が実現される。しかしながら,貿易費用が高くなるにつれて,大地域への部分的集積が効率的であるにもかかわらず,企業の利潤最大化行動によって完全集積に至るケースが出てくる。このケースでは,政府間で企業誘致競争が行われると,効率的配分状態に比べて小地域から大地域への企業移動は過少になる。それにもかかわらず,公的介入が一切存在しない場合よりも高い住

---

[24] すなわち,補助金競争モデルにおいては,競争の歪みは企業と誘致する地域との余剰分配に反映される。本章脚注 20 で強調したように,地域間の非同質性が小さい場合には,企業誘致に伴う余剰の大半が,地元住民ではなく企業の手に渡ることになるだろう。

[25] 補助金競争の立地効率性を主張する他の研究として,Barros and Cabral (2000), Fumagalli (2003), Justman, Thisse and Ypersele (2005, Proposition 1) や Bjorvatn and Eckel (2006) などがある。また,Han and Leach (2008) は,地方政府と企業の間で交渉が行われるケースについて,同様の結論を導出している。当然のことながら,立地効率性の議論にも様々な留保条件がある。立地効率性が成立しないケースとして,Black and Hoyt (1989, Appendix B) は地方政府と企業の間で情報非対称性が存在するケースを,そして Besley and Seabright (1999, Section 4.2) は複数企業に関する逐次的な補助金競争 (sequential bidding wars) が展開されるケースを例示している(租税競争の理論における情報非対称性の問題については,第 5 章 6 節で取り上げる)。また,関連研究として,Blonigen and Kolpin (2007) は,企業が補助金競争に先立って技術選択を行う場合に発生する非効率性を検討している。

民厚生が実現される可能性がある。つまり，誘致競争は課税ベース配分の非効率性を伴うものの，自由な企業移動に伴う非効率性を部分的に補正する機能を果たす。

第3章

複数の税が利用可能なケース

❖ はじめに

　ZMWモデルでは，地方政府が利用する税は源泉地資本税に限定されている。租税競争文献には，この税に加えて各地域内の労働供給や資本供給に影響する非中立的課税を導入した研究も含まれている[1]。これらの研究の特徴は，複数の税を想定することで，源泉地資本税の使用が内生的に決定されることである[2]。特に，居住地資本税は資本移動に伴う非効率性を解消する政策手段として注目されており，その実施に必要な政府間の情報交換についても検討が加えられている。また，本章では，複数税の利用可能性に関連する租税競争の分析として，均一課税と差別課税の比較検討にも言及する。

3-1. 労働・資本課税

　源泉地資本税に加えて労働税を導入した租税競争のモデルは数多く存在するが，その中でも代表的論文として知られるのはBucovetsky and Wilson (1991, Section 3)，Braid (1996) 及びKeen and Marchand (1997) であろう。これらの論文は同質地域間の租税競争に焦点を当てているが，それぞれのモデルから導かれる源泉地資本税の使用根拠や均衡税率構造は異なる。

　Bucovetsky and Wilson (1991) の2要素（労働・資本）モデルでは，均衡労働・資本税率は資本市場における各地域の価格支配力に依存する。価格支配力

---

[1] 労働・余暇選択や地域間労働移動を導入すると，労働税は非中立的課税になる。また，消費・貯蓄選択を導入すると，居住地資本税は非中立的課税である。

[2] 第2章1節で言及した戦略的資本税は，その1つの例として捉えることができる。

を持たない小地域の場合，労働・余暇選択に影響する労働税のみによって地方公共財がファイナンスされる。しかしながら，同質大地域間の対称均衡では，労働税と源泉地資本税が両方とも使用される。各地域が資本市場で価格支配力を持つ限り，その力の強弱に関係なく資本税率は正である。この均衡税政策は，第2章2節で言及した課税ベースの弾力性と資本市場における価格支配力との関係に基づいて説明できる。資本純収益率を与件として扱う小地域の観点からは，供給が内生的でも地域間移動しない労働は，資本よりも相対的に弾力性の低い課税ベースである。他方で，資本市場においてプライス・メイカーである大地域は，小地域よりも低い資本需要の弾力性に直面するので，労働税のみならず資本税を使用する誘因を持つ。

Keen and Marchand（1997）は，労働・資本・土地の3要素・同質小地域モデルに基づいて，均衡労働・資本税率が土地レント税率に依存することを示した論文である。彼らのモデルでは，土地課税は一括固定税であり（各地域における土地供給は一定），この税率は外生的である。土地レントへの税率が100%である場合，Bucovetsky and Wilson（1991）の小地域のケースのように均衡資本税率はゼロになる。土地課税によって地方公共支出のための財源が十分に確保できない場合でも，補完財源として労働・余暇選択を歪める労働税のみが使用される。しかしながら，土地レントへの税率が100%未満である場合，資本市場でプライス・テイカーである小地域であっても，労働税に加えて源泉地資本税を使用する誘因を持つ。

Braid（1996）も3要素モデルで土地課税の不完全性に基づいて資本税の使用を説明した研究であるが，労働・余暇選択ではなく，地域間移動による労働供給の内生性を想定した論文である。彼のモデルには，居住地選択ではなく生産要素としての労働移動（地域境界を跨ぐ通勤）が導入されており，地方政府は労働・資本への源泉地課税を行う。経済は多数の同質的メトロポリタン・エリアから構成されており，各メトロポリタンは複数の同質地域から構成される[3]。

---

[3] Braid（1996）について留意すべき点を2つ挙げておく。この論文は"メトロポリタン"という用語を使用しているが，居住地選択を捨象して事業用資本の移動を想定するので，第1章2節で言及したリージョナル・モデルに属するものである。また，彼の分析には，労働・資本税が利用可能なケースに加えて，労働・財産税（土地と資本への均一課税）が使用されるケースも含まれている。しかしながら，居住地選択が外生的である限り，両ケースから得られる結論は本質的に

資本は全地域間で移動可能であるが，労働移動は各メトロポリタン内に限定される。この移動範囲の違いから，各地域は資本市場ではプライス・テイカーである一方で，メトロポリタン内の地域数が有限である限り，労働市場において価格支配力を持つ。各メトロポリタンにおける地域数の増加は，各地域の価格支配力を減じて労働課税ベースの弾力性を高めるので，均衡労働税率を低下させるとともに資本税率を高める。

以上の複数税を考慮した租税競争モデルでは，労働税の利用によって均衡の非効率性が解消されるわけではない。いずれの論文においても，源泉地資本税の使用を伴う均衡において地方公共財の供給量は過少である。その原因は，ZMW と同様，資本移動に起因する地域間財政外部性である[4]。また，Bucovetsky and Wilson（1991）及び Keen and Marchand（1997）では，労働税のみを使用する場合でも過少供給が生ずる。地域資本量の増加は，労働・資本間の要素補完性を通じて労働生産性及び労働供給を高める。つまり，地域資本量と労働税収は正の相関関係にある。均衡資本税率がゼロであっても，各地域の労働増税によって引き起こされる資本流出は，他域に対して正の財政外部性を及ぼす。

3-2. 源泉地・居住地資本課税

租税競争モデルにおける均衡の非効率性には，一般に2つの意味が含まれている。1つは一括固定税を利用できないという制約に起因する非効率性であり，この制約の下での最適課税体系はセカンド・ベストの課税体系に対応する。もう1つは課税ベース移動性に起因するものである。Diamond and Mirrlees（1971）の有名な生産効率性補題（production efficiency lemma）によれば，セカン

　　同じである（第4章1節では，居住地選択を導入したケースについて，資本税と財産税の違いに言及する）。なお，労働移動を導入した租税競争の研究として，通勤費用を導入した2要素モデル（労働・資本）に基づく Braid（2000）がある。このモデルでは，均衡資本税率はゼロであり，地方政府は労働税のみを使用する。

4　Bucovetsky and Wilson（1991）は，タックス・ミックスの非効率性にも言及している。彼らの分析では，均衡公共支出水準を与件として，労働税率が資本税率に相対して高すぎることが示されている。Keen and Marchand（1997）には，地方公共財の分析のみならず，地方公共要素の供給量や公共支出構成の分析も含まれている。これらの分析については，第Ⅱ部において言及する。

ド・ベスト課税体系は消費者選択に直接影響する税からなるものであり，源泉地資本税のような生産活動への課税は含まれない。Gordon（1986）や Eggert and Haufler（1999）が論じているように，労働・余暇選択，消費・貯蓄選択及び資本移動を導入した多地域モデルにおいて，労働税とともにセカンド・ベスト課税体系を構成するのは，消費・貯蓄選択に影響する居住地資本税である[5,6]。

このようなセカンド・ベスト課税体系の研究とは異なり，Bucovetsky and Wilson（1991, Section 4）は，源泉地・居住地資本税を併用することで課税ベース移動性に伴う非効率性が解消されることを示している。すなわち，源泉地資本税はセカンド・ベスト課税体系には含まれないものの，財政外部性を解消するという意味において，サード・ベストの課税体系に含まれていることになる。この議論のエッセンスは，源泉地・居住地原則の資本税を併用することで，経済全体の資本市場から自域を実質的に隔離できるという点にある。両税が利用可能である場合，消費・貯蓄選択に影響する資本純収益率，企業の資本投資に影響する粗収益率，そして経済全体の資本市場で決定される収益率は，それぞれ別個のものとして区分される。住民厚生に影響するのは純・粗収益率であるが，2種類の資本税を使って，これらの収益率を経済全体で決定される収益率とは独立に操作することができる[7]。このようにして，資本市場の動向に関係

---

[5] 生産効率性補題はもともと閉鎖経済モデルから導出されたものであるが，多地域モデルの文脈でもしばしば引用されている。しかしながら，Keen and Piekkola（1997）と Keen and Wildasin（2004）によれば，多地域モデルで生産効率性補題が成立するには，閉鎖経済で議論されるような最適課税体系に加えて地域間財政移転が必要である。地域間移転手段が存在しない場合，間接的移転手段として，源泉地資本税を含む生産課税の使用が正当化され得る。ただし，この議論は非同質地域を想定したものであり，（本節で言及する Bucovetsky and Wilson 1991 や Arachi 2001 のような）同質地域間の対称均衡の分析には当てはまらない。

[6] 源泉地・居住地資本税については，Lejour and Verbon（1998）が前者の効率上の優位性を主張している。彼らの新古典派成長モデルでは，定常状態において各地域で時間選好率と資本純収益率が均等化する。このため，各地域の源泉地資本税は自域の資本量に影響するものの，他域の資本量に影響しない。すなわち，Lejour and Verbon（1998）のモデルでは，資本移動に伴う地域間財政外部性は存在しない。他方，各地域の居住地資本税は，経済全体の資本市場を通じて他域の貯蓄水準及び税収に影響する。モデル構造や研究の意図は全く異なるものの，Becker and Fuest（2011）の M&A モデルからも源泉地課税の優位性が導かれる。M&A に着目した分析においては，事業用資本の地域間移動ではなく，企業所有権の購入を通じた投資活動が分析される。Becker and Fuest（2011）のモデルでは，域外投資量の決定（域外企業の売買）は購入側・売却側の居住地税に依存しており，源泉地課税には一切依存しない。このため，ZMW 系列の理論で論じられるような源泉地課税の非効率性は発生しない。

[7] 資本純（粗）収益率を $\rho(R)$，経済全体の資本市場で決定される収益率を r，そして源泉・居住

なく住民厚生をコントロールできるので，地域間資本移動に伴う財政外部性が地方公共政策を歪めることはない。これに対して，源泉地課税のみが利用可能な場合，各地域で得られる純収益率と経済全体で決定される収益率が一致するため，住民厚生は資本移動の影響を被る。

Arachi (2001) は，Bucovetsky and Wilson (1991) のサード・ベスト課税体系の議論を，消費税・資本税競争を統合した一般的な租税競争モデルに拡張した研究である。複数の財が地域間で貿易されている場合，源泉地・居住地資本税及び貿易財への原産地・仕向地消費税が，サード・ベスト均衡を実現する課税体系になる。源泉地・居住地資本税と同様に，原産地・仕向地消費税は，住民厚生を決定づける生産者・消費者価格を経済全体の財市場で決定される価格と切り離すことで，財政外部性に伴う非効率性を解消する[8]。

3-3. 居住地資本課税と情報交換

居住地資本税を実施するには，住民の域外投資状況を把握する必要があり，情報収集・脱税防止などの税務行政上の困難が伴う。前節で取り上げた諸研究は，居住地課税の実施に伴う問題を一切考慮していない。本節では，住民の域外投資に関する情報の取得プロセスを内生化した研究を取り上げる[9]。域外投資への課税を行うには，投資先の政府から情報提供を受けなければならない。投資先の政府は，地元住民の厚生を高める場合にのみ，他域からの投資状況を

地資本税率をそれぞれ T と t とすると，収益率間の関係は "$r+T=R$" 及び "$\rho+t=r$" の両式で与えられる。各地域において，競争企業の利潤最大化により，粗収益率 R は資本の限界生産力と一致する。そして，貯蓄に際して住民は純益率 ρ に等しいリターンを受け取る。T と t を操作することで，資本市場における r の変動から独立して，地域住民の厚生を決定づける R と ρ に影響することができる。

8 消費税・資本税競争を統合したモデルでファースト，セカンド，サード・ベストの各課税体系を包括的に考察した研究として，Eggert and Genser (2001) がある。彼らの議論で特に興味深いのは，労働税と仕向地消費税の組み合わせによって中立的課税を実現できるというものである。これらの税で地方公共支出がファイナンスできる場合，ファースト・ベスト資源配分が達成できる。必要税収が確保できない場合には，居住地資本税で追加税収を得る必要があり，均衡はセカンド・ベストになる。

9 第1章2節で述べたように，このトピックは国際課税の問題として扱われることが多い。このため，関連研究には，情報交換の問題と投資の二重課税問題を同時に考察するものが含まれている（本章脚注10, 11を参照）。

居住地の政府に通知する誘因を持つであろう。すなわち，情報公開する投資額は政府間非協調ゲームの戦略変数として扱われる。

この分野の先駆的研究である Bacchetta and Espinosa（1995）は，"情報交換→税率決定"の2段階からなる部分ゲーム完全均衡を2地域モデルで検討したものである。第1段階では，各地域は居住地の政府に対して通知する投資額を決定する。第2段階では，他域から通知される投資額（課税可能なベース）を与件として，地元住民の域内外投資及び他域からの投資に対する均一税率が決定される。このモデルにおいては，情報提供は他域からの投資を減少させて税収を下落させる（直接効果）一方で，他域政府の増税を誘発して自域の資本量・税収を増やす効果（戦略効果）を持つ。情報を受けた政府の観点からは，住民の投資情報を得ることで域外投資による課税逃れの懸念がなくなるので，資本増税を行う誘因が生ずる。この戦略効果の存在は，政府間で自発的に情報提供が行われる可能性を生み出す。

Bacchetta and Espinosa（1995）が論ずる自発的情報交換の可能性は，源泉地・居住地課税の均一性に依存していることに注意しなければならない。情報提供の直接・戦略効果は，源泉地課税の税収変化に起因するものである。特に戦略効果は，他域の源泉地課税の増税が誘発されて自域の源泉地課税の税収が増加することに起因している。全地域で居住地課税のみが実施される場合には，投資情報の提供による他域の課税強化自体が，自らの税収や地元住民の消費に何ら影響を与える訳ではない。つまり，各地域の厚生は，他域からの情報提供に依存しても自らの情報提供量には全く依存しなくなる。したがって，非協調ゲームの均衡において，情報交換量は一意に定まらない[10]。

Makris（2003）によれば，Bacchetta and Espinosa（1995）のモデルから均一課税制約を外すと，源泉地・居住地課税が併用されても均衡情報交換量は一意に

10　Bacchetta and Espinosa（1995）のモデルでは，居住地課税のみが実施されている場合には完全情報交換が効率的である。しかしながら，均一課税制約の下で，源泉地・居住地課税の二重課税調整が不完全である場合には，居住地政府への完全な情報提供は効率的ではない。この結論は，分散投資のメリットを"負の域外投資費用"として定式化する彼らのモデルの特性から導かれる（線型生産関数が前提とされるので，地域間資本配分を内生化するために，アドホックな域外投資のメリットが導入されている）。二重課税調整の不完全性は，域外投資を抑制することで分散投資のメリットの追求を阻害する。互いに他域への投資情報の提供を抑えることで，過少な資本移動に伴う非効率性を緩和することができる。

定まらない。差別税率を通じて地元住民による域内外投資及び他域からの投資を独立にコントロールできる場合，他域への情報提供は非協調ゲームにおける戦略変数としての意味を失う。源泉地課税が実施されているとしても，情報提供に反応するのはあくまで居住地課税の税率であり，源泉地課税の税率ではない。したがって，Bacchetta and Espinosa (1995) が論じたような直接・戦略効果は発生しない[11,12]。

Eggert and Kolmar (2004) は，均衡情報交換量の非一意性がかえって資源配分効率性をもたらす可能性を指摘した論文である。Bucovetsky and Wilson (1991) のフレームワークに基づいて，彼らは2小地域間の自発的な情報交換を検討している。労働税が利用可能である限り，各地方政府は源泉地資本税を実施せず（本章1節の議論を参照），資本課税は居住地原則のみに基づく。租税競争によって源泉地資本税率がゼロになり，居住地政府への投資情報の提供に関わる戦略的行動の可能性がなくなることで，効率的配分状態が非協調均衡として実現される可能性が生ずる。先に指摘したように，居住地課税の下では情報交換量は一意に決まらない[13]。逆に言えば，このことは完全情報交換が非協調

---

11 Bacchetta and Espinosa (1995) と同様の分散投資のメリット（本章脚注10参照）を導入している Makris (2003) では，源泉地・居住地課税の二重課税調整が行われるか否かに応じて，差別課税均衡の性質は大きく異なる。本文の議論（均衡の非一意性）は，二重課税調整が実施されないケースに対応する。この場合には，各地域の住民厚生は情報交換量に依存しない。二重課税調整が実施されるケースでは，均衡情報交換量はゼロである。情報提供を受けた政府は，地元住民の域外投資にかかる源泉地課税について，税額・所得控除などの財政負担をしなければならない。したがって，調整が行われない場合に比べて，税政策を通じて域外投資を抑制する誘因を持ってしまう。他域への情報提供は自域への投資の減少を意味するので，自発的情報交換は実施されない。なお，Makris (2003) のモデルでは，二重課税調整が行われる場合には，域外投資のメリットの追求を妨げる情報交換を一切実施しないのが効率的である（つまり，均衡情報交換量は効率的である）。

12 Makris (2003) による均一課税と差別課税の比較は，Keen and Ligthart (2006b, 2007) が分析している地域間財政移転（投資先の地域から居住地への移転）の効果に関連している。域内外への投資に均一課税が行われる場合，投資先の地域は源泉課税で得た税収の一部を居住地域に与えることで，居住地域に税率を高める誘因を与えることができる。この効果は，Bacchetta and Espinosa (1995) の情報提供の戦略効果と本質的に同じである。しかしながら，この移転の誘因効果は差別課税の下では機能しない。

13 別のポイントとして，Bacchetta and Espinosa (1995) の戦略効果が"情報交換→税率決定"のタイミングに依存することは明らかである。均一課税制約の下では，情報交換量と税率の同時決定は直接効果のみが存在することを意味する。他方で，Eggert and Kolmar (2002) は，Eggert and Kolmar (2004) と類似した課税体系を前提としたモデルに基づいて，政策決定のタイミング

均衡として実現可能であることを意味する。つまり，労働税及び居住地資本税によって，セカンド・ベスト効率性（本章2節参照）が実現可能であることを意味する。

Bacchetta and Espinosa（1995）以降の諸研究は，非協調ゲームの枠内で情報交換を扱うことの難しさを暗示している。これらの研究によれば，課税上の選択肢が資本への均一課税や労働課税への制約などによって制限されない限り，税収増加を通じた厚生効果が情報交換の積極的誘因を生み出すことは期待できない。また，Eggert and Kolmar（2002）が指摘しているように，資本誘致が税収以外の要因（地元企業への技術移転など）によって直接的に住民厚生を高める場合には，居住地域への投資情報の提供は投資減少を通じて厚生ロスを生み出す。このため，地域間で自発的に投資情報の交換が行われる余地はますます小さくなるだろう[14]。

3-4. 均一課税 vs. 差別課税

複数の課税対象が存在する場合，税率に対する弾力性や地域間移動性に応じて，各地域は差別課税を実施する誘因を持つであろう。複数税を導入した租税競争の研究では，非協調的な差別課税が経済に及ぼす影響に関心が寄せられている[15]。その端緒となったのは，Janeba and Peters（1999）と Keen（2001）による差別課税と均一課税との比較研究である[16,17]。

　　に関係なく地域間の情報交換量が一意に定まらないことを示している。
14　非協調的な政策選択の下でも，繰り返しゲーム（repeated game）を通じて自発的な投資情報の交換が成立する可能性がある。この議論については，第6章2節において地域間協調の維持可能性の観点から言及する。
15　租税競争文献における均一課税と差別課税の比較研究については，大島（2011）の包括的議論が参考になる。このトピックは，序章脚注4で言及した移動可能な課税ベースへの差別的優遇を巡る政策議論に密接に関連している。
16　これらの論文の特徴は，税率と課税ベース量との関数関係を定義・前提としたシンプルなモデルに基づいて，政府の税収最大化行動を検討していることである。このシンプルさ故に，資本税競争を含む広範な形態の租税競争分析に適用可能な汎用性の高い研究と言える。なお，最近では，Janeba and Smart（2003）や Bucovetsky and Haufler（2007）のように，地方政府による住民厚生の最大化行動を考慮した均一課税と差別課税の比較研究もある。
17　本節で言及される研究とは別に，資本税競争の分析において独自に展開されている差別課税の研究もある。異なるタイプの資本への差別課税を導入した Wilson（1985）や Smith（1999）に加

Janeba and Peters (1999) は，地域間移動可能な課税ベースと不可能な課税ベースが存在するモデルにおいて，均一課税の優位性を主張した論文である。いずれの課税ベースも総量は可変的であり，税率に対して弾力的に反応する。そして，移動可能な課税ベースは相対的低税率の地域に集中する。各地域の観点からは，移動不可能な課税ベースの存在は，そこから得られる最大可能な税収が保証されていることを意味する。非協調的に差別課税が行われるケースでは，租税競争によって移動可能な課税ベースへの税率はゼロになるので，均衡税収は保証された税収そのものである。均一課税のケースでは，保証された税収の存在が租税競争に対する抑止力になる。他域よりも低い税率の選択は，移動可能な課税ベースの誘致を実現する一方で，移動不可能な課税ベースからの税収を減少させるからである。均一課税による税収が保証された税収を上回る限り，各地域は均一税率を引き下げて移動可能な課税ベースを誘致しようとする。しかしながら，保証された税収を下回るほど税率を切り下げる誘因は存在しない。各地域が設定可能な最低均一税率は，均一課税から得られる税収と保証された税収を均等化する率に等しい。均衡では最低均一税率の最も低い地域に移動可能な課税ベースが集中するが，実際に課税ベースを誘致する地域は他域の最低均一税率の中で最も高い率を選択すれば良い。したがって，経済全体の税収は差別課税のケースよりも多くなる[18]。

　Keen (2001) は，Janeba and Peters (1999) とは逆に，差別課税の優位性を主張した論文である。彼のモデルでは，各課税ベースの総量は経済全体で一定である。そして，地域間税率格差に対する各地域の課税ベースの弾力性は有限である。つまり，相対的低税率の地域に課税ベースが集中することはない。この場合，課税ベースごとの地域間税率格差に対する弾力性（地域間移動性の尺度）

　　えて，最近では土地と資本への均一課税と差別課税を比較検討したものもある（関連研究は第4，5章で取り上げられる）。また，本章3節における均一課税と差別課税の比較も，関連研究として位置づけられよう。
　18　Janeba and Peters (1999) については，移動可能な課税ベースが相対的低税率地域に集中するというモデルの特性から，純粋戦略 (pure strategy) 均衡が存在しない可能性がある。Marceau, Mongrain and Wilson (2010) は，Janeba-Peters モデルの混合戦略 (mixed strategy) 均衡を検討した上で，非同質地域のケースについて均一課税の優位性を証明している。移動不可能な課税ベースの多い地域（保証された税収の多い地域）は，均一課税の下で税率切り下げ競争に参加する誘因を持たない。同質地域の場合には，均一課税と差別課税は同じ総税収をもたらす。その理由は，均一課税下の均衡税率は本文で言及された最低均一税率と一致するためである。

に応じた差別課税を行うことで，均一課税の場合よりも多くの税収を得ることができる。差別課税は高弾力性の課税ベースに対する税率切り下げ圧力を生み出すものの，低弾力性の課税ベースに対する相対的重課税によって十分な税収を確保することができる。非協調的に均一課税が行われるケースでは，全課税ベースに税率切り下げ圧力が働くので，かえって少ない税収しか得られなくなる[19]。

Janeba and Peters (1999) と Keen (2001) の議論は，均一課税と差別課税の比較が課税ベースの移動性や弾力性に関する前提条件に依存することを示している。Janeba and Smart (2003) は，両者の議論を統合した研究と位置づけられるものである。彼らの分析によれば，課税ベース総量が可変的であり，かつ地域間移動性の高い課税ベースに相対的軽課税が実施されるならば，各地域の差別課税を制約することで経済全体の税収を増やすことができる。しかしながら，課税ベース総量の一定性を前提とすると，差別課税に対する制約は経済全体の税収を下落させる。これらの議論は，それぞれ Janeba and Peters (1999) と Keen (2001) の議論に対応する。

Haupt and Peters (2005) は，Janeba and Smart (2003) とは異なる観点から，非協調的差別課税の問題点を指摘した論文である。彼らのモデルは，Keen (2001) のフレームワークに"課税ベースの地域選好"を導入したものである。各課税ベースは特定地域に立地バイアスを持ち，地域間税率格差が存在しない場合には自らの選好する地域に立地する。各地域の立場から見ると，自（他）域を選好する課税ベースは実質的に弾力性の低い（高い）課税対象である。このため，租税競争の結果として，他域を選好する課税ベースに対する相対的軽課税が行われる。しかしながら，全地域がこのような政策を行うと，自域を選好する課税ベースに対しても低い税率を設定する必要が生ずるので，経済全体の税収は下落することになる[20]。

Oshima (2010) は，課税ベースの地域間移動性に加えて産業間移動性を考慮

---

19 Keen (2001) は同質地域の対称均衡を扱っているが，Bucovetsky and Haufler (2007) が示しているように，彼の分析のエッセンスは非同質地域のケースに拡張可能である。
20 つまり，他域の政府は自域を選好する課税ベースを狙って税率を切り下げてくる。他域政府の戦略に対抗して，地域間税率格差を拡大させないためには，自らもこの課税ベースの税率を切り下げなければならない。

した研究である。従来の均一課税と差別課税の比較研究では，各地域内での産業間移動性は考慮されていない。産業間移動を導入すると，差別課税は課税ベースの地域間配分のみならず産業間配分にも影響する。この場合，Keen (2001) の結論とは逆に，課税ベース総量が一定であっても均一課税がより多くの税収をもたらす可能性がある。

Gaigné and Wooton (2011) は，均一課税と差別課税の比較研究に地域間貿易費用と企業間の不完全競争を導入したものである。彼らのモデルでは，企業移動は移動先地域での競争激化を伴う（集積経済性は考慮されていない）。このフレームワークにおいては，地域間貿易費用の増加は他域企業との競争圧力を軽減して地元市場における利潤機会を高める。つまり，貿易費用の増加は実質的に企業の地域間移動性を低める効果がある[21]。貿易費用が低く移動可能企業の地域間移動性が高い場合，移動可能な企業と不可能な企業への均一課税は税収最大化の観点から望ましくない。他方，貿易費用が高く企業移動が活発でない場合には，均一課税が差別課税よりも多くの税収をもたらす。

Gaigné and Wooton (2011) の分析で興味深いのは，"均一課税あるいは差別課税の選択→税率決定"の2段階ゲームを検討していることである。上記のように貿易費用が低い（高い）場合，差別（均一）課税が部分ゲーム完全均衡になるので，税収最大化の観点から効率的な選択がなされる。ところが，中間レベルの地域間貿易費用については，均衡において差別課税が選択されるにもかかわらず，均一課税がより多くの税収を生み出すので，非協調的に選択される課税体系は非効率である[22]。

---

[21] 貿易費用の増加に伴い，相対的低税率の地域への移動よりも地元の利潤機会の追求を重視する傾向が強まるので，地域間税率格差に対する移動可能企業の反応は小さくなる。

[22] Janeba and Peters (1999) も同様の非効率性を指摘している。彼らのモデルにおける均一課税の優位性にもかかわらず，課税体系が内生的に決定される場合には，均衡において差別課税が選択される可能性がある。

第4章

地域間人口移動

❖ はじめに

　多地域モデルに労働移動を導入した研究は，生産要素としての労働移動（通勤）を考慮したものと居住地選択を考慮したものに分類できる。第3章1節で取り上げた Braid (1996) は前者のカテゴリーに含まれるが，本章では居住地選択を導入した研究を取り上げる[1]。居住地選択の自由が地方公共政策に与える影響は，多数の競争的小地域の存在を想定するのか，それとも有限数の大地域から構成されている経済を考えるのかによって大きく異なる。また，人口移動については，Tiebout モデルに基づいて，公共財選好に応じた地域選択を導入した資本税競争の分析も展開されている。これらの研究に密接に関連するトピックとして，本章では租税競争が再分配政策に及ぼす影響にも言及する。

4-1. 小地域・人口移動モデル

　住民が自由に居住地を選択する場合，より高い厚生水準を求めて地域間移動が行われる結果として，全地域で厚生水準は均等化される。すなわち，地域住民の厚生水準は，それぞれの地域内で個別に決定されるのではなく，経済全体で決定される。小地域から構成されている経済については，各地域の政策が経済全体の厚生に与える影響は軽微であるから，各地方政府は政策選択を行う際

---

[1] 第1章2節で示した租税競争文献の分類に基づくと，本章の本文で取り上げられる研究は，地域間人口移動を考慮したリージョナル・モデルに属する。なお，本章脚注4及び17においては，メトロポリタン・モデルにも言及している。

に住民厚生の水準を与件として扱うことになる[2]。小地域・人口移動モデルにおいて，政策目標として広く受け入れられているのは土地レントの最大化である。経済に何ら歪みが存在しないケースでは，土地レント最大化はパレート最適な資源配分をもたらすことが知られている（Brueckner 1983 及び Wildasin 1986a, 1987 を参照）。

人口・資本移動を導入した同質小地域モデルには，Wilson（1995）や Matsumoto（2000a）などがある。これらの論文は，3 要素（労働・資本・土地）モデルに基づいて，地方政府による土地レント最大化行動を検討したものである。資本税調達による地方公共支出が想定される Matsumoto（2000a）のモデルでは，資本移動のみが考慮された場合と同様に，均衡における公共支出水準は過少になる[3]。住民への直接税と財産税（土地と資本への均一課税）を想定する Wilson（1995）のモデルでは，過少公共支出の議論は必ずしも成立しない。彼のモデルの特徴は，地方公共財の供給に関する混雑外部性と規模の経済性を前提としていることである。地方公共財の供給量を与件として，混雑外部性は供給費用が人口水準とともに増加することを意味する。そして，規模の経済性は 1 人当たりの供給費用が人口水準とともに下落することを意味する。住民への直接税は人口増に伴う混雑外部性に対処する税として機能し，財産税は規模の経済性の下で公共支出をファイナンスする機能を果たす[4]。この課税体系の下では，均衡の規範的性質は住民への課税形態に依存する。Wilson（1995）の分析で

2　この状況は，ZMW モデルの"資本市場におけるプライス・テイカーの前提"と本質的に同じである。

3　この議論に関するフォーマルな分析については，第 13 章を参照してもらいたい。

4　住民への直接税と財産税の機能は，"ヘンリー・ジョージ（Henry George）の定理"に関連している。この定理は，最適人口規模が維持される限り，土地レントへの課税によって純粋地方公共財の効率的供給が可能であることを示したものである。混雑外部性が存在する場合には，土地課税に加えて，人頭税が外部性内部化の手段として必要とされる。この議論の詳細については，Wildasin（1986a, 1987），Richter（2000）や Boadway and Tremblay（2012, Section 2.2）を参照してもらいたい。ヘンリー・ジョージの定理との対比において，Wilson（1995）のモデルは，効率的な土地課税を財産税に置き換えたものと位置づけられる。逆に土地課税を前提としつつ，混雑税が利用できない場合に発生する非効率性を検討した研究として，Wellisch and Hülshorst（2000）がある。メトロポリタン・モデルに属する人口移動と混雑外部性に関する研究には，Hoyt（1991b），Krelove（1993）や Wilson（1997）などがある。これらの論文においては，効率的混雑税である人頭税が使用できない場合，地方政府は住宅用土地・資本への均一課税を代替的な混雑税として使用する。

扱われているのは，居住地選択のみに影響する人頭税のケースと，労働・余暇選択を歪める労働税のケースである。

人頭税のケースについては，財産税を通じて資本への課徴が行われるにもかかわらず，同質地域間の対称均衡において地方公共財の供給量は効率的になる。しかしながら，Matsumoto (2000b, Section 5) によれば，この議論については留意すべき点が2つある。Wilson (1995) の人頭税ケースに労働・余暇選択を導入すると，支出効率性は成立しなくなる。さらに，財産税を資本税に入れ替えると均衡支出水準は過少になる。労働・余暇選択を導入した人頭税ケースにおいては，公共支出が過少である必要十分条件は，財産増税あるいは資本増税による公共支出の増加が地域資本量を減少させることである。つまり，支出非効率性は，資本移動に伴う財政外部性によって説明可能である[5]。

労働と資本が補完的な要素であれば，地方公共財の増加は他域からの人口流入を引き起こして地域資本量を増加させる[6]。この資本流入効果と財産増税あるいは資本増税の資本流出効果との相対的大小関係が，資本移動の方向を決定づける。課税ベースの違いから，財産税と資本税では限界的支出増に必要な増税幅は異なり，相対的に狭い課税ベースである資本税の方が増税幅は大きくなる。資本税については，増税に伴う資本流出効果が地方公共財の増加に伴う流入効果を上回ってしまう。相対的に広い課税ベースである財産税については，資本流出・流入効果の相対的大小関係は明確ではない。

このように，人頭税ケースにおける公共支出の（非）効率性は，労働・余暇選択の有無に依存する。しかしながら，人頭税と財産税あるいは資本税のタックス・ミックスは，各住民の労働供給が内生的か否かに関係なく効率的である。タックス・ミックス変更に伴う地域間人口・資本移動が生み出す財政外部性は互いに相殺されるので，地方政府の選択を歪めることはない[7]。

Wilson (1995) の労働税ケースでは，資本課徴が行われるにもかかわらず，支

---

[5] 地方公共政策は，資本移動を通じてのみならず，人口移動を通じて地域間財政外部性を生み出す。しかしながら，人頭税ケースにおける支出非効率性の方向は，資本移動に起因する財政外部性の符号と一致する。

[6] 第3章1節で言及した Braid (1996) の労働移動モデルでは，このような資本誘致効果は存在しない。

[7] タックス・ミックスに関する財政外部性の議論は，本章脚注5で論じた支出政策に伴う財政外部性の議論（資本移動に起因する外部性と支出非効率性との連関性）と対照をなす。

出非効率性の方向は資本移動に起因する財政外部性と必ずしも相関しない。人頭税は効率的な混雑税であるが（本章脚注4を参照），労働税はそもそも直接的に労働・余暇選択を歪める非効率な税である。域内労働供給への影響自体が，地域間人口移動を通じて財政外部性を生み出す1つの要因になる。このため，人頭税ケースとは異なり，財産増税あるいは資本増税による地方公共財の増加が資本流出を引き起こす場合であっても，過剰公共支出の可能性を否定できない。この特性から，財産税と資本税を入れ替えても支出非効率性に関する定性的結論には影響せず，資本移動と均衡の規範的性質との関係は希薄である。

第3章1節で言及した諸研究との対比上，Wilson (1995) の労働税に関する議論は，労働・資本課税の影響が人口移動の有無によって大きく異なることを示している。人口移動が存在しない場合には，過少供給の議論は労働・資本課税が利用可能なケースにも当てはまる。しかしながら，人口移動を考慮した場合の均衡の性質は，資本移動のみに着目した租税競争のケースとは全く異なるものになる。

4-2. 大地域と自発的財政移転

経済が有限数の大地域からなる場合，各地域の公共政策は経済全体で決定される住民厚生の水準に影響を及ぼす。大地域モデルにおける人口移動は，地域間外部性に起因する非効率性を解消する効果を持つ。全住民が同質的であり地域間移動費用が存在しない場合，この効果は最大限に発揮される。各地方政府が居住者の厚生を最大化する限り，人口移動によってもたらされる地域間の厚生均等化は，全地域の政策目標が同じであることを意味する。すなわち，各地方政府の観点からも，他域の厚生を下げるような政策は有害であることが認識できる。したがって，非協調的に政策決定を行う場合であっても，地域間外部性は自動的に内部化される。

大地域モデルにおける人口移動のメリットは，Myers (1990) 及び Krelove (1992) の研究以来，"誘因等価性 (incentive equivalence) 理論" として知られている[8,9]。Myers (1990) と Krelove (1992) による興味深い議論は，人口分布をコントロールするために地域間で自発的かつ効率的な財政移転が行われるという

ものである。誘因等価性の下では、各地方政府が選好する地域間人口分布（居住者の厚生を最大化する人口分布）は互いに一致するので、効率的人口分布をもたらすように地域間で自発的に財政移転が実行される。

誘因等価性理論は、自発的地域間移転の理論として理解されることが多い。しかしながら、地域間人口分布や資本配分の問題が捨象される同質大地域モデルでは、地域間移転の有無は本質的な意味を持たない。Wellisch (2000, Chapter 6) が示しているように、人口・資本移動を導入した同質地域モデルにおいて資本税のみが利用可能であっても、誘因等価性によって対称均衡は効率的になる。一般的には、中央・地方政府の政策手段が同じである限り、中央公共政策が実行可能ないかなる配分も、誘因等価性を通じて地域間競争の非協調均衡として実現可能である。Hoel and Shapiro (2003) が指摘しているように、地方公共政策が中央公共政策と比べて非効率なものであっても、それは単に地方側の政策手段の欠如に起因する[10]。

Hercowitz and Pines (1991), Mansoorian and Myers (1993), Myers and Papageorgiou (1997) 及び Bucovetsky (2011) は、人口移動のメリットに関する議論を不完全移動のケースに拡張した研究である。人口移動に費用が伴う場合、選好・賦存が同質的であっても、出身地（初期居住地）に応じて住民厚生の水準は異なる。誘因等価性は成立せず、各地域が選好する人口分布は互いに一致しない[11]。したがって、地方政府は自発的に財政移転を行う誘因を持たないか

---

8 誘因等価性理論の前提条件は、非協調均衡において各地域の人口増が当該地域の住民厚生を低下させることである。この"過剰人口状態"が成立しない場合には、1つの地域に人口が集中する可能性があるため、そもそも住民厚生の地域間均等化が均衡条件として成立しない。人口水準と人口移動との関係については、Stiglitz (1977) や Boadway and Flatters (1982) の議論を参照せよ。

9 本文で論じたように、誘因等価性理論は住民の同質性を前提としている。住民間で選好あるいは要素賦存に関する非同質性が存在する場合、人口移動は必ずしも誘因等価性を意味しない。この点については、要素賦存に関する住民非同質性を考慮した Bucovetsky (1995) の議論を参照せよ。なお、Myers (1990) と Krelove (1992) の2要素（労働・土地）モデルでは、各地域は非同質的であるものの、全住民は選好・賦存について同質的である（地域ごとに土地供給量は異なる一方で、住民は全地域の土地を均等に所有する）。

10 彼らの議論によれば、人口移動の下での効率的配分は地域間競争のナッシュ均衡として実現可能である。しかしながら、複数のナッシュ均衡が存在する場合には、この逆の命題は必ずしも成立しない。

11 不完全人口移動のケースを扱う研究についても、人口集中が生じない内点解を主に分析しているので、本章脚注8で述べた但し書きがそのまま当てはまる。この点に関する詳細な議論につい

もしれない。それにもかかわらず，非協調的な政策決定がもたらす均衡人口分布は，自由な居住地選択の下でのセカンド・ベスト資源配分集合に含まれる[12]。不完全人口移動のケースでは，自発的移転が実施されない均衡であっても，ある地域の住民厚生を高めるためには他域住民の厚生を下げねばならないという意味で，パレート基準は満されている。自発的移転が実施される均衡については，移転は限界的人口移動に伴う地域間財政外部性を遮断・内部化する機能を果たす。

人口移動が不完全である場合，均衡の規範的性質は利用可能な税体系や地域間の（非）同質性に強く依存する。Burbidge and Myers（1994a）と Wellisch（2000, Chapter 7）によれば，人頭税によって地方公共財が供給されるケースでは，地域間の同質性や地域間移転の有無に関係なく，均衡における公共支出水準は効率的である。ところが，資本税を追加した場合，あるいは資本税のみが利用可能な場合には，この税の使用に伴う地域間外部性を補正する手段として，自発的地域間移転が必要である[13]。興味深いことに，同質地域の対称均衡では自発的移転が行われないので，不完全人口移動の下では，資本税のみが使用される対称均衡は非効率になってしまう。この議論は，先に述べた移動費用が存在しないケースにおける対称均衡の効率性とは全く逆の内容である。

ては，Bucovetsky（2011）を参照してもらいたい。
12 不完全人口移動の下では，居住地選択の自由がファースト・ベスト効率性と整合的であるとは限らない。Myers and Papageorgiou（1997）が指摘しているように，移動費用のために，人口移動が起きないケースでも，経済全体の生産・所得を最大化するために，人口・労働の地域間再配分が要求されるかもしれない。
13 不完全人口移動の下では，自発的移転を通じて達成できるのは移転拠出地域における地方公共政策の効率性のみである。すなわち，自発的移転を通じて達成可能な効率性は，社会的厚生関数における移転受領地域の厚生ウェイトをゼロとしたケースに対応する。拠出地域は，財政移転を受領地域からの外部性を遮断する手段として活用する。また，地域間資本配分の効率性を維持するために，拠出地域は資本税率を受領地域の税率に一致させる。以上の議論については，2つの留意点がある。第1に，自発的移転を通じて任意のサード・ベスト均衡（税体系と自由な人口移動を与件とした効率性）が達成できる訳ではない。第2に，Wellisch（1994, 1995, 2000 Chapter 7）が示しているように，地方公共財便益が他域にスピルオーバーする場合，不完全人口移動の下では自発的移転の効率性は成立しない。受領地域において，地方公共財の過少供給が生ずる。

4-3. Tiebout モデルとの融合

　地域間人口移動については，第1章2節で言及した Tiebout（1956）の先駆的研究以来，"足による投票"に関する研究が蓄積されている。その基本的発想は，自由な居住地選択を通じて地域間の競争を促すことで，住民は自らの選好に適合した公共サービスを安い負担で供給する地域を見つけることができるというものである。このような選好に応じた棲み分け（"Tiebout sorting" と呼ばれる）を資本税競争モデルに導入した研究として，Brueckner（2000a, 2004）がある。これらの論文では，住民誘致を目指す地域デベロッパー間の競争が分析されている。経済には多数の競争的デベロッパーが存在する。各デベロッパーは地域間移動可能な資本への課税によって地方公共財を供給し，資本税収と公共支出の差として定義される利潤を最大化するように政策決定を行う[14]。

　Brueckner（2000a）は，資本税競争モデルにおいて選好に応じた棲み分けが発生することを示した論文である。この論文では，人口移動を通じた棲み分けによる地域形成と人口分布を与件とした資本税競争の2段階に分けて，人口・資本移動下の均衡が分析されている[15]。地方公共財選好の強い地域では，相対的に高い資本税率が選択されて相対的に多い量の地方公共財が供給される。しかしながら，最も地方公共財選好の強い地域（すなわち，最も資本税率の高い地域）では，公共財の供給量は人頭税が利用可能なケースよりも少ない状態になる。この地域の住民厚生は，租税競争によって下落する[16]。他方で，その他の地域については，租税競争の結果として，地方公共財の供給量と住民厚生が下落するとは限らない。課税ベース移動性に伴う過少課税の誘因にもかかわらず，地方公共財選好の弱い地域は相対的低税率によって課税ベースを獲得し，多くの地方公共財と高い住民厚生を享受できるかもしれない。

14　デベロッパー間の競争を通じて均衡利潤がゼロになる限り，この利潤最大化行動は小地域・人口移動モデルにおける土地レント最大化行動と本質的に同じ特性を持つ。

15　Haufler（1996）は地方公共財に関する選好非同質性を導入している消費税競争モデルであるが，地域間人口移動を考慮していない（選好による棲み分けは外生的である）。

16　Brueckner（2000a）のモデルにおいては，人頭税は地方公共財に関する応益負担税として機能し，効率的な地域間資本配分をもたらす。

Brueckner（2004）は，Brueckner（2000a）の分析に基づいて，集権状態（全地域一律政策）で得られる均衡を租税競争均衡と比較検討したものである。集権化によって地域間資本配分の非効率性は解消される一方で，選好に応じた棲み分けの利益も失われる。彼の数値計算によれば，両効果の相対的大小関係は，資本需要の弾力性と地方公共財に関する選好非同質性の程度に依存する。弾力性が低く選好差が大きいケースでは，地域ごとに異なる公共支出水準を実現できる租税競争均衡は，集権均衡よりも高い厚生をもたらすかもしれない[17]。

4-4. 再分配政策

地域間人口・要素移動は，分権的な再分配政策を抑制する要因として認識されることが多い[18]。例えば，貧困層の流入可能性（"福祉移住"と呼ばれる状態）が再分配水準を引き下げることを示している研究として，Brown and Oates（1987），Wildasin（1991b），Brueckner（2000b）や Wellisch（2000, Chapter 8）などがある。これらの研究では，地方公共政策の決定者である富裕層の地域間移動は捨象されている。そして，各地域の富裕層は，自らの所得と貧困層の所得を独立変数とする利他的効用関数を最大化するように再分配水準を決定する。均衡においては，貧困層の所得増に伴う限界的厚生効果が富裕層の所得増に伴う限界的厚生効果を上回るので，経済全体の観点から見て過少な再分配政策が実施される。各地域における再分配政策は，他域の貧困層を減らして財政負担を緩和する。しかしながら，分権的な政策決定に際して，この正の外部性は無視されてしまう[19]。

---

[17] 集権化と分権化の比較検討については，Brueckner（2004）に関連する研究として Brueckner（2009）が挙げられる。この論文はメトロポリタン・モデルに基づくものであるが，Tiebout sorting が発生する分権均衡と全地域均一の集権均衡に加えて，支出政策の分権決定が認められた部分的な分権状態も比較検討の対象に含まれている。

[18] 第1章2節の議論を参照。ここでの人口移動に関する議論は，基本的に大地域を想定したものである。個別地域の公共政策が住民厚生に影響しない小地域・人口移動モデルは，個人間再分配政策の分析には適さないように思われる。なお，再分配については，政治過程や情報非対称性に絡めた租税競争の分析もある。これらのトピックについては，それぞれ第5章3, 6節を参照してもらいたい。

[19] 地域間財政外部性に起因する過少再分配の問題は，移動してきた住民の社会保障システムへの編入を延期することによって緩和される可能性がある。この発想に基づく分権的再分配政策の研

大地域に関する誘因等価性の理論は，分権的再分配政策の非効率性を主張する研究とは全く異なる結論をもたらす。Burbidge and Myers（1994b）とWellisch（1996）の分析によれば，各地域が同じ社会的厚生関数を持ち，かつ地域間人口移動のコストが存在しなければ，分権的再分配政策は効率的である。富裕層と貧困層の厚生はそれぞれ地域間で均等化するので，共通の目的関数を持つ全地域は実質的に同じ政策目標を有する。したがって，本章2節で論じたように，人口移動に伴う財政外部性は内部化されている。地域間で要素賦存などの相違があっても，自発的財政移転を通じて均衡の効率性が保たれる。誘因等価性に基づく議論は，再分配に関する選好が地域間で共通である場合について，分権的再分配を推奨する。この意味において，地域間の選好差を分権的再分配の根拠とする Pauly（1973）の古典的議論と対照をなす。

　社会的厚生関数が地域ごとに異なる場合には，分権的再分配が非効率になることは想像に難くない。人口移動が不完全である場合にも，誘因等価性に基づく再分配政策の効率性は成立しない。Hindriks（2001）の人口移動モデルでは，貧困層が再分配政策の決定を行うケースについて，富裕層の移動コストが十分に大きい場合を除けば，両層の地域間移動は富裕層から貧困層への再分配水準を低下させる。同様の議論は，人口移動を導入した資本税競争モデルにも当てはまる。資本賦存量の異なる個人間の再分配を分析している Kessler, Lülfesmann and Myers（2002）では，不完全人口移動の下で資本税収を活用した再分配政策は過少な水準に留まる[20]。これらの論文においては，地域間人口・資本移動は基本的に再分配を妨げる要因であることに変わりはない[21]。他

　　究として，Richter（2004）や Weichenrieder and Busch（2007）などがある。その基本的発想は，地域間移動後の一定期間は出身地域の社会保障システムでカバーするというものであり，福祉移住を抑制する効果が期待できる。

20　Kessler, Lülfesmann and Myers（2002）では，人口移動コストが存在しなければ均衡は効率的である。彼らの分析は同質地域間の対称均衡に限定されており，各地域で資本賦存分布の中位者が政策決定を行う。対称均衡において各地域の中位投票者の資本賦存は同じであるから，実質的に全地域の政策目標が一致する。したがって，誘因等価性理論が当てはまる。

21　不完全人口移動の下での再分配政策の非効率性については，Boadway, Marchand and Vigneault（1998）や Gordon and Cullen（2012）も参照してもらいたい。これらの論文においては，地域間の水平的財政外部性のみならず，中央・地方間の垂直的財政外部性も考慮されているため，再分配政策の非効率性の方向は必ずしも明確ではない（垂直的外部性を導入した租税競争の分析については，第5章4節を参照せよ）。

方，Hindriks (2001) と Kessler, Lülfesmann and Myers (2002) の議論の本質は，"移動性の範囲が広がると租税競争の再分配抑制効果がかえって軽減される" という点であることに注意しなければならない。

　Hindriks (2001) のモデルでは，貧困層あるいは富裕層のどちらか一方のみが移動するケースよりも，両層がともに移動するケースの方が再分配水準は高くなる傾向がある。Brown and Oates (1987) や Wildasin (1991b) からの類推として，貧困層の福祉移住に加えて富裕層が税負担を嫌って地域間移動するならば，分権的な再分配水準がさらに低下すると思われるかもしれない。すなわち，地方政府による再分配政策の強化は，貧困層の流入と富裕層の流出を同時に引き起こすと考えられるかもしれない。しかしながら，Hindriks (2001) の理論分析は，再分配目的の増税が富裕層の流出と同時に，貧困層の流出をも引き起こすことを示している。再分配政策の受益者が，負担者を追いかけて地域間移動するのである。このように負・正の地域間外部性が互いに相殺されるので，分権的政策決定の歪みが緩和される。

　同様の結論は，Kessler, Lülfesmann and Myers (2002) の資本税競争モデルからも導かれる。彼らのモデルでは，資本減税による資本誘致は労働の限界生産力を高めて貧困な労働者をひきつける効果を持つ。つまり，資本減税は再分配政策の負荷を重くする側面を持つ。このため，地域間人口・資本移動が同時に考慮されるケースでは，資本のみが移動可能なケースに比べて，資本税率の切り下げ誘因は弱くなる[22]。

　以上の諸研究では，地域間人口・要素移動はあくまで再分配政策の負担者・受益者の移動として捉えられる。地方政府が住民からの政治的支持を求めて政策選択を行う Lee (2007) のモデルでは，貧困層と富裕層はそれぞれ再分配政策の支持者と不支持者として扱われる。貧困層の流入及び富裕層の流出は再分配政策への政治的支持の拡大につながるので，地域間人口移動は政治的な観点から再分配水準を高める誘因を地方政府に与えるかもしれない。

---

[22] Kessler, Lülfesmann and Myers (2002) と類似した議論を展開している論文として，Lee (2002) がある。彼の資本税競争モデルの分析では，人口移動が行われるケースと人口・資本移動が併存するケースとの比較も行われている。人口移動のみのケースと比較して，資本移動の追加は均衡資本税率・再分配水準を引き下げてしまう。この議論は理論的に興味深いものの，資本移動に人口移動が加わるケースの方が現実的と思われる。

分権的な再分配政策を検討した研究には，Epple and Romer（1991）やKessler and Lülfesmann（2005）のように，Tiebout sortingの発想に基づくものも含まれる。自由な居住地選択の結果として所得水準に応じた棲み分けが発生するが，所得階層数が地域数よりも多い限り，異なる所得水準の住民が共存する地域が存在して再分配政策が実施される。相対的に高（低）所得水準の住民は，低い（高い）水準の再分配政策が実施される地域に集まる。この議論に基づけば，人口移動の下では，中央集権のケースよりも高い水準の再分配政策を選択する地域が存在することになるだろう[23]。

Glazer, Kanniainen and Poutvaara（2008）は，各地域内の居住地が非同質的であるケース（中心部へのアクセスや居住環境の差）について，地域間人口移動が再分配水準を高める可能性を指摘した論文である。彼らのモデルでは，各地域内で貧困層と富裕層の棲み分けが発生する。均衡において富裕層は質の高い居住地を占めることになるが，富裕層の地域間移動は地方政府に対して再分配目的の課税を強化する誘因を与えるかもしれない。増税に伴う富裕層の他域への流出は，課税ベースの減少をもたらす一方で，貧困層に質の高い居住地を占める機会を与える。後者の厚生効果が相対的に大きい場合には，地方政府は域内居住地の再配分効果を通じて間接的な再分配を実施していることになる。このような場合には，人口移動がなく居住地の再配分効果が存在しないケースと比べて，分権的に選択される富裕層への税率が高くなる可能性がある。

---

[23] 同様の議論は，地域間の非同質性が強いケースにも当てはまるものと思われる。例えば，移動不可能要素の賦存量の地域間格差が極めて大きい場合，地域経済の開放化に伴って賦存量の多い地域に資本が大量に移動するであろう。資本移動に伴う過少課税の誘因にもかかわらず，資本が集まる地域では，資本税収に裏づけられた高い再分配水準が実現されるかもしれない（この議論については，López, Marchand and Pestieau 1998, Section 4を参照）。この類の議論に基づけば，租税競争による再分配水準の上昇は，一部の地域に限定されることになる。

第5章

租税競争以外の非効率要因を含むモデル

❖ はじめに

　第1章1節で述べたように，ZMWモデルにおける唯一の非効率要因は課税ベースの地域間移動性である。ZMW以降の研究には，この要因に起因するものとは別形態の政府行動の非効率性を考慮したものや，応用ミクロ経済学で扱われる市場機能の不完全性を導入したものが多数含まれている。本章では，関連するトピックの例として，租税輸出，リバイアサン・モデル，政策決定プロセス，垂直的財政外部性，不確実性，情報非対称性，政府のコミットメント能力の欠如，そして非競争的労働市場を考慮した租税競争の分析を取り上げる。これらの研究においては，様々な非効率要因の下で，地方政府によって選択される資本税政策の特徴や機能が明らかにされている。規範的観点からは，租税競争によって他の要因から生ずる非効率性が相殺されるケースや，逆に悪化してしまうケースなどが確認されている。

5-1. 租 税 輸 出

　租税輸出（tax exporting）とは，税負担が他域住民に帰着している状態を指す。地域境界を跨ぐ税負担の転嫁は，負の地域間財政外部性に対応する[1]。租税競争文献には様々な形態の租税輸出を導入した研究が含まれているが，ここでは地域間移動不可能な要素（土地など）や地元企業の所有権が他域に分散しているために生ずる租税輸出に焦点を当てる[2]。

---

[1] 租税輸出に関する基本的文献として，McLure（1967, 1969），Arnott and Grieson（1981），Gordon（1983）やWildasin（1986a）などが挙げられる。

Huizinga and Nielsen (1997, 2002), Lee (2003a), Braid (2005) 及び Wagner and Eijffinger (2008) は，多地域に跨がる所有権分散の下で，資本税が租税輸出の手段として機能することを示した論文である。地元企業や移動不可能要素への課税が不完全であり，自域で生み出された所得が他域に流出する場合，地方政府はこの所得を間接的に課税する手段として資本税を使用する誘因を持つ。資本増税に伴う公共支出の便益が地元住民に還元されるのに対して，負担の一部（資本流出に伴う利潤や要素所得の下落）は他域住民に帰着するためである。このことは，資本増税に際して，課税ベース移動に伴う正の外部性と租税輸出に伴う負の外部性が同時に発生することを意味する。租税輸出を導入したモデルでは，資本税と公共支出の水準が過少であるか否かは両外部性の相対的大小関係に依存して決定される[3]。

租税競争と租税輸出を融合した研究には，Wildasin and Wilson (1998) 及び Lee (2003b) のように，土地と資本の均一課税と差別課税の比較を行ったものもある。彼らの分析によれば，土地所有権の多地域分散によって租税輸出が生ずる場合，差別課税よりも均一課税が効率性の観点から望ましい可能性がある。差別課税の場合，地域間移動可能な資本には課税されず，土地のみが課税されるので，租税輸出の非効率性のみが残る。地域ごとの生産性リスクを想定する Wildasin and Wilson (1998) では，土地重課は土地の分散保有を通じたリスク回

---

[2] 多地域に跨がる所有権分散は，ZMW モデルの前提である"地元住民による移動不可能要素の所有（第1章1節を参照）"を緩和したものと位置づけられる。なお，所有権分散とは別形態の租税輸出を導入した研究には，Noiset and Oakland (1995)，Mintz and Tulkens (1996)，Fuest and Huber (2002) や Noiset (2003) などがある。Noiset and Oakland (1995) のモデルでは，一部の居住エリアが地方政府のテリトリーから除外されるために，生産エリアで実施される資本税の影響が完全に内部化されていない。Mintz and Tulkens (1996) と Fuest and Huber (2002) では，企業が複数地域に生産拠点を有するので，資本税負担の一部が他域に転嫁される。各地域が差別化された財を生産する Noiset (2003) のモデルでは，域内の財生産量を抑制し価格を吊り上げる手段（つまり，地元企業の利潤を高める手段）として資本税が活用される。

[3] 租税輸出に関連する研究として，ここでは Lejour and Verbon (1997) の内生的成長モデルに言及したい。彼らの分析では，各地域による源泉地資本税の増税が資本純収益率の下落を通じて経済全体の貯蓄を抑制してしまうという"負の成長外部性（growth externality）"が議論されている。しかしながら，Wilson (1999, p. 275) が指摘するように，(少なくとも ZMW の枠組みでは) 貯蓄内生化による過剰課税誘因が資本移動に伴う過少課税誘因を凌駕することはない。Lejour and Verbon (1997) における過剰課税の可能性は，むしろ租税輸出の文脈で捉えられるかもしれない。彼らのモデルでは，外生的な域外投資のメリットが前提とされており，各地域の資本ストックには他域からの投資が含まれている。このため，地方政府は過剰な課税を行う誘因を持つ。

避行動を阻害する[4]。ZMW モデルに基づく Lee（2003b）では，土地への重課税によって地方公共財の過剰供給が発生する。他方，均一課税の場合には，租税競争による資本への軽課圧力が土地にも及ぶので，租税輸出に伴う過剰課税を抑制することができる。他域住民による土地所有比率が大きい（租税輸出の誘因が強い）場合には，均一課税は差別課税よりも高い住民厚生をもたらすであろう[5]。

5-2. リバイアサン・モデル

地方政府が予算余剰の最大化を目指す"リバイアサン（Leviathan）"である場合，租税競争の経済的帰結は，住民厚生の最大化を想定する ZMW モデルから導かれるもの（過少課税・公共支出）とは全く異なるものになる。Brennan and Buchanan（1980）によれば，課税ベース移動性に伴う税率切り下げ圧力はリバイアサン政府による過剰な課税や予算余剰を抑制する効果を持つので，租税競争は住民厚生の観点から有益な側面を持つ[6]。

Edwards and Keen（1996）は，ZMW モデルにリバイアサン的政府行動を導入することで，これらの異なる議論を統合した先駆的研究である。地方政府の目的関数が住民厚生と公共予算余剰の両方に依存する場合，租税競争は財政外部性を通じて住民厚生を引き下げる一方で，住民にとって無駄である公共予算余剰を減少させる効果を持つ。このため，均衡において過少課税が発生するとは限らない[7]。Hange and Wellisch（1998）及び Arikan（2004）は，Edwards and

---

4　不確実性を導入した租税競争の研究については，本章第5節を参照せよ。
5　このような均一課税と差別課税の比較に関連する研究として，Janeba（1998）が挙げられる。この論文は，Brander and Spencer（1985）の"第3国モデル（third country model）"に，地域間企業移動を導入したものである。企業移動を考慮しない第3国モデルでは，各地域の政府は地元企業に過剰な補助金を与える。この補助金は他域企業の市場シェア・利潤を下落させることで（租税輸出のように）負の地域間外部性を生み出す。このモデルに企業移動を導入すると，差別的補助の下では地元企業への優遇が行われる。域内の全企業に対する均一補助制約の下では，地域住民が所有しない企業の流入を嫌って政府は補助金を一切交付しない。したがって，効率性の観点からは均一補助制約が望ましい。
6　本節（及び本章4節）で"リバイアサン・モデル"と称されるのは，予算余剰の最大化に伴う住民厚生の損失（過剰な税負担と過少な公共サービス供給）を明示しているモデルである。この意味において，第3章4節で取り上げられたような単に税収最大化を前提するモデルとは一線を画する（第3章脚注16を参照）。

Keen (1996) を拡張して，地域数と住民厚生の関係について検討したものである。地域数の増加は，資本税率及び公共予算余剰をいずれも下落させると同時に地方公共財の供給を増加させる。結果として，リバイアサン的行動を導入した資本税競争モデルでは，住民厚生の最大化を前提とするケース（第2章2節の Hoyt 1991a を参照）とは異なり，地域数の増加によって住民厚生を改善することができる。

Wilson and Gordon (2003) 及び Wilson (2005) は，税・支出政策の決定を分離した理論モデルである。これらのモデルでは，各地域において住民が税率を決定する。リバイアサン的な地方政府は，税率を与件として予算余剰を最大化するように公共支出決定を行う[8]。この分離決定の下では，住民は税率操作を通じて地方政府の支出決定に影響力を行使できる。また，税率を操作できない地方政府は，予算余剰を増やすために移動可能な課税ベースを誘致しようとする。この誘致競争は，地方政府に対して公共サービスの供給を増やす直接的誘因を与える。したがって，税・支出決定が分離されている場合，課税ベース移動性は政府のリバイアサン的行動を抑制して住民厚生を高める効果を持つ。同様の文脈で課税ベース移動性の有益性を主張した研究として，Janeba and Schjelderup (2009) がある。税・支出政策決定はすべてリバイアサン的政治家・官僚に委ねられるという前提の下で，Janeba and Schjelderup (2009) は両政策の同時決定と逐次決定（異なる政治家や官僚が税・支出政策をそれぞれ決定）を比較検討している。彼らの分析によれば，課税ベース移動性による公共予算余剰の抑制効果は，逐次決定のケースでより強く発揮される。

Brennan and Buchanan (1980) の議論とは逆に，租税競争のリバイアサン抑制効果に否定的な研究もある。Besley and Smart (2007) のモデルでは，政治家

---

7 Edwards and Keen (1996) と同様の議論を展開している論文として，Rauscher (2000) がある（前者が地方公共財のモデルであるのに対して，後者のモデルは地方公共要素を分析している）。なお，Rauscher (2005) は，Rauscher (2000) を動学モデルに拡張したものである。Chu and Yang (2012) は，Edwards and Keen (1996) の分析を内生的成長モデルに拡張した研究である。

8 人口移動を前提とする Wilson and Gordon (2003) では，人頭税と住宅消費税によって住民誘致に貢献する地方公共財の供給が行われる。資本移動を前提とする Wilson (2005) では，労働税と資本税によって資本誘致に貢献する地方公共要素の供給が行われる。なお，税率と公共要素供給の決定を分離した分析については，Rauscher (1998) も参照してもらいたい。

の素性は私的情報である[9]。現職が"悪い政治家"である場合には，この政治家は"良い政治家"の政策を真似て住民を長期的に少しずつ搾取するか，あるいは落選を覚悟で現段階において最大限搾取するか，のいずれかを選択しなければならない。租税競争は良い政治家が選択する公共支出水準を減少させるので，悪い政治家が良い政治家を真似ることによって得られる利得は減少する。このため，現段階における搾取を誘因づける可能性がある。Cai and Treisman (2005) によれば，地域間で生産性格差が大きい場合には，租税競争のリバイアサン抑制効果は働かない。低生産性地域は資本誘致のための生産性向上策（公共要素の供給など）を実施する誘因を持たず，移動不可能な住民や要素を搾取することになる[10]。

最近では，Pal and Sharma (2013) が地方政府のリバイアサンの程度を内生化した分析を展開している。各地方政府の目的関数はウェイトづけされた住民厚生と税収の合計であり，地域間で"ウェイト決定→資本税率決定"の2段階ゲームが行われる。部分ゲーム完全均衡では，地方政府の真の目的（住民厚生あるいは税収の最大化）に関係なく，税収に100％のウェイトがつけられる。真の目的が住民厚生最大化であっても，租税競争に伴う過少課税の歪みを抑えるために，税収最大化に対応した税率が選択される[11]。

5-3. 政策決定プロセス

本節では，政策決定プロセスを考慮した租税競争モデルを取り上げる[12]。多

---

9 情報非対称性を導入した租税競争の研究については，本章第6節を参照せよ。
10 関連研究として，Caplan (2001) の政党間競争モデルがある。彼のモデルでは，各地域で複数の政党が支持拡大と政権獲得を目指して競い合い，各住民は特定政党を好むバイアスを持つ。このバイアスが政治的レントを生み出し，各政党のリバイアサン的行動を助長する（自党を好む住民から搾取する余地が生ずる）。各地域の政権政党が同じ場合には，地域間人口移動は政治的レントを抑制する機能を果たす。しかしながら，地域ごとに政権党が異なる場合，人口移動は政党のリバイアサン的行動を助長して住民厚生を低下させるかもしれない。地域間移動によって各地域に同じ政党を好む住民が集まるので，選挙の政権チェック機能が弱体化して政治的レントを高めてしまう。
11 なお，Pal and Sharma (2013) の議論は，地域厚生関数が住民厚生と税収の線形結合であることに大きく依存しているように思われる。Edwards and Keen (1996) のように非線形の目的関数を想定する場合，均衡において住民厚生と税収の両方にウェイトが割り当てられるであろう。
12 第6章2節においては，地域間協調の観点から政治過程を考慮した租税競争研究に言及する。

数決投票による政策決定については，Persson and Tabellini（1992）による戦略的委任行動の分析が有名である。彼らのモデルでは，"政策決定者の選出→資本税率の決定"の2段階ゲームにおいて，各地域の中位投票者は自分よりも公共財選好の強い政策担当者を戦略的に選出する。つまり，租税競争に伴う過少課税・公共支出の厚生ロスを抑制するために，戦略的な政策委任が行われる[13]。Ihori and Yang（2009）は，Persson and Tabellini（1992）に類似した戦略的政策委任の枠組みの下で，租税競争に伴う過少資本課税の誘因と，政策決定者が平均以下の資本賦存を有するために生ずる過剰課税の誘因との比較を軸とした研究を行っている。

Perroni and Scharf（2001）は地域形成を内生化したモデルであり，その分析対象は資本税競争が地域数と規模に与える影響である。各地域では，多数決投票によって資本税率及び地方公共財の供給量が決定される。地域内で住民選好が非同質的である限り，中位投票者以外の住民は選好差による厚生ロスを被る。このロスを避けるために，過剰な数の地域（過小規模の地域）が形成される[14]。租税競争は，地域数膨張のバイアスを相殺する圧力を生み出す。資本需要の弾力性が高く税率切り下げ圧力が強いほど，各住民の選好する政策の差が縮小されて，均衡地域数が減少するとともに住民厚生は高くなる。

Lorz（1998）とSato（2003）は，住民による浪費的政治活動を分析した研究である。彼らの資本税競争モデルでは，各住民（グループ）は政治活動を通じて地方政府の目的関数における自らの厚生ウェイトを高めることができる。課税ベース移動性は，税率の変化に伴う住民間の再分配効果を小さくするとともに，再分配に使える歳入自体を減少させる。結果として，地域間移動性の向上や地域数の増加を通じた租税競争の激化は，浪費的政治活動のメリットを抑制して社会全体の厚生を高めるかもしれない[15]。

---

13 Gottschalk and Peters（2003）は，Perrson and Tabellini（1992）の議論を再分配政策に応用した研究である。租税競争に伴う税率切り下げが再分配政策の縮小圧力をもたらす場合，各地域の中位投票者は再分配選好の強い住民に政策選択を委任する。

14 選好非同質性のために小規模地域が多数形成される結果として，各地域の税収・支出規模は小さくなり，地方公共財の共同消費性の下で住民厚生はかえって下落することになる。

15 ここでは，関連研究としてEggert and Sorensen（2008）の確率的投票モデル（probabilistic voting model）に言及しておく。彼らのモデルでは，公共部門労働者の政治活動によって同部門の賃金率が民間部門よりも高くなるが，租税競争はこのような政治活動を抑制する機能を果たす。

政策決定プロセスを考慮した租税競争の研究には，Lockwood and Makris (2006) や Lai (2010) のように，資本税負担の帰着に着目したものも含まれている。資本移動性の向上は，資本税の負担が移動不可能要素に帰着する比率を高める。Lockwood and Makris (2006) の多数決投票モデルでは，地域住民の資本賦存分布が移動不可能要素の賦存分布よりも不均一であり，しかも両要素の賦存量が多い住民の公共財選好が強い場合，資本移動の導入によって中位投票者への資本税負担の帰着が軽減される可能性がある。この場合，資本移動の導入によって均衡資本税率はかえって高くなる。Lai (2010) は，地方政府が資本所有者を移動不可能要素の所有者よりも優遇するケースを検討している。この前提の下では，資本移動の導入に伴う資本税負担帰着の変化は，地方政府に対して資本増税及び公共支出増の誘因を与えることになる[16]。

　以上の諸研究は，地方レベルの政策決定プロセスを考慮したものである。これに対して，Janeba and Wilson (2011) のように中央政策決定プロセスの歪みを想定した分析もある。彼らのモデルでは，中央・地方政府のいずれもが供給可能な多数の公共財が存在し，地方担当の公共財は租税競争の影響で過少供給される。中央政府は一括固定税を利用するものの，一部地域を優遇する政治的バイアスを持つために，優遇地域では過剰な公共財供給が行われる。このフレームワークにおいて，Janeba and Wilson (2011) は，一部の公共財の供給を地方に委ねることが資源配分効率性の観点から望ましいことを示している。すなわち，中央政策プロセスの歪みを地方間の租税競争で補正することができる。

　　なお，公共部門内の政治活動については，Fuest (2000) のように官僚と政治家の間で展開される交渉過程を考慮した研究もある。
16　その他にも，租税負担帰着に関連する研究として，Lorz (2001) や Borck (2003) が挙げられよう。Lorz (2001) のモデルでは，移動不可能要素の賦存量について非同質的な住民が，地方公共要素の供給量を巡って浪費的政治活動を展開する。資本移動性が高いほど地方公共要素の生産性効果が移動不可能要素の収益に帰着する比率が高くなるため，政治活動の強化を誘発する可能性がある。資本賦存格差を考慮した Borck (2003) の多数決投票モデルでは，資本市場においてプライス・メイカーである地域の政策決定が分析されている。平均未満の資本量を持つ中位投票者は，一括固定税が利用可能であっても，資本税調達で地方公共財を供給する誘因を持つ。

5-4. 垂直的財政外部性

　中央・地方の多段階的政府構造の下では，課税ベースの地域間移動（水平的財政外部性）に加えて，中央・地方間の課税ベース重複（垂直的財政外部性）が政策選択に影響する。第1章2節で述べたように，これらの外部性は全く逆の政策誘因を生み出すので，租税競争が地方政策決定に及ぼす影響は両外部性の相対的大小関係に依存する[17]。

　水平的・垂直的租税競争を統合した研究は，Wrede（1996, 2000），Flochel and Madiès（2002），Keen and Kotsogiannis（2003）のように中央・地方政府の政策目的が予算余剰あるいは税収の最大化であるもの（本章第2節を参照）と，Keen and Kotsogiannis（2002, 2004）のように住民厚生の最大化を前提したものとに分けられる。これらの論文では，主に中央・地方政府間のナッシュ・ゲームが検討されているが，導出される結論は政策目的に応じて全く異なるものになる[18]。

　リバイアサンのケースでは，地方政府の生み出す垂直的外部性は水平的外部性を上回り，中央・地方税率はいずれも過剰になる。総税率（中央税率＋地方税率）は中央・地方政府の合計税収を最大化する水準を超えてしまうため，減税を通じて税収増加と住民厚生の改善を同時に実現することができる[19]。住民厚生最大化のケースでは，地方政府が生み出す垂直的・水平的外部性の相対的大小関係は必ずしも明確ではない。資本供給（貯蓄）の弾力性が資本需要の弾

17　本節で取り上げる諸研究では，正の垂直的外部性の可能性（第1章脚注12を参照）や中央政府による補助金政策は考慮されていない。中央補助金を導入した水平的・垂直的外部性の研究については，第6章1節を参照せよ。

18　Keen and Kotsogiannis（2002, 2003, 2004）の資本税競争モデルでは，各地域は資本への源泉地課税を行う一方で，中央政府は貯蓄・消費選択を通じて内生的に決定される資本供給への課税を行う。Wrede（1996, 2000）と Flochel and Madiès（2002）は，課税ベース量と税率との関係を定義したシンプルなモデルを使用しているが，均衡税率構造に関して得られる結論は資本税競争モデルと同様のものである（ただし，住民厚生に関する分析は含まれていない）。なお，消費税競争モデルに基づく水平的・垂直的外部性の研究として，Lucas（2004）がある。

19　住民厚生への影響については，Keen and Kotsogiannis（2003）を参照せよ。なお，総税率の過剰性については，Wrede（1996）が論じた例外がある。移動可能な課税ベースが相対的低税率の地域に集中するケースでは，均衡総税率は中央・地方の税収合計を最大化する税率に一致する。

力性よりも十分に大きくない限り，水平的外部性が垂直的外部性を凌駕して地方資本税率は過少になるかもしれない．

Keen and Kotsogiannis（2003, 2004）の分析によれば，政策目的の相違は地域数と均衡との関係にも反映される．地方税率が過剰になるリバイアサンのケースでは，地域数の増加による水平的競争の強化（第2章2節を参照）は，過剰課税の抑制を通じて住民厚生を高める余地を生み出す．ところが，住民厚生最大化のケースでは，地域数の増加は水平的外部性のみならず垂直的外部性も悪化させてしまう[20]．このケースでは，両外部性の相対的大きさに関係なく，地域数の増加は住民厚生を下落させる．

Wilson and Janeba（2005）は，水平的・垂直的租税競争の文脈において，戦略的な地方分権化の可能性を分析した論文である．彼らの2国モデルでは，各国内に中央・地方政府のいずれもが供給可能な多数の公共財が存在し，"中央政府による財供給分担の決定→中央・地方政府による資本税率決定"の順で政策決定が行われる[21]．地方担当の公共財数の増加（分権化の進展）は，中央・地方予算規模をそれぞれ減少・増加させることで，水平的外部性を強化すると同時に垂直的外部性を弱化する．つまり，分権化の進展は総資本税率を下落させる．分権化と総税率の負相関性は，互いに競争を展開する各国の中央政府に対して戦略的に分権化の程度を調整する誘因を与える．各国の総税率が戦略的補完（代替）関係にある場合（第1章脚注17参照），他国の税率を引き上げて資本誘致を有利に展開するために，中央政府は分権化を抑制（促進）する誘因を持つ．結果として，各国の総税率が上昇（下落）することになる．中央政府間の水平的租税競争が過少課税誘因を生み出すことを考慮すると，戦略的分権化は税率上昇（下落）をもたらす戦略補完（代替）のケースで住民厚生を高める（低める）ことになる．

---

20 中央・地方政府間の"税ゲーム"（第2章3節のWildasin 1988を参照）を前提とするKeen and Kotsogiannis（2004）では，中央政府の税率を与件として，各地方政府は自らの増税が中央政府の公共財供給を減少させることを認識している．しかしながら，地方政府が考慮するのは地元住民への影響のみであり，他地住民への影響は考慮しない．このため，地域数の増加とともに，各地方政府が内部化する垂直的外部性の割合は下落してしまう．

21 このモデル構造は，本章第3節で取り上げたJaneba and Wilson（2011）に類似している．

5-5. 不確実性

不確実性を考慮した資本税競争の分析として，同質小地域モデルに地域生産性リスクを導入した Chung and Wilson（1997）や Lee（2004）などが挙げられる[22]。これらの論文においては，利用可能な税について異なる前提が採用されているため，不確実性下の地方公共政策についても異なる議論が展開されている。

Chung and Wilson（1997）は，不確実性下における労働・資本所得税の機能を検討した論文である。地域間移動不可能な労働については，労働所得税を通じて税後所得の変動を緩和することで，公共・民間部門間のリスク・シェアリングが行われる。そして，地方政府と資本所有者の相対的リスク選好に応じて，資本所得税は両者の間でリスクを移転する手段として機能する[23]。一括固定税と資本税を前提とする Lee（2004）では，労働所得に関する直接的なリスク・シェアリングは考慮されていない。このモデルにおける資本税の機能は，地域資本量を変化させることで，労働所得の変動を間接的に緩和することである[24]。

Chung and Wilson（1997）と Lee（2004）の分析は，均衡の規範的性質についても異なる含蓄を持つ。Lee（2004）のモデルでは，不確実性下の資本増税誘因によって過少課税の非効率性が部分的に相殺される。一括固定税が利用不可能であり，資本税調達で地方公共財が供給されるとしても，この増税誘因の下では過少供給が起きるとは限らない。Chung and Wilson（1997）は，資本への源泉地課税のみならず居住地課税を導入したケースについて，均衡の規範的性質を

---

[22] 課税ベース移動性と生産性リスクを導入した理論モデルの基本的枠組みについては，Gordon and Varian（1989）の分析が参考になる。

[23] Chung and Wilson（1997）は，地方政府のリスク選好指標として，確実・不確実な歳入の厚生効果を均等化するプレミアムを導入している（確実な歳入源として資本元本への課税が想定される）。資本のリスク・プレミアムが地方政府のプレミアムよりも高い（低い）場合，地方政府は資本所得への課税（助成）を実施する。課税のケースは，労働所得税に関する議論と本質的に同じである。助成を行う場合，リスキーな税収を抱える地方政府は，そのリスクを資本所有者にも負わせていることになる。

[24] Lee（2004）のモデルにおいては，均衡資本税率は正である。資本税は資本流出を引き起こして期待労働所得を減少させるものの，高・低生産性時の労働所得の差を縮小することでリスク回避的住民の期待厚生を高める。

検討している。彼らの分析によれば，地域間移動を通じて資本所得のリスク・プレミアムがゼロにならない限り，Bucovetsky and Wilson (1991, Section 4) のサード・ベスト効率性の議論（第3章2節を参照）は成立しない[25]。

Kalamov (2013) は，Chung and Wilson (1997) の分析を同質大地域のケースに拡張した研究である。同質小地域モデルにおいては，各地域は経済全体の資本市場で決定されるリスク・プレミアムを与件として扱う。これに対して，Kalamov (2013) のモデルでは，各地域は資本市場において価格支配力を持っており，地方政府は自らの税政策が地元のリスク・プレミアムに与える影響を考慮して政策決定を行う。増税に伴う税後所得の変動緩和は，リスク・プレミアムを低下させることで地域資本量の増加につながるかもしれない。すなわち，租税競争の下でも過剰な課税が行われる可能性がある。

不確実性を導入した租税競争の研究には，課税のリスク・シェアリング機能や地域間移動のリスク軽減機能が，競争によって妨げられることを示したものもある。Poutvaara (2001) は，人的資本投資の成果に関するリスクを抱える労働者が地域間移動するケースについて，税率切り下げ競争が労働所得税のリスク・シェアリング機能を損なう可能性を指摘している[26]。地域生産性リスクを導入した Nielsen (1998) のモデルでは，資本誘致を目的とした域内投資の優遇と域外投資への重課税によって多地域に跨がるリスク分散投資が抑制されてしまう。この議論は，Wildasin and Wilson (1998) が論ずる均一課税の優位性に関連づけられよう（本章1節を参照）[27]。

---

25 完全なリスク回避が可能な場合，他域からの外部性は経済全体の資本市場で決定される単一の（確実な収益をもたらす資産と同等の）収益率を介したものになる。したがって，Bucovetsky and Wilson (1991, Section 4) の源泉地・居住地課税の議論が適用できる。しかしながら，資本所得リスクが完全に解消されない場合，地域間外部性を遮断するには他域の政策が資本所得の確率分布に与える影響を中立化する必要がある。Chung and Wilson (1997) のように，投資先（地元・他域）に関係なく均一な居住地課税が行われる場合，このような中立化は不可能である。

26 Poutvaara (2001) のモデルでは，地域間移動は人的資本投資の成果が確定した後に行われるので（つまり，期待効用ではなく，賃金率の地域間格差に基づく移動），実質的に生産要素としての労働移動を扱う分析になっている。同様に事後的労働移動を検討した論文として，Wildasin (2000) がある。このモデルにおいては，地方教育政策によって高生産性・高移動性の労働者の数が決定されるが，事後的労働移動に直面する地方政府は過少な教育投資を行う誘因を持つ。

27 Wildasin and Wilson (1998) のモデルでは，土地と資本への差別課税は生産性リスク回避のための土地分散保有を妨げる。不確実性に伴う分散投資と租税競争については，Köthenbürger and Lockwood (2010) が内生的成長モデルに基づく分析を行っている。彼らのモデルにおいては，地

5-6. 情報の非対称性

　情報非対称性を導入した資本税競争の分析として，Huber（1999）や Fuest and Huber（2001a）などが挙げられる。これらの論文は，最適所得課税理論を資本税競争の分析に応用したものであり，労働技能や資産賦存が住民の私的情報である場合について再分配政策を検討したものである[28]。高所得者は，低所得者に成り済ますことで再分配に伴う課税を逃れようとする。このため，実施可能な政策は，高所得者に対して真の情報提供を自己選択させるものに制約される。自己選択制約（self-selection constraint）の下では，地方政府は居住地所得課税に加えて源泉地資本税あるいは助成を使用する誘因を持つ。ここでの資本税・助成の機能は，地域資本量を変化させて高所得者が低所得者を装った場合に得られる厚生を引き下げることである。自己選択制約を緩和することで，地方政府は居住地課税を通じた再分配を促進しようとする[29]。

　情報制約に直面する地方政府の政策選択については，地域間企業移動に焦点を当てた Osmundsen, Hagen and Schjelderup（1998）の分析もある。彼らのモデルにおいては企業の移動費用が私的情報であり，地方政府は観察可能な各企

域生産性に関する不確実性は資本の地域間移動性を低下させる。なぜなら，相対的低税率地域への集中投資はリスクが高く，多地域への分散投資が維持されるからである。したがって，不確実性の増大は資本増税の誘因を生み出す。なお，Köthenbürger and Lockwood（2010）は，地方公共財に加えて地方公共要素も分析している。多地域に分散投資が行われている場合，ある地域の地方公共要素の供給増は，当地の資本所得の変動を大きくすることで他地住民の期待厚生を下落させる。Köthenbürger and Lockwood（2010）は，この負の外部性を "risk-exposure externality" と呼んでいる。

[28] Mirrlees（1971）や Stiglitz（1982）によって確立された最適所得課税理論は，情報経済学におけるプリンシパル・エージェント（principal-agent）理論に属するものであり，情報非対称性下のセカンド・ベスト再分配政策を主な検討対象にしている。

[29] Huber（1999）と Fuest and Huber（2001a）のモデルでは，それぞれ労働技能（賃金率）と資本賦存が私的情報である一方で，地方政府は各住民の労働・資本所得額を把握している。高所得者（高技能あるいは高賦存）が低所得者を装うためには，所得額を低所得者と一致させる必要がある。結果として，虚偽申告者は低所得者よりも少ない労働供給を選択する。このモデル構造の下では，地域資本量の変化は賃金率変化を通じて虚偽申告時の厚生に影響を及ぼす。Fuest and Huber（2001a）の2要素（労働・資本）モデルでは，資本助成を通じた賃金率の上昇によって虚偽申告時の厚生を引き下げることができる。Huber（1999）の3要素モデル（高・低技能労働及び資本）における均衡資本税率の符号は，要素間の代替・補完関係に依存する。

業の資本投資に対して課税を行う。移動費用が私的情報でなければ，費用の低い企業（すなわち，移動性の高い企業）に対して投資優遇策が適用されるであろう。しかしながら，情報非対称性の下では，高費用企業は投資量調整を通じて低費用企業に成り済まそうとする。この場合，完全情報のケースとは逆に高費用企業の資本投資を相対的に優遇することによって，自己選択制約を緩和しつつ税収を確保することができる。

情報非対称性と課税ベース移動性に関連する他の研究として，投資先の生産性情報の欠如を考慮した Bond and Samuelson (1986)，Gordon and Bovenberg (1996) や Westerhout (2002) などがある[30]。Bond and Samuelson (1986) の2期間モデルでは，2期目になるまで企業は各地域の生産性情報を得ることができない。2期目に高生産性によって高税収が期待できる地域は，相対的に低い1期目税率を提示することで，低生産性地域との差別化を行って企業誘致を実現する。つまり，高生産性地域は，税政策を企業に対するシグナルとして活用する。

Gordon and Bovenberg (1996) のモデルでは，各地域の住民は地元の生産性情報を知るものの，他域における生産性情報を十分に持たない。このため，地元（他域）住民の投資は，生産性の高い（低い）企業へ向けられることになる。結果として，資本輸入量は減少して地域の生産力が抑制される。この非効率性を是正する手段として，地方政府は域外からの投資への助成と地元住民への投資課税を併せて実施すべきである。Gordon and Bovenberg (1996) に類似した地元・他域住民間の投資情報の非対称性を想定する Westerhout (2002) では，逆に租税競争下での非対称情報の有益性が指摘されている。投資情報の非対称性は，地元への投資バイアスを生み出すことで資本移動を抑制するので，租税競争に伴う税率切り下げを緩和する効果を持つ[31]。

---

[30] 他にも関連研究として，コモン・エージェンシー (common agency) 理論を応用した Bond and Gresik (1996)，Haaparanta (1996) や Olsen and Osmundsen (2003) などがある。これらの論文は，多国籍企業の投資・生産活動を巡る政府間競争を分析したものである（国際課税の文脈における情報非対称性の問題については，Gresik 2001 のサーベイを参照してもらいたい）。

[31] Westerhout (2002) における租税競争の有益性は，地方公共財の限界便益が私的財の限界便益を大きく上回るケースに対応する。地元・他域住民による投資への均一課税を想定する彼のモデルでは，両財の限界便益の差が小さい場合には，本章1節で言及した租税輸出の誘因が租税競争の誘因を凌駕する可能性がある。この場合，情報非対称性は地域間資本移動の縮小を通じて租税

5-7. コミットメント能力の欠如

　政府が自らの選択にコミットメントできない場合，非可逆的投資に対して事後的に過剰な税負担が課せられる可能性があるため，投資行動は抑制される。このような時間的不整合性（time inconsistency）の問題を考慮した資本税競争分析として，課税ベース移動性が過剰課税の抑止力になることを示した Kehoe (1989) がある。彼のモデルにおける住民と政府の行動決定は，"貯蓄決定→源泉地資本税率決定→投資先決定" の順で行われる。部分ゲーム完全均衡では，租税競争を通じて過剰な課税は抑制されるので，地域間資本移動の存在しないケースよりも高い資本投資と生産水準が実現される。

　Janeba (2000) は，時間的不整合性に対する租税競争の有効性を認識しつつも，この対応手段がもたらす負の側面に焦点を当てた論文である。そのエッセンスは，企業は事後的過剰課税を避けるために複数地域に生産拠点を設立するというものである。企業と地方政府の行動決定は，"生産拠点設立→生産税率決定→各拠点の生産量決定" の順に行われる。各拠点の生産能力は，非可逆的投資の額に応じて定められる。拠点自体は移動できないが，複数地域に拠点を設けることによって，各地域における生産量を税率決定後に選択できる。このため，生産活動の誘致を目指した税率切り下げ競争が生ずる。しかしながら，租税競争を引き起こすためには過剰な生産能力（全拠点の生産能力合計＞生産物需要）を保持する必要があり，過剰投資に伴う厚生ロスが発生する[32]。

　Konrad and Kovenock (2009) の無限期間モデルは，過去に投資され移動不可能な "既存資本" と新たに投資される "新資本" とが共存する場合の租税競争を検討したものである。各地域の政府は将来の税政策にコミットメントしないので，各期の新投資は次の期には既存資本となって搾取の対象になる。両タイ

　　輸出の誘因を抑制する機能を果たす。
[32]　拠点設立費用の大きさに応じて，均衡において "複数地域への過剰投資" あるいは "投資・生産を一切行わない" のいずれかが選択される。過剰投資のメリットは，拠点間の生産量配分を通じた税負担回避の現実性を地方政府に知らしめることである。投資費用が大きく，1地域のみにしか生産拠点を設けられないケースでは，投資先の政府による搾取を予想して，投資・生産活動は全く行われなくなる。

プの資本に均一課税が行われる場合，既存資本を持つ地域は新資本の誘致よりも既存資本からの搾取を優先する。既存資本を持たない地域は，次期の搾取対象を求めてアグレッシブに税率を切り下げる。このモデルの均衡混合戦略の下では，既存資本の期待税負担は新資本よりも高くなる[33]。

コミットメント能力の欠如に関する分析には，Thum and Uebelmesser (2003) や Andersson and Konrad (2003a) のように，住民による人的資本投資と労働移動を考慮したものもある。これらのモデルには教育政策（人的資本投資促進あるいは抑制策）が導入されており，"教育政策→人的資本投資→労働税率→労働移動" という決定プロセスが前提とされている。

Thum and Uebelmesser (2003) は，租税競争の有益性を主張した研究である。住民の域外における労働生産性を高める教育政策が行われる場合，この政策は税政策上のコミットメント能力の欠如を補う機能を果たす。そして，課税ベースの地域間移動性は，過剰課税を抑制するとともに人的資本の蓄積を促進する。Andersson and Konrad (2003a) は，逆に租税競争の非効率性を強調した論文である。彼らのモデルでは，人的資本への投資は労働生産性のみならず労働移動性を高める。政府目的が予算余剰最大化である場合，租税競争は予算余剰と住民厚生をいずれも低下させる可能性がある。税率切り下げ圧力を嫌う地方政府が，労働移動性を減ずる目的で人的資本投資に課税を行うためである。結果として，労働生産性が低下するので税収も下落してしまう[34]。

---

[33] Konrad and Kovenock (2009) のモデルは，移動不可能・可能な課税ベースを含むという点において，第3章4節で取り上げた Janeba and Peters (1999) や Marceau, Mongrain and Wilson (2010) に密接に関連している（特に後者をマルコフ完全均衡の分析に拡張したものと捉えることも可能である。第3章脚注18を参照）。既存資本を有する地域は "保証された税収" を持ち，この税収を下回るほどの減税を行う誘因を持たない。なお，Konrad and Kovenock (2009) の分析は，資本税率の動態的特性に注目した "タックス・ホリデー（tax holiday）" の分析にも関連づけられる（タックス・ホリデーについては，Doyle and Wijnbergen 1994, Vigneault 1996 や Wen 1997 を参照）。資本の不完全移動性と政府のコミットメント能力の欠如のために，投資初期段階には低い税率あるいは補助金が選択される一方で，投資のサンク後には税率を高めるという "期間限定の優遇政策" が行われる。ただし，この議論は，政府間非協調ゲームとしてよりも，資本家・企業と投資先政府との間のゲームとして認識されることが多い。本章6節で言及した Bond and Samuelson (1986) は，情報非対称性と政府間競争の観点からタックス・ホリデーに類似した結論を導いた興味深い研究と言えよう。

[34] Andersson and Konrad (2003a) においては，教育政策は租税政策上のコミットメント能力の欠如をかえって悪化させることになる。彼らの議論は，リバイアサン政府間の競争（本章2節参照）の非効率性を示す一例と言える。同様のモデルを使用して，Andersson and Konrad (2003b) は地

5-8. 非競争的労働市場

　租税競争文献には，様々な形態の労働市場の不完全性を導入した研究が含まれている[35]。各地域で賃金率が固定されて失業が発生しているケースについて，Ogawa, Sato and Tamai（2006）は，地域資本量の操作を通じて失業率の低下を図るために，資本税あるいは補助金が活用されることを示している[36]。内生的賃金率を前提とした資本税政策の分析については，独占的組合（monopoly union）を想定する Boeters and Schneider（1999）及び Richter and Schneider（2001），組合・企業間の交渉を想定する Fuest and Huber（1999a），Koskela and Schöb（2002, 2005）及び Eichner and Upmann（2012），そしてサーチ・モデルを応用した Sato（2009）の研究などがある[37]。

　Fuest and Huber（1999a）及び Boeters and Schneider（1999, Section 3）は，企業が税率・賃金率を与件として雇用・資本量の決定を行うことを前提とした上で，地方政府と労働組合のナッシュ・ゲーム（税率・賃金率の同時決定）を検討している。労働・資本両課税が利用可能なケースでは，地方政府が粗賃金率を与件とするのか，あるいは純賃金率を与件とするのかに依存して均衡税政策は全く異なるものになる。地方政府が粗賃金率を与件とする場合，Fuest and Huber（1999a）が示しているように，労働生産性を高めて雇用を増やす目的で

　　方政府による住民厚生の最大化行動を分析している。人的資本投資に伴うリスク（高生産性・高移動性を獲得できない可能性）が存在する場合，この政府行動の下でも租税競争が住民にとって有益であるとは限らない。租税競争は高生産性・高移動性の労働者に対する（事後的）過剰課税を抑制する一方で，低生産性・低移動性になった場合の税負担を増やす。このため，リスクを軽減する民間保険が存在しなければ，各地域住民の期待厚生は下落するかもしれない。

35　地域間要素移動と非競争的労働市場については，本節で取り上げる資本税政策に関する研究の他にも，雇用助成や失業給付の効果を検討した研究もある。関連研究については，Cremer and Pestieau（2004）のサーベイを参照してもらいたい。

36　この議論は，住民への一括固定税が可能な場合にも成立する。労働と資本が互いに補完的要素である場合，資本助成を通じて地域資本量を増やすことで雇用促進を図ることができる（逆に代替的要素である場合には，資本課税が行われる）。

37　独占的組合モデルでは，組合が自らの利得を最大化するように賃金率を決定する。組合・企業の交渉モデルでは，ナッシュ交渉（両者の利得から構成される"ナッシュ積"を最大化）を通じて賃金率や雇用量が選択される。摩擦的失業を想定するサーチ・モデルでは，求職者と企業のマッチングが確率的に行われる。Sato（2009）のモデルでは，いったんマッチングが行われると，賃金率は企業・労働者間のナッシュ交渉を通じて決定される。

資本助成が行われる[38]。他方，Boeters and Schneider（1999, Section 3）のように純賃金率を与件とする場合には，ナッシュ・ゲームの均衡資本税率はゼロである。労働税率を操作して労働需要を左右する粗賃金率に直接影響できるので，地方政府は雇用促進手段としての資本課税や助成を行う誘因を持たない。

各地方政府が賃金率決定に先立って政策にコミットメントするケースでは，資本税の基本的機能は地域資本量の調整を通じて賃金率を引き下げることである。賃金率を引き下げることで，労働市場不完全性に伴う非効率性を緩和することができる。Boeters and Schneider（1999, Section 4）及び Richter and Schneider（2001）の独占的組合モデルでは，労働組合の価格（賃金）支配力は労働需要の弾力性と負相関である。この弾力性が地域資本量に依存する場合には，組合の価格支配力を減ずる手段として資本税あるいは助成が実施される。Koskela and Schöb（2002, 2005）の賃金交渉モデルにおいては，単一の非競争的労働市場を想定する場合には，均衡資本税率は労働・資本間の代替の弾力性に依存して決定される。競争的・非競争的労働市場が併存しており，競争賃金率が組合の留保利得（reservation payoff）に相当する場合，資本税・助成はこの利得に影響する手段として活用される。その目的は，高賃金率部門への労働移動を引き起こして地域住民の厚生を高めることである。

企業・組合間の効率的交渉（efficient bargaining）を想定する Eichner and Upmann（2012）では，労働市場の歪みを是正する目的で資本税・助成が実施されることはない。賃金率・雇用量が同時に交渉されて労働の限界生産力は労働供給の機会費用に一致するので，資本税政策による地域資本量の調整はかえって労働市場に歪みをもたらすことになる。

以上の諸研究における均衡資本税政策は，賃金率・雇用決定方式のみならず，税率・賃金率決定のタイミングにも依存する。Sato（2009）のサーチ・モデルに基づく分析は，これらの研究とは異なる系列のものである。彼のモデルにおいては，企業が一定の資本投資を伴うポスティング（労働者募集）を行う際に，地域経済全体のマッチング率に与える影響を考慮しない。このため，限界的なポスティングが地域経済にもたらす便益と費用は一致しない。限界便益が限界

---

[38] この議論のエッセンスは，Ogawa, Sato and Tamai（2006）の固定賃金モデルに類似している（労働・資本が補完的要素であるケースに対応する。本章脚注36を参照）。

費用を上回る（下回る）場合には，地方政府は資本減税（増税）を通じてポスティングを促進（抑制）することになる。

第6章

政府間財政移転と地域間協調

❖ はじめに

　地方政府による非協調的政策決定が資源配分非効率性を引き起こす場合，その補正手段として，政府間移転や地域間協調などが必要とされる。政府間移転については，第4章2節において言及した大地域・人口移動モデルに基づく自発的財政移転の研究もあるが，本章では中央・地方政府間の財政移転を考慮した租税競争の研究に焦点を当てる。地域間協調については，一部の政策手段あるいは一部地域のみに限定された部分的な政策協調や，地域間協調の形成及び維持可能性に関わる研究などに言及する。

6-1. 政府間財政移転

　地域間外部性に起因する非効率性を補正する方法として，ピグー補助金の理論に基づくマッチング助成が考えられる。資本税競争については，Wildasin (1989) と DePater and Myers（1994）がこの形態の補助金に言及している。そのエッセンスは，資本税率変化に応じて発生する他域への外部効果（Wildasin 1989では財政外部性，DePater and Myers 1994では金銭的外部性）に等しい補助金を各地域に与えるというものである[1]。

　租税競争文献における財政移転の研究には，ピグー補助金理論を応用したもの以外にも，財政平衡交付金（equalization grant）や事後的財政移転（ex-post transfer）が地方政府の行動に与える影響を考察した研究，垂直的租税競争に対

---

[1] Dahlby (1996) では，課税ベース移動性のみならず，租税輸出，垂直的租税競争や公共財便益のスピルオーバーなどに対応したマッチング助成が検討されている。

応した補助金の研究，中央・地方政府間の情報非対称性を導入した研究，そしてリバイアサン的な地方政府を前提とした研究など多様なものが含まれている。以下では，これらのトピックに関連する主な研究に言及する[2]。

財政平衡交付金は，地域間財政力格差の是正を意図したものである。最近の資本税競争の研究においては，"課税ベース均等化（tax-base equalization）"と資源配分効率性との関係が注目されている。課税ベース均等化補助金は，全地域の課税ベース平均量と各地域の課税ベース量との差に平均税率を乗じた額を交付するものである[3]。このシステムの下では，資本流出に伴う税収減は補助金によって補塡される。Köthenbürger（2002）が示しているように，経済全体の資本量が一定である場合，完全な課税ベース均等化を行えば，資本移動に伴う財政外部性は内部化されて租税競争均衡は効率的になる[4]。他方，貯蓄・消費選択を考慮したBucovetsky and Smart（2006）のモデルでは，部分的な均等化が効率的である。完全均等化で財政外部性が内部化されると，資本税が消費・貯蓄選択に与える歪みのみが残ってしまう[5]。Kotsogiannis（2010）は，Bucovetsky and Smart（2006）のモデルに垂直的財政外部性を導入した研究である。この外部性に伴う過剰課税の誘因を相殺するために，Bucovetsky and Smart（2006）に比べてさらに低い水準で課税ベース均等化を行うべきである。

事後的財政移転は，政策決定プロセスにおける地方側の主導権を前提としたものである。資本税競争に関連する研究として，Köthenbürger（2004, 2008）や

---

[2] 地域間財政移転については，Boadway（2006）のサーベイやBoadway and Shah（2007）に含まれる論文を参照せよ。なお，中央政府による間接的介入手段として，中央税制度における地方税控除が考えられる。この控除については，序章脚注2で紹介したMcLure（1986）に加えて，最近の理論分析としてDahlby, Mintz and Wilson（2000）及びKelders and Köthenbürger（2010）を参照してもらいたい。

[3] Smart（1998）を参照。課税ベース均等化とは異なるタイプの助成として，全地域の平均税収と各地域の税収との差額の一定割合が交付される"歳入シェアリング"がある。

[4] 課税ベース均等化と同様の政策誘因を生み出すものとして，地方公共財便益のスピルオーバーが考えられる。自域から資本が流出しても，他域における資本量及び公共支出の増加はスピルオーバーを通じて自らの厚生を高めるので，課税ベース移動性に伴う地域間財政外部性は実質的に内部化される。この議論については，Bjorvatn and Schjelderup（2002）を参照せよ。なお，スピルオーバーを導入した租税競争分析については，Ogawa（2006, 2007）を参照してもらいたい。

[5] 課税ベース移動性に伴う過少課税の誘因を完全に取り除くと，第5章脚注3で言及した負の成長外部性のみが残って過剰課税が生ずる。過剰課税の誘因を相殺するには，課税ベース移動性に伴う過少課税の誘因を部分的に残すことが望ましい。

Breuillé, Madiès and Taugourdeau（2010）などが挙げられる[6]。"地方公共政策→中央補助政策"の順で政策決定が行われる場合，一括固定で与えられる補助金であっても地方政府の行動に影響を与える。地方公共政策を与件として，補助金配分は地方公共財の限界便益を地域間で均等化するように行われる。この方式の下では，各地域の資本増税・公共支出増は，補助金配分額に2つの効果を持つ。第1に，自らの地方公共財の限界便益が下落するので受領額は減少する（便宜上，この効果を"徴発効果"と呼ぶ）。第2に，増税に伴う課税ベース流出は，他域における限界便益を下落させることで自域の受領額を増加させる（この効果は，課税ベース均等化効果と同様のものである）。これら2つの効果を考慮して，各地方政府は政策決定を行う。課税ベース均等化効果は資本移動に伴う財政外部性を内部化する一方で，徴発効果は税率切り下げ誘因を生み出す。Köthenbürger（2004）は，補助金総額がゼロである事後的純移転のケースについて，徴発効果が地方公共財の過少供給をもたらすことを示している。

Köthenbürger（2008）及びBreuillé, Madiès and Taugourdeau（2010）は，事後的純移転に加えて，中央政府が補助総額をコントロールする事後的粗移転のケースも分析している。事後的粗移転の特徴は，限界便益の地域間均等化が行われるのみならず，中央政府が自らの供給ルールに従って地方公共財の供給量に影響しようとする点にある。Breuillé, Madiès and Taugourdeau（2010）のモデルでは，一括固定税を利用する中央政府が補助金配分を通じて効率的支出水準を維持する。このため，地方政府は課税を行う誘因を失い，すべての公共支出を中央財源に求めることになる[7]。Köthenbürger（2008）のモデルでは，中央

---

[6] 事後的財政移転に関連する研究では，地方政府間でナッシュ・ゲームが展開されるものの，対中央では地方政府がシュタッケルベルグ・リーダーである。大地域・人口移動モデルに基づいて地方政府のリーダーシップを研究した論文として，Caplan, Cornes and Silva（2000），Aoyama and Silva（2010）やSilva and Yamaguchi（2010）がある。

[7] Breuillé, Madiès and Taugourdeau（2010）のモデルは地方公共財・公共要素の両方を含んでおり，これらのサービスの供給量の効率性が分析されている。しかしながら，彼らのモデル捌きによれば，地方政府による地方公共財の供給増は資本増税に基づく一方で，地方公共要素の供給増は（資本増税ではなく）地方公共財の供給減でファイナンスするという扱いになっている。本来ならば，地方公共要素についても，資本税調達による供給増が中央政府の補助金政策に与える影響を考えるべきであろう（実際，地方公共財を減ずる場合と資本増税を行う場合では，中央政府の反応も異なり，均衡供給量にも影響が出るものと思われる）。この問題のため，本文におけるBreuillé, Madiès and Taugourdeau（2010）への言及は，資本税調達が前提とされる地方公共財の議論に限定している。

政府は労働・余暇選択を歪める労働税によって地方公共財のセカンド・ベスト供給量を維持する。各地方政府の観点からは，自らの公共支出増は中央政府の労働減税を誘発して正の厚生効果を生み出すことになるので，資本増税を行う誘因が生まれる。この誘因と事後的移転の徴発効果が生み出す過少課税の誘因との相対的大小関係が，均衡の規範的性質を決定づける。

事後的財政移転は，補助対象の主体（本稿の文脈では地方政府）による安易な財政移転への依存を誘発し，モラルハザード問題を引き起こす可能性がある[8]。この問題の先駆的研究である Qian and Roland（1998）によれば，補助を行う主体（本稿の文脈では中央政府）が租税競争による税率切り下げの圧力に直面する場合，安易な財政移転への依存が防止される。これは第5章で取り上げた"有益な租税競争"の一例と言える。他方で，Breuillé and Vigneault（2010）は，3層の公共部門を想定したモデルに基づいて，Qian and Roland（1998）が主張するような租税競争のメリットに懐疑的な見解を示している。下層政府に事後的財政移転を行う中間層の政府が租税競争に直面するとしても，上層政府から事後的財政移転を受け取る場合には，税率切り下げ圧力は課税ベース均等化効果を通じて解消されてしまう[9]。

垂直的租税競争と財政移転については，先に言及した Kotsogiannis（2010）の他にも，地方政府から中央政府への移転（負の補助金）の可能性を指摘した Boadway and Keen（1996）がある[10]。この論文の特徴は，シュタッケルベルグ・リーダーである中央政府が，税政策を通じて垂直的外部性を補正する点にある。中央・地方政府が労働税と利潤税を課する Boadway and Keen（1996）のモデルでは，垂直的外部性を中立化するために，中央労働税率は負でなければならな

8 　これは"ソフト予算問題"として知られるものであり，公共経済学以外の分野でも幅広く議論されているトピックである。地方財政の視点に立った関連研究のサーベイについては，Oates（2005），Vigneault（2007），Weingast（2009），赤井（2006），佐藤（2006）や堀場（2008）を参照せよ。

9 　中間層の政府が資本税を課するケースと一括固定税で財源調達するケースで，均衡に何ら違いはない。いずれのケースについても，上層政府からの事後的移転に伴う徴発効果のみが働くことになる。結果として，Breuillé, Madiès and Taugourdeau（2010）と同様に，下層政府は一切課税を行う誘因を持たなくなる。

10 　水平的・垂直的財政外部性を両方とも考慮した財政移転の分析については，Kotsogiannis（2010）に加えて，Boadway, Marchand and Vigneault（1998），Boadway and Tremblay（2010）や Gordon and Cullen（2012）を参照してもらいたい。

い[11]。中央税収が必要な公共支出額に満たない場合には，中央予算を補うために地方から中央への一括固定移転が行われる。この最適中央政策については，同質地域の前提に強く依存していることに留意する必要ある。一般に非同質地域が異なる税率を選択する場合，中央税政策のみで垂直的外部性を内部化するには，地域ごとに差別的な中央税率を設定しなければならない。地域ごとの差別課税を実施できない場合には，Sato（2000）が示しているように，一括固定移転と地方税率にリンクしたマッチング助成の組み合わせによって効率性を保つ必要があるだろう[12]。

中央・地方政府間の情報非対称性と財政移転については，Raff and Wilson（1997）や Bucovetsky, Marchand and Pestieau（1998）などの研究がある。これらの論文においては，地域情報が地方政府のみによって保有されるという情報非対称性と地域間要素移動を考慮したモデルに基づいて，中央補助金政策によって達成可能な最適資源配分の性質が検討されている[13]。情報非対称性の形態を含むモデル構造は両者でかなり異なるが[14]，共通の結論として最適状態における地域間要素配分は非効率であることが示されている。この非効率性は情報

---

11 Boadway and Keen（1996）のモデルでは，中央・地方利潤税率は外生的（正）である。そして，地方政府による労働増税は労働供給減と利潤減を引き起こす。中央労働税率が正であれば，労働税・利潤税のいずれについても負の垂直的外部性が発生してしまう。利潤税を通じた負の外部性を相殺するためには，中央労働税率を負とすることで，"労働供給減→中央政府による労働補助負担の減少"という正の外部性を発生させなければならない。なお，負の中央税率に関する議論は，負の垂直的外部性の存在を想定したものであることに注意する必要がある。Kotsogiannis and Martinez（2008）は，垂直的財政外部性が正であるケース（第1章脚注12を参照）について，最適中央税率が正である可能性を指摘している。

12 中央税政策と財政移転の組み合わせによる垂直的財政外部性の解消は，中央政府がシュタッケルベルグ・リーダーであるケースに限定されない。Hoyt（2001）によれば，中央・地方政府が税ゲーム（第2章3節の Wildasin 1988 を参照）を展開するケースにも，同様の議論が当てはまる。

13 ここでの最適資源配分は，情報非対称性と課税ベース移動性という2つの制約の下で達成可能なサード・ベスト配分である。

14 Raff and Wilson（1997）の労働移動モデルでは，中央政府は生産性の異なる地域間で再分配を行う。地域生産性は地方政府のみが知る情報であるため，補助金は中央政府が観察可能な地域労働量及び賃金率に条件づけられる。Bucovetsky, Marchand and Pestieau（1998）の資本税競争モデルでは，地方政府のみが住民選好に関する情報を有する。このため，地方公共財選好に直接リンクした差別的助成は実施できず，中央政府は地方資本税率にリンクした補助金を与える。なお，中央・地方政府間のプリンシパル・エージェント問題に関連した租税競争の研究として，Dhillon, Perroni and Scharf（1999）がある。彼らのモデルでは補助金政策は考慮されておらず，中央政府は各地域に割り当てる税率を公共財選好にリンクさせる。

非対称性下のトレード・オフを体現している。要素配分を歪めて地方政府の自己選択制約（第5章6節を参照）を緩和することで，中央政府は地域間財政移転を促進する。つまり移転促進に伴う経済全体の厚生ゲインと非効率な要素配分に伴う厚生ロスとの比較を通じて，補助金を含む中央公共政策が決定される[15]。

　Köthenbürger（2005）は，これまで本節において言及されてきた研究とは異なり，補助金を受け取る地方政府がリバイアサンであるケースを検討したものである。全地域の平均税収と各地域の税収との差額の一定割合が補助金として交付される場合，各地域の資本増税による増収効果は補助金削減によって減殺されてしまう[16]。結果として，平均税収の増加を通じて中央補助金の増額を目指すことになり，リバイアサンが結託したような状況となる。この結託効果は，地域数が少なく各地域の増税が平均税収に与える影響が大きいほど強く発揮される。

6-2. 地域間協調

　ZMWのような同質地域・同質住民からなるモデルでは，全地域による協調的資本増税や全地域の統合によって，資本税競争に伴う非効率性を解消することができる[17]。しかしながら，同質地域モデルにおいても，協調が一部地域や一部の政策手段に限定される場合には，その厚生効果の分析は複雑なものになる。地域あるいは住民が非同質的である場合，当事者間の利害対立のために地域間協調の形成自体が困難になる可能性がある[18]。

　一部の地域に限定された政策協調の効果を検討した研究として，Konrad and

15　例えば，Bucovetsky, Marchand and Pestieau（1998）では，中央補助金が資本税率にリンクされるので（本章脚注14を参照），資本配分効率性に必要な全地域均一税率は選好差に応じた財政移転を妨げる。彼らの分析によれば，地方政府の自己選択制約を満たしつつ地域間移転を行うには，地方公共財を強く選好する地域の資本税率を相対的に高く誘導しなければならない。

16　Köthenbürger（2005）は歳入シェアリングを分析しているが（本章脚注3参照），この移転方式の下では，先に本文で論じた移転の徴発効果が発生する。

17　協調増税の議論は，全地域による一律増税の厚生効果を検討したWilson（1986）に基づく（第1章1節を参照）。そして，経済統合の議論はHoyt（1991a）に基づく（第2章2節を参照）。

18　租税競争下の地域間協調については，Zodrow（2003）の包括的議論を参照してもらいたい。

Schjelderup (1999), Sorensen (2004) や Conconi, Perroni and Riezman (2008) などが挙げられる。Konrad and Schjelderup (1999) によれば，各地域の資本税率が互いに戦略的補完関係（第1章脚注17を参照）にあれば，部分協調は協調不参加地域の増税を誘発する。したがって，一部地域による協調的増税は全地域の住民厚生を高める。Sorensen (2004) は，このような部分協調を通じて得られる各地域の厚生ゲインと地域間資本移動の費用との関係を分析した論文である。移動費用が低いほど協調参加地域から不参加地域への資本移動が大きくなるので，参加地域の厚生ゲインは小さくなり，参加しない地域が大きなゲインを得る。Conconi, Perroni and Riezman (2008) は，政府がコミットメント能力を持たない場合について，部分協調の厚生効果を検討した論文である。彼らのモデルでは，全地域による協調的資本税政策は時間的不整合性に起因する過剰課税を悪化させるだけであり，貯蓄を抑制して非協調均衡よりも低い厚生をもたらす[19]。資本移動性が十分に高く，租税競争による過少課税誘因が時間的不整合性による過剰課税誘因を凌駕する場合には，一部地域による協調は全地域の厚生を高める効果がある。

　税・公共支出を含む様々な政策手段が存在することを踏まえると，一般に地域間協調は一部の政策手段に限定されるであろう。この形態の部分協調に関連する研究として，Fuest (1995), Fuest and Huber (1999b), Cremer and Gahvari (2000), Marchand, Pestieau and Sato (2003) や Stöwhase and Traxler (2005) などがある。想定される政策手段に応じて分析内容は異なるものの，これらの論文では，一部の政策に限定された協調に対して懐疑的な見解が示されている[20]。協調対象外の手段による課税ベース誘致競争が誘発されて，協調の

19　すなわち，全地域による協調は，時間的不整合性の下での租税競争のメリット（第5章7節を参照）を台無しにしてしまう。

20　各地方政府が地方公共財・公共要素を供給する Fuest (1995) のモデルでは，資本税率のみについての協調は，地方公共要素に偏った非効率な公共支出構成を引き起こす（同様の議論は，複数の公共サービスを想定する Keen and Marchand 1997 や Matsumoto 2000a, 2004, 2008 などにも当てはまる。本稿第II部の支出構成に関する議論を参照してもらいたい）。資本税及び消費税が課せられる Fuest and Huber (1999b) のモデルでは，単一税に関する協調の効果は，他税を使用した租税競争によって完全に相殺されてしまう。Cremer and Gahvari (2000) と Stöwhase and Traxler (2005) は，それぞれ消費税・資本税競争モデルに生産者の脱税行動を導入したものである。地域間協調が税率に限定される場合，各政府は税務調査を緩和して課税ベースの拡大を行う誘因を持つ。Marchand, Pestieau and Sato (2003) の分析によれば，労働・資本移動の下で資本

有効性が限定されるか，かえって住民厚生を下落させる可能性さえある。

　非同質地域間の協調については，その難しさを示す例として，第2章4節で言及したBucovetsky（1991）とWilson（1991）の資本税競争の分析が挙げられる。彼らのモデルでは，地域間人口格差が極めて大きい場合，相対的小地域は（地域間財政移転を伴わない限り）政策協調に参加する誘因を持たない[21]。協調の困難さを示した別の例として，地域ごとに地方公共財選好が異なるケースを検討したLeite-Monteiro and Sato（2003）がある。均一な資本税・支出政策を伴う経済統合は，資本移動に起因する財政外部性を解消する一方で，多数派地域の選好する地方公共財が供給されることを意味する。このため，少数派となる地域は統合によって厚生ロスを被る可能性がある[22]。

　各地域内で住民が非同質的である場合にも，地域間協調は困難になるかもしれない。Fuest and Huber（2001b）は，住民間で資本賦存格差が存在する場合には，各地域において協調的資本増税への参加が否決される可能性があることを示している。Grazzini and Ypersele（2003）の中位投票者モデルは，各地域の中位投票者が異なる資本賦存量を持つケースについて，協調的資本税政策が困難になる可能性を指摘したものである[23]。

　以上の地域間協調に関する研究は，協調的政策変化がもたらす厚生効果の分

のみについて協調を行うと，地方再分配政策がかえって抑制されてしまう。なお，以上の諸研究とは逆に，一部政策に限定された協調が住民厚生を改善するケースもあり得る。その一例として，Leite-Monteiro and Sato（2003）の"連邦制"に関する議論を参照してもらいたい（本章脚注22を参照）。

[21] 彼らの議論は2地域モデルに基づくが，第2章4節でも指摘したように，そのエッセンスは3地域以上のケースにも当てはまる。最小人口地域の相対的人口シェアが小さい場合，この地域は地域間協調に参加する誘因を持たない（Bucovetsky 2009, Proposition 8を参照）。

[22] この論文に関連する研究として，Brueckner（2004）による租税競争均衡と集権均衡との比較がある（第4章3節を参照）。なお，Leite-Monteiro and Sato（2003）は，本文で述べた経済統合の効果に加えて，資本税率のみに関する協調（彼らが"連邦制"と呼んでいるもの）を検討している。この部分的な協調は，資本移動に起因する非効率性を抑制しつつ，各地域に自ら選好する地方公共財の供給を認めるものであり，全住民の厚生改善に貢献する。

[23] Fuest and Huber（2001b）のモデルは，資本賦存が大きい高所得層，小さい中間所得層，そして労働のみを有する低所得層から構成されている。域外投資費用の格差のために，高・中所得層はそれぞれ域外・域内へ投資する。資本税調達で地方公共財が供給される場合，協調的資本増税は高（低）所得層の厚生を低める（高める）一方で，中間所得層への厚生効果は不明確である。Grazzini and Ypersele（2003）では，中位投票者の資本賦存が平均的な水準を超えるか否かに応じて，資本税あるいは助成を通じた地域内再分配政策が実行される。地域間で中位投票者の資本賦存格差が大きい場合，協調的資本増税あるいは減税に関する合意形成ができないかもしれない。

析や，協調・非協調均衡の厚生比較に基づくものである。これらの手法を活用した研究の他にも，ゲーム理論の視点から協調形成プロセスを分析した論文がある。以下では，地域間の繰り返しゲームを検討した研究と，協調に参加する地域を内生化した研究を取り上げる。

　繰り返しゲームに基づく地域間協調政策の分析は，無限期間モデルに基づくものである。その基本的特徴は，協調から離脱した場合に発生する他域からの"引き金戦略（trigger strategy）"的反応を考慮していることである。ある地域が協調から離脱した場合，当期において他の地域は協調政策を保つが，それ以降は全地域の全政策変数が非協調的に決定される。各地域が協調に留まるか否かは，短期的な離脱の利得と非協調状態から被る長期的損失との比較によって決定される。このような繰り返しゲームを租税競争モデルに導入した研究として，居住地資本税と地域間の情報交換（第3章3節を参照）を分析した Bacchetta and Espinosa（2000）及び Huizinga and Nielsen（2003）がある。静学ゲームで情報交換が行われないケースでも，繰り返しゲームを通じて自発的交換が行われる可能性が生ずる[24]。この他にも，地域間の非同質性が協調形成に与える影響を検討した Cardarelli, Taugourdeau and Vidal（2002），Catenaro and Vidal（2006）や Itaya, Okamura and Yamaguchi（2008）などがある[25]。

　Cardarelli, Taugourdeau and Vidal（2002）及び Catenaro and Vidal（2006）は，地域間非同質性が協調の維持可能性を低めることを主張する研究である。前者

---

[24] Bacchetta and Espinosa（2000）のモデルでは，税率と他域への情報提供量の決定が同時である（第3章3節で議論した Bacchetta and Espinosa 1995 の戦略効果が存在しない）。Huizinga and Nielsen（2003）では，他域からの資本流入は銀行利潤を高めることで地域厚生の改善に貢献する（この発想は Eggert and Kolmar 2002 に類似している）。これらの要因から，いずれの論文においても，静学ゲームの均衡情報交換量はゼロである。しかしながら，繰り返しゲームが行われる場合，政府の時間割引率の値によっては，将来の協調の利得を重視して，他域からの投資に関する情報交換が行われる可能性がある。

[25] Kessing, Konrad and Kotsogiannis（2006）は，時間的不整合性と垂直的租税競争を導入した繰り返しゲームについて，異なるレベルの政府間協調の可能性を分析している。コミットメント能力の欠如から，企業は投資先地域において異なるレベルの複数の政府から搾取される。搾取を抑制して投資を実現するために，全レベルの政府と企業の間で引き金戦略が導入される。あるレベルの政府が協調から離脱すると，それ以降の企業投資がゼロになる。以上のフレームワークの下では，政府レベル数の増加は協調の維持を困難にする。さらなる多層化は協調維持による各レベルの政府の利得を減少させるので，将来の企業投資からの利得を重視しない限り，協調を離脱して搾取に走る誘因が強くなる。

のモデルでは移動可能な課税ベースの賦存量や地方公共財選好の地域間格差が大きい場合について，そして後者のモデルでは移動不可能要素の賦存量や資本生産性の格差が大きい場合について，繰り返しゲームを行っても協調的税政策を維持することができない。これらのモデルでは，非協調均衡において相対的低税率を選択する地域が協調離脱の誘因を強く持つので，Bucovetsky（1991）や Wilson（1991）の非対称均衡に関する研究に関連しているものと位置づけられる。

　Itaya, Okamura and Yamaguchi（2008）は，地域間金銭的外部性（第2章1節を参照）に焦点を当てて，地域間非同質性が逆に協調維持に貢献し得ることを示している。資本純収益率に影響する手段として資本税が使用される場合，資本輸入（輸出）地域による非協調的な資本増税（減税）政策は地域間資本移動を抑制する効果を持つ。一般に，生産性・要素賦存の地域間格差は資本移動によって生み出される厚生ゲインを大きくするので，非協調状態に陥った場合の厚生ロスは高くなる。つまり，地域間非同質性が顕著であるほど，繰り返しゲームにおける協調離脱のコストが上昇して協調維持の可能性は高くなる。

　Burbidge, DePater, Myers and Sengupta（1997）は，協調に参加する地域を内生化した資本税競争モデルである。資源配分効率性の観点から全地域による協調的資本税政策が望ましい場合でも，均衡において達成されるのは一部地域による部分的協調に過ぎない可能性がある[26]。彼らのモデルでは，各地域はあらゆる可能な地域組み合わせによる協調の厚生比較を行う。そして，一部あるいは全地域による協調に参加するか否かの決定が下される。全地域による完全協調よりも自らに有利な協調組み合わせが存在する場合，他域を募って完全協調から離脱する。経済が2地域のみで構成される場合には，均衡において全地域による協調が達成される。しかしながら，3地域以上のケースではこの結論は必ずしも成立しない。2地域ケースにおける選択肢は完全協調と非協調均衡の2つしかないので，協調の厚生ゲインを再分配するための地域間財政移転が可

26　Burbidge, DePater, Myers and Sengupta（1997）における均衡概念は，"結託耐性（coalition-proof）ナッシュ均衡"である。この概念に基づく均衡状態とは，一部地域による協調離脱が離脱地域群に厚生ゲインをもたらすとしても，この地域群内でさらなる離脱が生ずる状態である。離脱地域群によって構成される結託の耐性を要求する点が，通常のナッシュ均衡とは異なる。

能である限り，協調離脱の誘因は存在しない。しかしながら，3地域以上の場合には，財政移転が可能であっても，すべての地域について完全協調下の厚生が他のあらゆる可能な部分協調で得られる厚生を上回るとは限らない。

地域間協調に関する租税競争の研究では，協調する政策手段について，協調参加地域の間で"政策の均一性（harmonization）"が保たれることを前提とするケースが多い。他方で，より現実的かつ柔軟な政策協調の在り方として，下限税率の設定が考えられる[27]。興味深いことに，最近の租税競争文献には，この協調方式に否定的な研究も含まれている。

Peralta and Ypersele（2006）は，資本課税に伴う地域間金銭的外部性が存在するケースについて，下限税率を導入しても非協調均衡からのパレート改善は実現しないことを示している。パレート改善を実現するには，上限・下限税率を両方とも導入しなければならない。資本輸入地域の税率を引き下げると同時に資本輸出地域の税率を引き上げることで，資本移動を促進して経済全体の生産性を高めることができる[28]。Kiss（2012）は，繰り返しゲームの枠組みに基づいて，下限税率の導入が協調政策の維持を困難にすることを示している。下限税率の設定は，税率切り下げ圧力を遮断することで非協調均衡における各地域の厚生を高める。しかしながら，このことは，協調離脱によって生ずる厚生ロスが軽減されてしまうことを意味する。

Peralta and Ypersele（2006）や Kiss（2012）などを含む下限税率に関連する研究の大多数は，非協調均衡における税率を上回る下限税率の設定を想定している。Konrad（2009）によれば，均衡税率を下回る下限税率であっても各地域の政策行動に影響し得る。逐次手番で税率が選択され，かつシュタッケルベルグ・リーダーである地域の均衡税率が相対的に高い場合，下限税率の導入によって全地域の税率が低下するかもしれない。相対的低税率を選択するフォロワーの反応関数が下限税率のポイントで曲げられてしまい，この関数上で税率を選択するリーダーの行動に影響するからである[29]。

---

27 第2章脚注19において言及したように，下限税率の設定が正の厚生効果を持つケースもある。特に消費税競争の研究では，協調政策の分析の一環として，均一税率に加えて上限・下限税率の厚生効果について議論されることが多い（第1章脚注11で取り上げた論文を参照）。

28 下限税率のみの導入は資本純収益率を下落させるので，資本輸出地域の厚生を低下させてしまう。地域間財政移転が実施されない限り，パレート改善は不可能である。

第Ⅰ部のまとめ

　租税競争文献は移動可能な課税ベースを巡る政府間競争の研究に端を発したものであるが，その発展プロセスで実証・規範の両面から多様な研究が生み出されてきた。第Ⅰ部では ZMW モデルの拡張に関連する研究を中心に紹介してきたが，最後にこれらの研究の基本的方向性について簡潔に述べておく。

　資本税競争理論の発展に貢献してきた諸研究において，重要課題の1つと位置づけられてきたのは，地域間移動する資本に対して源泉地課税が行われる根拠・理由の解明である。ZMW モデルはこの税の使用を単に"前提"としており，McLure (1986) が指摘しているように，"なぜ資源配分非効率性を引き起こす税をわざわざ使うのか？"という疑問がつきまとう。特に，源泉地資本税は，一括固定税を捨象したセカンド・ベストの課税体系にすら含まれていない。このような批判を受けて，租税競争文献では資本税の選択を内生化した理論モデルの構築に精力が注がれてきた。第Ⅰ部において紹介された範囲では，地域間金銭的外部性，複数税の利用可能性，地域間人口移動，租税競争以外の非効率性の導入などを通じて，政府に移動可能な課税ベースの活用を誘因づける様々な要因が明らかにされている。これらの研究成果は，租税競争の実証的側面に対する理解を深めるものであり，国・地方の両レベルで広範に地域間移動可能な企業・住民・生産要素への課税が行われているという現状を理論的に裏づけるものと言えよう。

　ZMW が考案した同質小地域モデルは，それ以降の研究においても，地方税・支出政策を分析する簡便なフレームワークとして活用されている。そして，彼らの理論モデルは，大地域の戦略的行動の分析にも応用されている。大地域モデルで扱われるトピックには，地域数や規模の影響，戦略変数の選択や競争参加地域による手番の内生的選択などが含まれている。これらのトピックに関

29　Konrad (2009, Figures 1 and 2) の図解を参照。下限税率が非協調均衡における税率をわずかに下回るケースや，リーダー地域の（税率空間における）無差別曲線の曲率が小さい場合には，下限税率の導入は全地域の税率を引き下げる。

連する研究は，単なる資本税競争モデルの拡張というテクニカルな側面に留まらず，政府間非協調ゲームの一般理論へと発展しつつあるように思われる。この研究の広がりは，特に非同質地域間の競争に当てはまるかもしれない。租税競争文献においては，地域規模格差に着目した"相対的小地域のメリット"に関する議論が有名である。しかしながら，資本税競争モデルの枠内においても，規模の経済性が小地域のメリットを覆す可能性がある。集積経済モデルや補助金競争モデルは，より明確に相対的大地域のメリットを主張する。また，補助金競争における立地効率性の議論は，租税競争理論で行われてきた地域間資本配分の分析とは全く異なる含蓄を持つ。これらの研究から，個別地域の立場から見た政府間競争の帰結は決して一様なものではなく，規模を含む地域態様や競争形態に応じて異なることが理解できよう。

租税競争の規範的側面について，Oates（1972）やZMWの先駆的研究以来，課税ベース移動性に伴う過少課税・公共支出の議論は，租税競争文献における基本命題として幅広く認知されてきた。しかしながら，この議論の枠を超えた分析も多数輩出されてきている。第Ⅰ部で紹介された論文には，租税競争に起因する非効率性が過少課税・公共支出に限定されないことを示すものも含まれている。また，居住地資本税を導入したモデルや誘因等価性の理論に基づいて，課税ベース移動性に伴う財政外部性が内部化されることを示す研究もある。その他にも，既存の非効率性を相殺・緩和する手段として，租税競争の有益性を主張する研究がある。これらの研究は，課税ベース移動性が住民厚生の観点から有益にも有害にもなり得ることを明らかにしている。また，租税競争が再分配政策に与える影響についても，一般に広がっている"福祉国家の危機"という印象とは逆に，最近の理論研究を通じて課税ベース移動性が必ずしも政策の抑制要因にはならない可能性が指摘されている。以上のような租税競争の規範的研究は，経済のグローバル化や財政システムの分権化の影響を検討する上で，重要な理論的基礎を提供するものである。

なお，租税競争の有益性を主張する諸研究については，地域間財政外部性が内部化されるケースを除けば，必ずしも"租税競争は望ましい"という発想を裏づけるものとは言えない。特に，市場メカニズムや公共部門内に資源配分効率性を妨げる要因がある場合には，租税競争を通じた厚生改善が可能であって

も，それは"毒をもって毒を制す"の発想である。"租税競争自体が良薬である"という勘違いに陥ってはならない。実際，第Ⅰ部のサーベイには，既存の非効率性が租税競争によって悪化してしまう可能性を指摘する研究も多数含まれている（政府間の競争によって，彼らのリバイアサン的行動がかえって助長される可能性すらある！）。また，再分配政策についても，誘因等価性に基づく議論を例外として，課税ベース移動性自体がパレート的に最適な再分配状態を保証するわけではない。

租税競争文献を含む公共経済学や財政学では，分権的政策決定が資源配分非効率性を引き起こす場合について，その対処方法として政府間財政移転や地域間協調を重視する傾向がある。しかしながら，第Ⅰ部で取り上げてきた最近の租税競争研究では，特に地域間協調の有効性に懐疑的見解が示されているように思われる。一部地域や一部政策手段に限定された協調は，その厚生上の利得が限定されるか，あるいはかえって有害である可能性さえある。地域や住民の間に存在する様々な形態の非同質性は，協調の形成・維持を困難にするかもしれない。これらの議論は，地域間協調が容易に成立しないという現実を理論的に説明するものと言える。財政移転については，ピグー補助金の発想に立脚した最適補助金システムとは異なるタイプの理論研究が増えている。特に，財政平衡交付金は，課税ベース移動性に起因する地域間財政外部性を内部化する手段として脚光を浴びている。また，中央・地方政府間の情報非対称性を想定した最適補助政策や，中央政府のコミットメント能力の欠如を想定した事後的財政移転の研究などが精力的に進められている。これらの分析は，中央政府の非万能性を考慮したものであり，より現実的な財政移転の研究と言えよう。

第 II 部

資本税競争と公共要素

第 7 章　租税競争文献における公共要素の研究
第 8 章　ZM モデルと地方公共要素
第 9 章　公共要素の分類
第 10 章　租税競争と要素貢献型・企業貢献型公共要素
第 11 章　企業貢献型公共要素と混雑現象
第 12 章　資本助成としての不払い費用型公共要素の供給
第 13 章　地方公共財・公共要素の支出構成
第 14 章　要素特殊的公共要素の支出構成
第 15 章　租税競争に参加する地域数の内生化
第 16 章　地域的な経済格差と租税競争：財政移転 vs. 公共投資
第 II 部のまとめ

第7章

租税競争文献における公共要素の研究

❖ はじめに

本稿第Ⅰ部においては、ZMW以降の資本税競争の理論を中心に租税競争文献をレビューした。第Ⅱ部の目的は、生産関連の公共サービスである地方公共要素や公共投資に焦点を当てて租税競争の経済的帰結を分析することである[1]。序章で言及したように、このカテゴリーに属するサービスには、道路・橋梁などのインフラ関係、R&Dに関わる公的支出、一般教育や労働生産性向上のための職業訓練、特定地域に生産活動を誘致するための地域開発政策などがある。

第Ⅰ部のサーベイには、地方公共要素を含む租税競争モデルが含まれている[2]。これらの研究では、生産関連サービスが供給されるケースについて、多様な角度から租税競争の影響が分析されている。第Ⅱ部の租税競争と地方公共要素の研究においては、公共支出水準の非効率性、公共支出構成の非効率性、そして地域開発と公共投資の非効率性について分析が展開される。前二者は租税競争文献における伝統的なトピックとして知られているが、地域開発と公共投資は都市経済学の知見や補助金競争の理論(第2章補論を参照)を導入して開

---

1 第Ⅱ部では、ZMWと同様に政府間競争の主体を"地方政府"と呼ぶので、"地方公共要素"という名称を使用する。
2 該当する研究をここで一括して提示しておく。第1章2節で言及したDahlby and Wilson (2003) 及びMadiès (2008)、第2章3節のBayindir-Upmann (1998)、第2章4節のPieretti and Zanaj (2011)、第3章1節のKeen and Marchand (1997)、第4章1節のMatsumoto (2000a, b)、第5章1節のNoiset and Oakland (1995)、第5章2節のRauscher (1998, 2000, 2005)、Cai and Treisman (2005) 及びWilson (2005)、第5章3節のLorz (2001)、第5章4節のWrede (2000)、第5章5節のKöthenbürger and Lockwood (2010)、第6章1節のRaff and Wilson (1997) とBreuillé, Madiès and Taugourdeau (2010)、そして第6章2節のFuest (1995) 及びMatsumoto (2004, 2008)、以上である。ただし、一部の論文については、第Ⅰ部における紹介に際して公共要素に関する記述を省いてある。

拓された比較的新しいカテゴリーである。本章では、これらのトピックの概要と関連する主な研究に触れつつ、第Ⅱ部における研究の論点整理を行う[3]。

7-1. 公共支出水準への影響

地方公共要素に関する租税競争モデルを最初に定式化したのは、地方公共財のケースと同様に Zodrow and Mieszkowski (1986)（以下 ZM と表記）である[4]。Oates (1972) の先駆的な議論以来、租税競争文献の一大テーマは競争が公共支出水準に与える影響である。その基本命題である"過少課税・公共支出"を論ずる際に、Oates (1972) は彼の議論が生活関連の地方公共財を念頭に置いたものであることを明確にしている（第1章脚注1を参照）。他方で、ZM のモデル分析によれば、生産関数の独立変数である地方公共要素についても基本命題が当てはまる。地方公共要素は移動可能な資本を含む民間要素の生産性を高めると期待されるため、地方公共財のケースと比べて分析は格段に複雑になる。

ZM モデルのように地域間人口移動が存在しない競争経済モデルでは、地方公共財は生産環境に中立的である。その供給変化が地域資本量に直接影響することはない。ところが、地方公共要素が供給される場合には、税・支出政策はいずれも資本投資に影響するので、資本税調達による公共支出の増加が資本流出を引き起こすとは限らない。資本増税は資本投資を抑制する一方で、その調達財源で実行される地方公共要素の供給増は、資本の限界生産力を高めて資本投資を促進する。

地方公共要素の過少供給に関する ZM の議論は、資本税の投資抑制効果が地方公共要素の投資促進効果を上回ることを意味している。しかしながら、ZM は資本税・公共要素の投資抑制・促進効果を厳密に比較検討した訳ではない。財政外部性理論に基づいて解釈すると、単に資本増税に伴う正の財政外部性の

---

[3] 本章で紹介される研究には、生産関連の公共サービスを生産関数の独立変数として扱わないものも含まれている。本稿第Ⅱ部においても、第11章補論と第16章がこのケースに該当する。説明の煩雑化を避けるために、本章1～3節では生産関連サービスを一括して"公共要素"と呼ぶ。

[4] Wilson (1986) のモデルは公共要素を含まない（第1章脚注2を参照）。生産関連の公共サービスを主に扱う第Ⅱ部では、Zodrow and Mieszkowski (1986) と Wilson (1986) を区分し、前者を ZM と略して表記する。

存在を"前提"にしたに過ぎない。一般的には，資本流入が発生する可能性をア・プリオリに排除することはできない。この点を最初に明確に指摘したのはNoiset (1995) である。彼のZMに対する（短いながらも深遠な）批判的コメントは，租税競争文献における地方公共要素の研究を活発化させる契機となった[5]。第Ⅰ部のサーベイを通じて，租税競争は常に過少公共支出を引き起こす訳ではないことを指摘した。同様の議論が地方公共要素に当てはまると考えてよい。Noiset (1995) 以降の租税競争と公共要素の研究では，過剰供給が発生する生産関数の例示や，過少供給が発生する条件の導出に関心が向けられてきた[6]。

ZM及びNoiset (1995) から派生した諸研究では，基本的に租税競争は地方公共要素供給の非効率性をもたらすものと認識されている。他方で，Oates and Schwab (1991) やSinn (1997) のように，ZM系列の研究とは異なる観点から租税競争の有益性を主張する研究もある。Oates and Schwab (1991) は，域内企業に対する資本投資助成として，地方公共要素の供給メカニズムをモデル化している。そして，このメカニズムの下で，効率的な応益負担税として資本税が機能することを示している[7]。この分析に基づいて，地方公共財に関する自らの主張とは全く逆に，Oatesは地方公共要素の供給について租税競争の効率性を主張する[8]。Sinn (1997) のモデルでは，地方公共要素は生産関数の独立変数としてではなく，資本投資に関する混雑費用関数の変数として扱われる。この理論モデルにおいては，資本税調達による地方公共要素の供給は資本投資に対して中立的である。このため，地域間財政外部性は発生せず，租税競争が公共支出水準を歪めることはない。

5　Sinn (1997) もNoiset (1995) と同様のZM批判を展開している。

6　主な関連研究として，Fuest (1995)，Noiset and Oakland (1995)，Wrede (1997)，Bayindir-Upmann (1998)，Bénassy-Quéré, Gobalraja and Trannoy (2007) や Dhillon, Wooders and Zissimos (2007) などがある（ただし，第Ⅱ部各章のベースとなっている私の論文を除く）。

7　Oates and Schwab (1991) と同様の供給メカニズムを検討した租税競争分析として，Garcia-Milà and McGuire (2001) や Kellermann (2006) がある。

8　Oates (1999 Section 3.1, 2001 Section 2, 2005 p. 352) 及び Hulten and Schwab (1997, Section 6) を参照。資本税競争モデルについてOatesが問題視するのは，課税ベースの地域間移動性自体ではなく，事業用資本への課税で住民用の地方公共財を供給するという財政システム（すなわち，応益原則からの乖離）である。

7-2. 公共支出構成への影響

　ZM は地方公共財・公共要素の供給量のみを検討対象にしている。しかしながら、複数の地方公共サービスが供給される場合、これらのサービスの供給量のみならず、その構成にも租税競争は影響を及ぼすかもしれない[9]。Keen and Marchand（1997）は、資本税競争と公共支出構成に関する先駆的研究である。彼らの分析によれば、ZM モデルのフレームワークの下では、地方公共要素が地方公共財に比して相対的に過剰供給される。前節でも指摘したように、ZM モデルにおける地方公共財は生産環境に中立的であるが、地方公共要素は要素生産性に直接影響を及ぼす。租税競争は資本誘致に貢献する公共サービスの供給を重視する誘因を生み出すので、支出構成が地方公共要素に偏ることになる。このような支出政策は、資本移動を通じて負の財政外部性を引き起こして、経済全体の厚生を低下させる。

　地方公共財・公共要素に関する支出構成の議論は、環境政策にも密接に関連している。環境資源は住民生活と生産活動に同時に資する資源であり、公共財と公共要素の特性を併せ持つと考えられるからである。すなわち、環境資源は地域住民の効用関数と域内企業の生産関数の両方に独立変数として登場するものと考えられる。環境基準の設定を通じて、地方政府は消費・生産の両面から住民厚生に影響しようとするだろう。租税競争が環境基準に与える影響は、Keen and Marchand（1997）の議論に類似したものになる。Oates and Schwab（1988）, Kim and Wilson（1997）や Kunce and Shogren（2005）が示しているように、移動可能な資本に課税が行われる限り、資本誘致を目的とした環境基準の緩和が引き起こされる可能性がある[10]。結果として、環境資源の使用形態が住民による直接的消費から生産要素としての活用に非効率に偏り、経済全体の観点から見て過度な環境悪化を招く。

9　公共支出水準の効率性条件は基本的に限界便益と（物理的）限界費用の均等化であるが、支出構成の効率性条件は異なる公共サービス間での限界便益均等化である。

10　ここでの議論は、"ローカルな環境"を想定していることに注意してもらいたい。各地域の環境が互いに住民厚生や生産環境に影響し合う状況（公共サービスのスピルオーバーに対応）は想定されていない。

Keen and Marchand (1997) 以来，地方公共要素の相対的過剰供給に関する議論は，公共支出構成に関する租税競争文献の基本命題として認識されることが多い。しかしながら，彼らのモデルの拡張を通じて，この命題が必ずしも成立しないケースも確認されている。Dickescheid (2000) は，租税競争と租税輸出（第5章1節を参照）が併存するケースについて，地方公共要素の相対的過少供給の可能性を指摘している。移動不可能な生産要素の所有権が複数地域に分散している場合，地方公共要素の便益は他域住民にも及ぶため，各地方政府はこのタイプの公共サービスへの支出を抑制する傾向がある。Aronsson and Wehke (2008) は，労働市場の不完全性（第5章8節を参照）と地方公共要素の相対的過少性を関連づけている。労使間で賃金交渉が行われる場合，地方公共要素の供給増は，賃金率を大きく上昇させることでかえって地域資本量を減少させるかもしれない。

なお，租税競争文献における公共支出構成の分析は，"公共財 vs. 公共要素"の構図に必ずしも限定されない[11]。Borck (2005) のように，地方公共財の支出構成に着目した租税競争の研究もある。彼のモデルでは，地域間移動可能な労働者と不可能な労働者に対して，それぞれ異なるタイプの公共財が供給される。資本と移動可能な労働が互いに補完的要素である場合，租税競争はこのタイプの労働者が受益する地方公共財の相対的過剰供給を引き起こす。

7-3. 競争参加地域の内生的決定

ZMモデルを始めとする租税競争モデルでは，理論モデル内のすべての地域が課税ベースの誘致競争に参加することを前提としている。しかしながら，現実的には，企業や事業用資本の誘致に乗り出すか否かは，各地域の政府や住民の自由選択の範疇に属するものと考えられる。生産環境が整っていない地域，あるいは整えるのに膨大な費用を要する地域には，"敢えて競争に参加しない"という選択肢もあるだろう。この選択問題を考慮すると，経済全体の地域数が

11　リバイアサン・モデル（第5章2節を参照）は，複数の公共支出対象（役人・政治家による浪費的支出と住民や企業向けの公共サービス）を扱うので，公共支出構成の研究例として位置づけられるかもしれない。

一定であっても競争に参加する地域数は内生的になる。そして，各地域における公共政策の非効率性に加えて，競争参加地域数の非効率性の問題が顕在化する[12]。このトピックに関連する研究として，Bucovetsky (2005)，Justman, Thisse and Ypersele (2005)，Jayet and Paty (2006)，Fenge, Ehrlich and Wrede (2009) や Zhang (2011) などがある。これらの論文においては，企業誘致競争に参入する際に，各地域は地方公共要素の供給あるいは地域開発のための投資を行うことが前提とされている[13]。

Bucovetsky (2005) と Fenge, Ehrlich and Wrede (2009) は，集積経済モデル（第2章5節を参照）を応用した分析を展開している。地域間貿易費用や移動可能要素に関する外部経済が存在する場合，単一地域への生産集中が望ましいケースであっても，複数の地域が地方公共要素を供給して生産活動に従事する可能性がある。結果として，過剰参入状態となって移動可能な要素が多地域に分散してしまい，経済全体の生産性を低下させる。

Justman, Thisse and Ypersele (2005) は，地方公共要素の質に着目した研究である。移動可能な企業ごとに選好する地方公共要素のタイプが異なる場合，各地域が異なるタイプを供給することで互いに差別化することが可能になる。そして，差別化を通じて企業誘致に伴う補助金競争を緩和することができる。しかしながら，競争に参加する地域数が内生的である場合には過剰参入が生じてしまい，地域差別化の余地を狭めて補助金競争を激化させてしまう。

Jayet and Paty (2006) と Zhang (2011) は，企業誘致の成否が確率的であるケースを想定した研究である。Jayet and Paty (2006) のモデルでは，立地選択を行う企業が各地域で見込まれる生産性に関する私的情報を持つ。企業は"生産活動をしない"という選択肢を持つので，経済全体の観点からは複数地域で生産環境を整えることで立地確率を高めるのが望ましい[14]。しかしながら，各地

---

[12] 第2章2節で言及した Hoyt (1991a) は，外生的な競争参加地域数の変化が均衡に及ぼす影響を検討したものであって，各地域が競争参加の是非を決定するのではない。

[13] その他の関連研究として，地域数と規模の非効率性を分析した Perroni and Scharf (2001) が挙げられよう（第5章3節を参照）。ただし，彼らの主な関心は，公共財選好に関する住民の非同質性に向けられている。

[14] 生産性の低い地域のみが開発されると，企業は生産活動を行わないことになり，経済全体の観点から損失が生ずる。情報非対称性の制約下で，生産性の高い地域が開発される可能性を高めるために，複数地域への開発投資が要求されることになる。

域に開発選択を委ねた場合，効率的な地域数を超えて過剰に開発が行われる。Zhang (2011) の "全員負担方式オークション (all-pay auction)" のモデルでは，生産性の低い地域さえも正の誘致確率を得て競争に参加してしまう[15]。このため，立地非効率性の可能性が発生して経済全体の期待厚生を低下させる。

7-4. 第Ⅱ部の研究対象と構成

租税競争と地方公共要素について，第Ⅱ部では本章1～3節で取り上げられたテーマを中心に取り扱う。ここでは，それぞれの研究内容に関するポイントを簡潔にまとめておく。

公共支出水準については，ZM のモデル分析とそれに対する Noiset (1995) の批判的コメントを紹介した上で，関連研究で提示された地方公共要素の過少供給の条件に言及する（第8章を参照）。これらの条件は，資本需要の弾力性の値や生産関数の3階偏導関数の符号に関するものである。本稿の分析は，Hillman (1978)，McMillan (1979) や Feehan (1989) らの公共要素の基礎理論に基づいて展開される。公共要素の基礎理論では，生産関数の1次同次性と共同消費性の程度に応じて要素の分類が行われる（第9章を参照）。この分類に基づく理論分析は，地域間資本移動に加えて，地域企業数の内生性や決定方式が租税競争均衡に与える影響を浮き彫りにする（第10, 11章を参照）。さらに，租税競争の非効率性に関する ZM 系列の議論と Oates and Schwab (1991) との根本的相違点を明確にする上でも有用である（第12章を参照）。公共支出水準に関する本稿のモデル分析においては，一部のケースを除いて，生産関数の1次同次性と要素間の補完性が過少供給の十分条件として登場する。なお，第10～12章の議論は，それぞれ Matsumoto (1998, 2000b) と Matsumoto and Feehan (2010) に基づく。

---

[15] 全員負担方式とは，誘致競争に勝つか負けるかに関係なく，競争参加地域が当初提示した資本・企業へのインセンティブ政策を実施しなければならない状況を指す（Haufler and Wooton 1999 や第2章補論で言及した補助金競争モデルでは，実際に誘致する勝者のみが政策実施を求められる）。Zhang (2011) のエッセンスは，全員負担方式の競争の下で，各地域が誘致政策に関する混合戦略を展開する場合，生産余剰の低い地域も含めて全地域が正の誘致確率を持つということである。

公共支出構成については，Keen and Marchand (1997) を 2 つの方向に拡張する。第 1 に，資本移動に加えて人口移動を導入した理論モデルに基づいて，地方公共財・公共要素の支出構成を分析する（第 13 章を参照）。人口移動を導入すると，いずれのタイプの公共サービスも資本誘致に貢献するようになる。このため，租税競争の結果として，地方公共要素の相対的過少供給が発生する可能性がある[16]。第 2 に，"公共財 vs. 公共要素" の構図を離れて，複数の地方公共要素が供給されるケースについて支出構成を分析する（第 14 章を参照）。移動可能・不可能要素をそれぞれ補完する公共要素を想定して，租税競争がどちらの公共要素の供給誘因を高めるかを検討する。これら 2 つの拡張的分析においては，生産関数の形状に依存して，過少公共支出が発生するにもかかわらず効率的支出構成が維持される可能性がある。なお，第 13, 14 章の議論は，それぞれ Matsumoto (2000a, 2004) に基づく。

競争に参加する地域の内生化については，本章 3 節で言及した研究はいずれも ZM モデルとは全く異なるフレームワークに基づいている。このため，ZM 系列の租税競争文献との比較が容易ではない[17]。本稿では，ZM モデルに地域開発費用を導入することで，資本税競争モデルの枠内で競争参加地域数の内生化を行う（第 15 章を参照）。開発費用は地域ごとに異なり，相対的に費用の低い地域群が競争に参加する。競争参加地域では，資本税調達で地方公共要素が供給されて生産活動が展開される。このモデルに基づいて，租税競争が参加地域数に与える影響のみならず，参加地域における公共支出の非効率性も考察する。なお，第 15 章の議論は Matsumoto (2010) に基づく。

以上の研究に加えて，第 II 部には地域的な経済格差と公共投資の研究が含まれている（第 16 章を参照）。この研究のベースとなるのは，第 15 章の理論モデルである。各地域は開発費用の異なる多数の区域から構成される。地方政府は，個別区域について財政移転を通じて支援するか，あるいは地域開発を行って経

---

[16] 本章 2 節で取り上げた Dickescheid (2000) と Aronsson and Wehke (2008) は，Keen and Marchand (1997) と同様に地方公共財が地域資本量に影響しないことを前提としつつ，租税競争以外の非効率性要因を導入することで，地方公共要素の相対的過少供給の可能性を指摘したものである。人口移動の下での地方公共財の資本誘致効果については，第 4 章 1 節の議論を参照してもらいたい。

[17] 例えば，本章 3 節で取り上げた諸研究では，公共支出の財源となる課税ベースの地域間移動性は考慮されていない（すなわち，移動不可能な要素への課税が想定されている）。

済的に自立させるかを決定する。すなわち，地域的な格差への対応策として，直接的財政移転と地域開発のための公共投資を想定する。そして，これらの公共支出水準と構成の非効率性を検討する[18]。租税競争の下では，直接的所得移転よりも資本誘致に直結する開発投資を優先する誘因が存在するので，資源配分非効率が発生する。なお，第16章の分析はMatsumoto (2008) に基づいている。

第Ⅱ部においては，上記の各問題にアプローチするために，資本市場においてプライス・テイカーである同質小地域間の租税競争を想定し，競争に参加する各地方政府が最終的に同じ政策を選択する対称均衡に分析を限定する[19]。移動可能要素の地域間配分の問題を捨象して，各地域内の資源配分決定の非効率性に焦点を当てる。非対称均衡や大地域による戦略的政策は考慮しない。地域間競争の非効率性を分析対象とするので，多段階的政府構造の下で発生する垂直的財政外部性の問題や中央政府による政策介入は考慮しない[20]。また，静学的分析のみを行い，動学モデル特有の経済成長の問題などは扱わない[21]。

---

18 第16章の検討課題は第10〜15章の各トピックに連なるものであるが，地域的な格差の問題を扱うことと"各地域の公共投資水準＝域内の生産区域数"というモデル化に独自性がある。

19 第15章では地域ごとに開発費用が異なるものの，開発投資後の"競争参加地域の同質性"が前提とされる。したがって，対称均衡分析の手法を適用することができる。

20 以上の"但し書き"について，（関連文献の紹介を兼ねて）2つのリマークを提示しておく。第1に，戦略変数の違いに着目したBayindir-Upmann (1998)（第2章3節を参照）とは異なり，大地域モデルを扱う最近の研究では"地方公共要素の供給量あるいは質の選択→税・補助金政策の決定"の2段階ゲームの分析が見受けられる。戦略的な公共要素供給に関わる研究として，本章3節で取り上げたJustman, Thisse and Ypersele (2005) に加えて，Justman, Thisse and Ypersele (2002), Zissimos and Wooders (2008), Konrad (2008), Hindriks, Peralta and Weber (2008), Dembour and Wauthy (2009) やPieretti and Zanaj (2011) などがある。最初の段階で選択される公共支出政策は，次段階における他域の税政策（反応関数）への影響を考慮して戦略的に決定される。このような2段階ゲームのモデルでは，移動可能要素に課税が行われる場合であっても，戦略的な公共要素供給の余地を残すために，暗黙の内に他の歳入源が前提とされている（さもなければ，支出水準と税率が公共予算制約を通じて1対1で制約され，戦略的政策の余地がない）。このために，ZMのような資本税調達を想定するモデルとは異なる側面を持つ。第2に，本稿第Ⅱ部では，中央介入については公共支出構成や地域開発に関する簡潔な言及に留めている（第13章4節末尾の議論と第15章脚注13を参照）。一般的に言えば，他域へのスピルオーバーなどの公共支出特有の歪みが存在しない限り，地方公共サービスの形態よりも地方税の形態・歪みが効率的補助金政策を特徴づけるものと考えられる。例えば，第6章1節で取り上げた課税ベース均等化の効率性は，地方公共財・公共要素の違いに関係なく成立する。

21 地方公共要素を含む動学的な租税競争モデルについては，Rauscher (2005), Kellermann (2006), Becker and Rauscher (2007), Köthenbürger and Lockwood (2010), 田中・日高 (2010) 及びHatfield (2011) を参照してもらいたい（Kellermann 2006については，第12章4節で言及する）。

これらの意味において，第Ⅱ部における研究は，ZMを中心とする租税競争と公共要素に関する基礎的研究の直接的拡張を試みているものと位置づけられる（基礎的研究へのこだわりについては，"おわりに"に背景を詳しく述べてある）。第Ⅱ部において議論される租税競争の非効率性は，地域間移動可能な資本に源泉地課税が行われることに起因する。資本税以外の非効率性要因は考慮しない。なお，租税競争均衡の非効率性を検討する際，均衡と効率的配分状態との離散的比較が不可能な場合には，第1章で言及したWilson (1986)の効率性基準を適用して分析を進める。つまり，対称均衡からの全地域一律の政策変化がもたらす厚生効果に着目して，正（負）の厚生効果があれば，その政策は過少（過剰）に実施されていると判定される。

第8章

ZM モデルと地方公共要素

❖ はじめに

　ZM の理論分析によれば，租税競争文献の基本命題は地方公共財・公共要素の両方に当てはまる。しかしながら，第7章1節で指摘したように，地方公共要素については，ZM の議論に強い疑念が提起されている。Noiset（1995）以降の ZM 批判は，彼らの分析の前提条件である"ZM 安定条件"に関わるものである。この安定条件は，任意の正の資本税率と地方公共要素の供給量について，税の投資抑制効果が公共支出の投資促進効果を上回ることを要求する。ZM 安定条件を前提とすると，財政外部性理論に基づけば"過少供給が最初から前提とされている"ことになってしまう[1]。Noiset（1995）は，ZM 安定条件に何ら経済学的合理性が存在しないことを指摘した上で，租税競争が地方公共要素の過剰供給をもたらす可能性を議論したのである。

　ZM 安定条件については，その扱い方には関連文献内でもかなりのバラツキが見られる。例えば，Keen and Marchand（1997）や Wrede（1997）は，ZM 安定条件に基づいて（悪く言えば無批判に受け入れて）資本税調達による地方公共要素供給の過少性を論じている。他方，Fuest（1995），Noiset and Oakland（1995），Bayindir-Upmann（1998），Bénassy-Quéré, Gobalraja and Trannoy（2007）や Dhillon, Wooders and Zissimos（2007）などのように，ZM 安定条件に依拠しないで，あるいは ZM 安定条件を緩和することで，地方公共要素の過剰供給の可能性を指摘している研究もある。

1　ZM と同時期に公刊された租税競争と地方公共要素に関する研究として，Gerber and Hewitt（1987）がある。彼らも租税競争に伴う過少公共支出について論じているが，何ら明確な議論もせずに資本税の投資抑制効果の優越性を前提としている。

本章では，第Ⅱ部における理論研究の基本になる ZM の公共要素モデルを概観した上で，ZM 安定条件に関する Noiset（1995）の批判を紹介する。Noiset（1995）以降の研究には，過剰供給の可能性を指摘しつつ，過少供給が発生する条件の導出を試みているものも含まれる。ここでは，Noiset（1995），Bénassy-Quéré, Gobalraja and Trannoy（2007）及び Dhillon, Wooders and Zissimos（2007）が導出した条件に言及する。

8-1. ZM モデル

本節では，ZM の公共要素モデルを提示する。基本的なモデル構造については，第1章1節に提示した①〜⑧及び第1章補論における公共財モデルの前提をそのまま踏襲する[2]。以下，諸前提を記述しつつ ZM モデルを定式化する。

多数の同質小地域からなる経済を考える。地域間移動可能な資本，移動不可能な要素及び地方公共要素を使って，各地域においてニュメレール財（価格は1に基準化）が生産される。生産活動は利潤最大化を目指す競争的企業によって営まれる。ニュメレール財は，消費財と公共要素に1対1で変形可能である。各地域の生産関数を $F(L, K, B)$ と記す。K, L はそれぞれ各地域の資本と移動不可能要素であり，B は地方公共要素である[3]。L は各地域に一定量賦存している。経済全体の資本量は一定であるが，移動性のため地域資本量 K は可変的である。各要素の限界生産力は正で逓減する。また，要素間の補完性を前提とする。$\partial F/\partial i \equiv F_i$ 及び $\partial^2 F/\partial i \partial j \equiv F_{ij}$ とすると（$i, j = L, K$ あるいは B），

---

[2] ZM の Section 3 を参照。本節本文で記述されるモデルについて，基本的特徴を箇条書きで5つにまとめておく。
　（i）多数の同質小地域からなる経済；各地域は資本市場でプライス・テイカー；住民の同質性
　（ii）各地域において競争的企業が消費財と地方公共要素を生産；生産関数は限界生産力逓減及び要素間補完性を満たす
　（iii）各地域住民は地元の移動不可能要素を所有；所有資本は他域を含めて自由に投資可能
　（iv）各地域で移動不可能要素の賦存量は一定；経済全体で資本量は一定であるが，移動性のために地域資本量は可変的；人口移動の不在（地域人口は1に基準化）
　（v）移動可能な資本への源泉地課税によって地方公共要素を供給（資本税調達の前提）；地方政府による地元住民厚生の最大化
　なお，これらの前提条件は，第13章における人口移動の分析や第16章における地域的な経済格差の分析を例外として，第10章以降の理論モデルにも大筋で当てはまる。

[3] 記号単純化のために，地域を示す記号は付記しない。

$F_{ii}<0<F_i$ 及び $F_{ij}>0$ が成立する[4]。

政策変数を与件として，各地域の競争的企業は利潤を最大化するように資本投資を決定する。利潤最大化1階条件は次の式で与えられる：

$$F_K(L,K,B) = r+T \tag{8.1}$$

r は資本純収益率であり，T は資本税率である[5]。(8.1) より，各地域の資本量は資本の限界生産力と粗収益率を均等化するように決定される。資本増税は，資本粗収益率を高めて資本投資を抑制する。地方公共要素の増加は，資本生産性を高めて地域資本量を増加させる。(8.1) を微分すると，T と B が変化した場合に生ずる地域資本量の変化が導出される：

$$\partial K/\partial T = 1/F_{KK} < 0; \quad \partial K/\partial B = -F_{KB}/F_{KK} > 0 \tag{8.2}$$

各地域の住民は地域間移動せず，地元の移動不可能要素と企業の所有権を有するとともに，資本を $\overline{K}$ だけ所有する。資本は他の地域にも自由に投資することができる。各地域の厚生関数（住民の消費）は

$$F(L,K,B) - (r+T)K + r\overline{K} \tag{8.3}$$

で与えられる。$F-(r+T)K$ は，移動不可能要素の収益と企業利潤の合計に等しい。$r\overline{K}$ は資本所得である。

各地域の地方政府は，資本税調達で地方公共要素を供給する。地方政府予算制約は次の式で与えられる：

$$TK = B \tag{8.4}$$

地方政府は，(8.1) 及び (8.4) を制約条件として，(8.3) を最大化するように T 及び B を選択する。小地域の前提により，個別の地方政府は経済全体の資本市場で決定される r を与件として扱う。したがって，(8.3) の最大化は，実質的に移動不可能要素の収益と企業利潤の合計額の最大化に等しい。資本純収益率は，経済全体の総資本供給（地域数×$\overline{K}$）と全地域の総資本需要を等しくするように決定される。

租税競争の分析に入る前に，ベンチマーク・ケースとして，地方公共要素の

---

[4] 本章を含む第Ⅱ部各章の理論モデルにおいて，生産関数の下付き記号は偏微分を示す。

[5] 第2章3節で指摘したように，経済全体の資本市場で価格支配力を持たない小地域のケースでは，資本税が従価税・従量税のいずれの形式で課されるかは重要ではない。第Ⅱ部では（第1章補論と同様に）理論的に簡便な従量税の形式で考察を進める。

効率的供給条件を提示しておく。次節で展開される対称的な租税競争均衡との比較の便宜上，資本移動が存在せず地域資本量が $\overline{K}$ で固定されているケースを考える。この場合，資本税は一括固定税に等しい。(8.3) に $K=\overline{K}$ 及び $T\overline{K}=B$ を代入すると，各地域の厚生関数は $F(L,\overline{K},B)-B$ になる。その最大化1階条件は

$$F_B(L,\overline{K},B^F) = 1 \tag{8.5}$$

になる。上付きの "F" は，効率的配分状態で評価されていることを示す。効率的配分状態では，限界生産力と限界費用を一致させるように地方公共要素の供給量が決定される[6]。

8-2. 租税競争均衡の非効率性

各地方政府の最適化問題を解くに当たり，(8.1) と (8.4) の2本の方程式が K と B を T の関数として与えることに注目する（$K(T)$ 及び $B(T)$ と記す）。これらの関数を (8.3) に代入すると，最適化問題は

$$\text{Max}_T \ F(L,K(T),B(T)) - (r+T)K(T) + r\overline{K} \tag{8.6}$$

になる。1階条件は以下の式で与えられる[7]：

$$F_B = \frac{K}{B'(T)} = \frac{1}{1+(T/K)K'(T)} \tag{8.7}$$

$$K'(T) = \frac{1-KF_{KB}}{F_{KK}+TF_{KB}} \tag{8.8}$$

関数に付されたダッシュは導関数を示す（例：$K'(T) \equiv dK(T)/dT$）。(8.7) の第1の等号は，(8.6) の導関数に (8.1) を適用することで得られる。第2の等号は，$K(T)$ と $B(T)$ の定義上，$TK(T) \equiv B(T)$ の恒等関係が成立することから得られる[8]。(8.1) と (8.4) の比較静学から導かれた $K'(T)$ は，資本税

---

[6] このルールは Kaizuka (1965) によって定式化されたものであり，"貝塚ルール" と呼ばれる（公共財に関するサミュエルソン・ルールに対応する）。厳密には，貝塚ルールは "全企業における公共要素の限界生産力の和=限界費用" を要求するが，本章では競争企業数を1に基準化している。公共要素の効率的供給条件に関する詳細な議論については，第9章2節を参照してもらいたい。

[7] (8.7) と (8.8) は，それぞれ ZM の (20) と (15) に対応する。

[8] すなわち，両関数は (8.1) と (8.4) を解いたものであるから，$F_K(L,K(T),B(T)) \equiv r+T$ 及び $TK(T) \equiv B(T)$ の恒等関係が成立する。

調達による地方公共要素の供給増が地域資本量に与える影響を示している．つまり，(8.2) に示される T と B の個別の影響とは異なり，$K'(T)$ は地方政府予算制約を満たす T と B の同時変化が生み出す効果であることに注意しなければならない[9]．

(8.7) は，租税競争下での地方公共要素の供給ルールである．(8.5) と (8.7) の比較によって，租税競争均衡の規範的性質は $K'(T)$ の符号に依存していることが分かる．$K'(T)$ が負（正）である場合には，(8.7) より $F_B > (<) 1$ を得るので，租税競争均衡において B の限界生産力は限界費用を上回る（下回る）．

同質地域の対称均衡に分析を限定する場合，限界生産力と限界費用の比較を通じて，効率的配分状態と租税競争均衡との離散的比較を行うことができる[10]．全地域の政策が均一である対称均衡では，各地域に均等に資本が配分されるので，各地域の資本量はその賦存量に等しい（$K = \overline{K}$）．他方，非協調的に行動する地方政府は，(8.8) に基づく地域資本量の変化を予想して，(8.7) のルールを満たすように T と B を選択する．すなわち，租税競争均衡における B は，(8.7) を $K = \overline{K}$ で評価することによって導出される．$K'(T) \neq 0$ である限り，(8.7) より均衡では $F_B(L, \overline{K}, B) \neq 1$ が成立する．(8.5) と限界生産力逓減より，次の関係が得られる：

$$F_B(L, \overline{K}, B) > (<) 1 \Leftrightarrow B^F > (<) B \tag{8.9}$$

(8.7) 及び (8.9) は，地方公共要素供給の非効率性が $K'(T)$ の符号に依存することを示す．以上の議論を命題にまとめておく：

命題 8.1
租税競争均衡において地方公共要素が過少（過剰）供給される必要十分条件は，資本税調達による供給増が資本流出（流入）を引き起こすことである．

この命題は財政外部性理論と整合的である．財源調達手段が資本税に限定されている場合，地方公共要素の供給増加に伴う資本流出（流入）は他域の税収に影響することで正（負）の財政外部性を生み出す．各地方政府は他域の税収

---

9 (8.7) に含まれる $B'(T)$ は，資本増税によって実現できる地方公共要素の供給増を示している．
10 ここでの議論は，第 1 章補論における対称均衡に関する議論と同じである．

変化を政策決定上考慮しないので，正（負）の外部性をもたらす政策は過少（過剰）に実施される。

8-3. ZM 安定条件と過少供給の条件

ZM モデルにおける租税競争均衡の性質は財政外部性の符号に依存するが，その符号については論争が展開されてきた。(8.8) に示される $K'(T)$ について，ZM は 2 つの前提条件を置いている[11]：

$$1 - KF_{KB} > 0 \qquad (8.10)$$
$$F_{KK} + TF_{KB} < 0 \qquad (8.11)$$

これらの前提条件は $K'(T)$ が負であることを意味するので，命題 8.1 により地方公共要素の過少供給が生じていることになる。これが ZM の過少供給に関する議論のエッセンスである。(8.11) については，Dhillon, Wooders and Zissimos (2007, Assumption 4) 及び Bénassy-Quéré, Gobalraja and Trannoy (2007, Claim 6) が指摘しているように，"地方政府の予算制約 (8.4) を考慮した資本の限界生産力 $F_K(L, K, TK)$ が K の減少関数である"という条件に等しい。この条件は，生産関数の同次性を前提とする場合には，K と B に関する同次性が 1 次未満であることを意味する。K と B に加えて移動不可能な生産要素 (L) が存在することを踏まえると，(8.11) は合理的な前提と思われる[12]。

(8.11) の別解釈として，この条件が "T を与件として，B の増加が地方政府の予算余剰を減少させる"ことに同義であることを示しておく。(8.2) を適用すると，B の増加に伴う予算余剰の変化は

$$T(\partial K/\partial B) - 1 = -(F_{KK} + TF_{KB})/F_{KK} \qquad (8.12)$$

であり，(8.12) が負であることと (8.11) の不等式が同義であることが分かる。この別解釈は，生産関数の特性に基づく議論とは異なる側面から，(8.11) を正当づけるものである。

11　(8.10) と (8.11) は，それぞれ ZM モデルの前提条件 (16) と (17) に対応する。

12　Bayindir-Upmann (1998) は，資本税調達が地方公共要素の過剰供給をもたらす例をいくつか提示しているが，その 1 つにおいて (8.11) が成立しないケースを挙げている。しかしながら，本文で論じたように，(8.11) は合理的前提であり，ZM に関して論争を巻き起こしてきたのは (8.10) である。

(8.10) は"ZM 安定条件"と呼ばれる。先に指摘したように,租税競争と公共要素に関する ZM の議論の中でも,特に批判の対象とされてきた条件である。この条件を前提とするに当たり,ZM は"地方公共要素の限界費用(ZM モデルでは 1)が,当該要素の増加に伴う資本限界生産力の上昇によって発生する生産増(KF_{KB})を上回る"という意味で,理論モデルの安定条件に対応するものと位置づけている[13]。Noiset (1995) は,ZM 安定条件を批判的に再検討した上で,その問題点を明確にしている。彼の ZM 批判の主旨は,"限界費用と対比すべき地方公共要素の生産効果は限界生産力(F_B)であって,資本という特定の要素の生産性変化(KF_{KB})と対比することに何ら経済学的意味がない"というものである。そもそも ZM は,資本税調達による地方公共要素の供給が資本流入を引き起こすと,地方政府が際限なく地方公共要素を増やしてしまうので理論モデルが解けなくなると思っていたようである[14]。しかしながら,Noiset (1995) が論ずるように,限界的政策変化に伴う資本流入は,地方政府の観点から見た公共支出の限界費用を低下させるに過ぎない。租税競争に直面する地方政府は,財政外部性を考慮しないことで歪められた限界費用と地方公共要素の限界生産力を一致させるように供給量を選択する。したがって,最初から $K'(T)$ が正である可能性を排除する理論的根拠は存在しない。

一般的には,資本税の投資抑制効果と地方公共要素の投資促進効果の相対的大小関係によって,$K'(T)$ の符号は決定されるであろう。この点に着目して,Noiset (1995) は租税競争の非効率性に関するシンプルな条件を導き出している。(8.2) より,KF_{KB} は"B を与件としての,K の T に関する弾力性"と"T を与件としての,K の B に関する弾力性"の比率に等しい:

$$KF_{KB} = -\frac{(\partial K/\partial B)(B/K)}{(\partial K/\partial T)(T/K)} \equiv \chi \qquad (8.13)$$

---

[13] ZM の原文をここに提示しておく(ZM の p.363 を参照):We assume that the model is stable in the sense that the marginal cost of diverting a unit of output to public services for firms is greater than the associated increase in the output due to the increased marginal productivity of capital.

[14] ZM 安定条件を説明した直後に,ZM (p.363) は"We also assume the model is stable in the sense that each jurisdiction perceives that raising taxes will drive out capital; otherwise, taxes would always be raised."と述べた上で,彼らの (17) 式(本章の 8.11 式)を導入している。すなわち,最初から資本流入の可能性を排除しようとしている。

(8.7),(8.8),(8.11)及び(8.13)に基づく非効率性の条件を,以下の命題にまとめておく:

命題 8.2 (Noiset 1995)
租税競争均衡において地方公共要素が過少（過剰）供給される必要十分条件は,$\chi<(>)1$である。すなわち,資本需要の税率に関する弾力性が,地方公共要素に関する弾力性を上回る（下回る）ことである。

ZM 安定条件について,Dhillon, Wooders and Zissimos（2007）及び Bénassy-Quéré, Gobalraja and Trannoy（2007）は,Noiset（1995）とは別の視点から再検討を加えている。彼らの分析の共通点は,$1-KF_{KB}$の符号が地方公共要素の供給量とともに変化することを前提としていることである。まずは,Dhillon, Wooders and Zissimos（2007）の議論のエッセンスを紹介しよう[15]。彼らは次の条件を満たすB^Iの存在を前提とする:

$$B < B^I \Rightarrow 1 < KF_{KB}; B > B^I \Rightarrow 1 > F_{KB}; B = B^I \Rightarrow 1 = KF_{KB} \quad (8.14)$$

最初の2つの条件は,$1-KF_{KB}$がBの増加関数であることを意味する。3階導関数F_{KBB}が負であれば,$1-KF_{KB}$の単調増加性は保証される。最後の等式について,この条件を満たすB^Iが任意のKについて存在するとは限らない。しかしながら,同質地域間の対称均衡を分析する場合には,$K=\overline{K}$のケースについてのみB^Iが存在すればよい。(8.14)の前提は,(8.8)と(8.11)及び命題8.1と併せて,租税競争下の地方公共要素の供給量がB^Iを上回る（下回る）ならば,過少（過剰）供給が起きていることを意味する。Dhillon, Wooders and Zissimos（2007）は,B^Iと効率的供給（8.5式を満たすB^F）との比較を通じて非効率性に関する十分条件を導出している:

---

15 Dhillon, Wooders and Zissimos（2007）は2地域モデルであるが,各地域は資本市場でプライス・テイカーとして扱われるので,同質小地域の分析と解釈してもよい。また,彼らの理論モデルは移動不可能要素を捨象しているが,この簡略化は ZM モデルに関する彼らの"勘違い"を引き起こす原因になっている（本節末尾の議論を参照）。

命題 8.3（Dhillon, Wooders and Zissimos 2007, Theorem 2）

(8.11) 及び (8.14) の下で，租税競争均衡において地方公共要素が過少（過剰）供給される十分条件は，$B^F > (<) B^I$ である。

この命題は，個別地域による効率的 B^F からの乖離の誘因を検討することで導出される。(8.6) 及び (8.7) より，地方政府の目的関数の導関数は次のようになる：

$$F_B B'(T) - K = (F_B - 1)K + F_B T K'(T) \tag{8.16}$$

B^F では $F_B = 1$ が成立するので，(8.16) を効率的配分状態において評価すると $TK'(T)$ に等しい。この値が非ゼロであれば，各地方政府は効率的配分状態に留まる誘因を持たない。つまり，B^F で評価した $K'(T)$ の値（$K'(T^F)$ と記す）が正（負）であれば，各地方政府は B^F から地方公共要素を増加（減少）することで厚生を高められると認識するので，過剰（過少）供給が発生する。(8.8)，(8.11) 及び (8.14) より，以下の関係が成立する：

$$B^F > (<) B^I \Rightarrow 1 > (<) K F_{KB}(L, K, B^F) \Rightarrow K'(T^F) < (>) 0 \tag{8.17}$$

命題 8.3 は (8.17) から導かれる。

命題 8.3 によれば，(8.5) と (8.7) の比較ではなく，$F_B = 1$ と $1 = K F_{KB}$ をそれぞれ満たす公共要素量の比較を通じて，租税競争の非効率性を明らかにすることができる。生産関数を特定する場合には，このアプローチは (8.7) を直接扱うケースよりも簡便であると思われる（本節末尾の関数例を参照）。しかしながら，定性的には B^F と B^I の離散的比較は容易ではない。

Bénassy-Quéré, Gobalraja and Trannoy (2007) は，Dhillon, Wooders and Zissimos (2007) と同様に (8.14) を前提としつつ，さらに次の前提条件を導入する[16]：

---

16 Bénassy-Quéré, Gobalraja and Trannoy (2007) のモデルには地方公共財も含まれており，しかも公共サービスの限界費用は逓増的である。しかしながら，これらの前提は彼らの地方公共要素に関する議論にとって本質的ではない（他方，本稿第 12 章では，公共生産に伴う費用関数の形状が，租税競争均衡の性質を決定づけることになる）。なお，Bénassy-Quéré, Gobalraja and Trannoy (2007) の分析は，同質地域の対称均衡を想定したものではない。本文の命題 8.4 は，資本純収益率を与件とする開放小地域の分析にも適用可能である。

$$F_B(L, 0, B) = 0 \qquad (8.18)$$

すなわち，地域資本量がゼロであれば，B の量に関係なく地方公共要素の限界生産力はゼロであることが前提とされる。(8.18) を前提とすることで，生産関数の3次導関数に依拠した過少供給の条件を導出することが可能になる：

命題 8.4（Bénassy-Quéré, Gobalraja and Trannoy 2007, Claims 8-10）
(8.11)，(8.14) 及び (8.18) の下で，租税競争均衡において地方公共要素が過少供給される十分条件は，$F_{KKB} \leq 0$ である。

この命題を検証するために，B^I に関して次の関係が成立することに注目する：

$$F_B(L, K, B^I) \geq 1 \qquad (8.19)$$

(8.19) は以下の式から導かれる：

$$1 = KF_{KB}(L, K, B^I) \leq \int_0^K F_{KB}(L, \kappa, B^I) d\kappa = F_B(L, K, B^I) \qquad (8.20)$$

最初の等式は，(8.14) における B^I の定義に基づく。$F_{KKB} \leq 0$ の下では，任意の $\kappa < K$ に関して $F_{KB}(L, \kappa, B^I) \geq F_{KB}(L, K, B^I)$ になるため，第2の不等号が成立する。最後の等号は，生産関数の連続的微分可能性及び (8.18) より成立する。

以下では，租税競争均衡において $1 < KF_{KB}$ が成立すると矛盾が生ずることを示す。この条件は，(8.14) より $B < B^I$ を意味する。均衡において $B < B^I$ である限り，限界生産力逓減と (8.19) より，地方公共要素の限界生産力は 1 を超えなければならない。ところが，(8.11) の下で，(8.7) 及び (8.8) は $1 < KF_{KB}$ と $F_B > 1$ が両立し得ないことを意味するので，矛盾が生ずる。したがって，均衡では $1 > KF_{KB}$ が成立する。

命題 8.2～8.4 を通じて，ZM モデルにおける非効率性の条件を紹介してきた。これらの条件を具体的な生産関数に適用してみよう。Cobb-Douglas 型生産関数 $F = L^\alpha K^\beta B^\gamma$ については，$F_{KBB} < 0$ 及び $F_{KKB} < 0$ の両条件を満たすので，命

題 8.4 から過少供給が発生する。$F_B=1$ と $1=KF_{KB}$ を解いて B^F と B^I を比較することで、命題 8.3 に基づいて過少供給が発生することも確認できる。しかしながら、CES 型関数 $F=(A_L L^\rho + A_K K^\rho + A_B B^\rho)^{1/\rho}$ については、命題 8.2 に基づけば過剰供給の可能性を否定できない[17]。CES 型関数については F_{KBB} 及び F_{KKB} の符号は一般に曖昧であり、(8.18) の条件も満たさないので、命題 8.3 及び 8.4 は適用できない。Dhillon, Wooders and Zissimos (2007, Section 5) が指摘するように、非同次生産関数の場合にも過剰供給の可能性は否定できない。彼らが例示する非同次関数 (DWZ 生産関数と呼ばれる) は、$F = \tilde{K}/2 + (K-\tilde{K})^{1/2} B^{1/2}$ (ただし $\tilde{K} > K$ の場合は $F = K/2$) である。$\tilde{K}$ は関数の変曲点に対応する。DWZ 関数の下では、対称均衡で $F_B=1$ と $1=KF_{KB}$ を解いて命題 8.3 を適用すると、$K/2 > (<) \tilde{K}$ が過少 (過剰) 供給の十分条件になることが分かる[18]。

本章を締めくくるに当たり、ZM モデルにおける生産関数の特定化に関して 1 つの警告的リマークを提示したい。Dhillon, Wooders and Zissimos (2007, Section 5) は、CES 型関数が ZM モデルの前提である (8.11) と不整合であるため、租税競争と公共要素の研究には使えないと論じている。これは初歩的かつ単純な間違いである。彼らの間違いは、生産要素として資本と公共要素の 2 つだけをモデル化しているために生じている。生産関数 $F(K, B)$ が K と B に関して 1 次同次ならば、地方政府の予算制約を踏まえて $F_{KK}K + F_{KB}B = F_{KK}K + F_{KB}TK = 0$ が成立するので、CES 型のみならず 1 次同次の生産関数全般が (8.11) と合致しなくなる。この理由から、彼らは先に提示した非同次生産関数を例示しているものと思われる。しかしながら、資本と地方公共要素に加えて、ZM のオリジナル・モデルは移動不可能要素の存在を明らかに前提としている[19]。この場合には、CES 型を含む 1 次同次生産関数は (8.11) と整合的である。したがって、Dhillon, Wooders and Zissimos (2007) の 1 次同次生産関数に関する議論は、"全く的外れ"なものと言わざるを得ない。

17　CES 型関数に関する Noiset (1995, Footnote 4) の議論を参照。
18　DWZ 関数については、連続的微分可能性を満たさず、このため (8.20) の最後の等号が保証できないので、命題 8.4 を適用することはできない。
19　例えば、Cobb-Douglas 型関数 $F = L^\alpha K^\beta B^\gamma$ を想定し、かつ L の量が一定である場合、$L=1$ と基準化することは当然可能である。ただし、この場合には、ZM モデルは $\beta + \gamma < 1$ を前提としていることに注意しなければならない。

第9章

公共要素の分類

❖ はじめに

　第8章では，ZMモデルにおいて地方公共要素の過少供給が発生する条件を考察した。生産関連の公共サービスであるという特徴から，租税競争の非効率性を考える際には生産関数の性質が決定的な役割を果たす。本稿では，生産関数の1次同次性と共同消費性の程度に基づいて，公共要素を3つのタイプ（要素貢献型・企業貢献型・不払い費用型）に分類する。そして，第10～12章を通じて，それぞれのタイプについて租税競争が供給量に与える影響を検討する。この分類方法は，Henderson（1974），McMillan（1979），Hillman（1978）やFeehan（1989）などを始めとする公共要素の理論的研究を通じて確立されてきたものである。この分類方法を活用することで，命題8.2～8.4とは異なる角度から一般的な過少供給の条件を導出することができる。また，租税競争の効率性に関するOates and Schwab（1991）の議論（第7章1節参照）とZM系列の諸研究と相違を明確にすることができる。

　本章の目的は，次章以降の分析に備えて，3タイプの公共要素の定義と基本的特徴を整理することである。これらの公共要素を巡って展開されてきた主な議論を紹介しつつ，次章以降の理論分析に直接関わるいくつかの追加的コメントを提示しておく。

9-1. 要素貢献型・企業貢献型・不払い費用型

要素貢献型公共要素（factor-augmenting public inputs）

　このタイプの公共要素は，Meade（1952）の環境外部性（atmosphere externality）と同等な効果を生み出すものであり，"環境創設型"とも呼ばれる公共サービスである[1]。生産関数の独立変数としてモデル化される公共要素は，一般に民間生産部門の生産性を高めるものと期待される。要素貢献型の特徴は，その生産効果がすべて民間生産要素の価値に還元されるところにある。

定義1 生産関数が民間要素のみについて1次同次である場合，公共要素は要素貢献型である。

生産関数を $F(L, K, B)$ とし，B を公共要素，そして L と K を民間要素とすると

$$F = F_L L + F_K K \tag{9.1}$$

$$F_B = F_{LB} L + F_{KB} K \tag{9.2}$$

が成立する。(9.2) はまさに要素貢献型という名称を体現する条件であり，公共要素の限界生産力が民間要素の限界生産力の上昇に完全吸収されることを意味する。この意味において，経済学で通常想定される生産要素とは異なり，要素貢献型の公共要素は生産活動に影響を及ぼす様々な経済的・社会的環境一般を包含したものと言える。生産関数は全要素について収穫逓増となるが，民間企業が B を与件として利潤最大化を行う限り，競争市場均衡における利潤はゼロである。したがって，経済学理論でしばしば想定される収穫不変の状態に類似した状況になる。

企業貢献型公共要素（firm-augmenting public inputs）

このタイプの公共要素は，要素生産性に影響を与えつつも，企業に一種のレントを生み出すことを想定するものである。

定義2 生産関数が公共要素を含む全要素について1次同次である場合，公共要素は企業貢献型である。

---

[1] 岩本・大内・竹下・別所（1996, p.56）を参照。

同質的企業が M だけ存在する場合, 個別企業の生産関数を $F(L/M, K/M, B)$ とすると, 定義 2 から総生産量は

$$F(L, K, MB) \tag{9.3}$$

で与えられる。そして, $F_b \equiv \partial F/\partial(MB)$ とすると

$$F = F_L L + F_K K + F_b MB \tag{9.4}$$

$$F_{iL} L + F_{iK} K + F_{ib} MB = 0 \tag{9.5}$$

が成立する ($i = L, K, b$)。MBF_b は公共要素が生み出すレント総額である。企業貢献型という名称を体現するように, このレントは市場経済の枠組みにおいては企業利潤として還元される。

企業貢献型の特徴は, 共同消費性と生産関数の 1 次同次性のために, 企業数が総生産量に直接影響することである。公共要素の実質的供給は MB に等しいので, 民間要素量を与件として, 公共要素量の減少を企業数の増加で補うことができる。つまり, 生産要素量 L, K, B を与件として, 企業数の増加は公共要素の実質的供給を増加させて総生産水準を上昇させる。このことは, 企業を限りなく小さく分割して数を増やすだけで, 総生産量が増加することを意味する。公共要素供給に伴う企業利潤の存在は, 市場への参入を促すであろう。企業数を与件としない場合, 効率的配分状態及び競争均衡の性質を検討する際には, 何らかの方法で企業数を有限に留めるメカニズムを理論モデルに組み込んでおく必要がある。

不払い費用型公共要素 (unpaid factors)

このタイプの要素は, 共同消費性を持たないという意味において, 実質的に民間要素と同じ性質を持つ。経済的・技術的・政治的理由から "公的に供給される生産要素" である[2,3]。

---

2 Meade (1952) は "unpaid factors" に言及しているが, 彼のコンセプトは産業間の技術的外部性に基づく。租税競争文献を含む地方財政理論一般においては, このタイプの公共要素は単に公的に供給される民間要素として捉えられることが多い。

3 不払い費用型に関連する公共要素として, Negishi (1973) や Tawada (1980) が検討した "準公共要素 (semi-public inputs)" がある。準公共要素は, 基本的に複数の民間生産部門の存在を前提とするものである。その定義は "同じ部門内で共同消費性は存在しないが, 異なる部門間で共同消費性が働く" という複雑なものである。その例として, Feehan (1989) は, 異なるシーズン・時間帯に異なる産業にサービスを供する道路を挙げている。本稿第 II 部のように 1 生産部門を想

定義3 生産関数が公共要素を含む全要素について1次同次であり，かつ使用に関する共同消費性が存在しない場合，公共要素は不払い費用型である．

全要素に関する1次同次性から，このタイプの要素はレントを生み出す．しかしながら，共同消費性が存在しないので，総生産量は企業数に依存しない．各企業の生産関数を $F(L/M, K/M, B/M)$ とすると，総生産量は $F(L, K, B)$ で与えられる：

$$F = F_L L + F_K K + F_B B \tag{9.6}$$
$$F_{iL} L + F_{iK} K + F_{iB} B = 0 \tag{9.7}$$

民間要素と類似する不払い費用型については，要素貢献型・企業貢献型とは異なり，特定の区域・産業・企業への選択的供給が可能である．このため，理論的分析を行う際には，具体的な供給対象と供給方法を特定しなければならない．公共要素のレントの帰着・分配先は，これらのメカニズムに依存して決定されるであろう．

9-2. 公共要素を巡る諸議論

以上の公共要素の3タイプについては，"いずれのタイプが現実の公共要素に適合しているか？"という問題に関心が寄せられるであろう．この問題にアプローチするには実証分析に頼るしかないが[4]，多様な公共サービスが多様な

定した議論を行う場合には，不払い費用型と準公共要素に本質的違いはない．なお，Negishi (1973) は準公共要素を "unpaid factors" と呼んでいるが，Tawada (1980) 以降の関連諸研究では，異なる部門間の共同消費性を伴うケースについては，"semi-public inputs" という呼称が定着しているようである．

[4] Mera (1973a) や Aschauer (1989) 以来，公共要素を含む生産関数の実証研究が多数輩出されているが，推定される関数系の違いにより異なるタイプの公共要素が扱われている．例えば，Haughwout (2002) は要素貢献型を前提とした推定を行う一方で，Mera (1973a)，Aschauer (1989)，Merriman (1991) や Lynde and Richmond (1993) は不払い費用型に関する実証分析を行っている．岩本・大内・竹下・別所 (1996) は，要素貢献型と不払い費用型の両方について生産関数の推計を試みている．Garcia-Milà and McGuire (1992) 及び Otto and Voss (1994) の推定結果は，公共要素を含む全要素について収穫逓増が成立している可能性を強く示唆している．他方，Costa, Ellson and Martin (1987) や Seitz (1994) は，同次関数が地域の生産関数として当てはまらない可能性を指摘している．なお，企業数を考慮しなければならないという問題のためか，企業貢献型に関する生産関数の実証研究は行われていないようである．

経済的・社会的環境の下で供給されている現実を踏まえると，特定のタイプに理論分析を限定する確固たる根拠もないように思われる。Feehan (1989) や彼の研究をインスパイアーしたHillman (1978) 及びMcMillan (1979) は，企業貢献型との対比において，"要素貢献型が理論的かつ現実的にもっともらしい" と論じている。しかしながら，彼らの議論は明確な実証的根拠に基づいている訳ではない[5]。地方財政の文脈では，集積経済の重要性や公共サービスの混雑性が強く主張されるので，企業貢献型や不払い費用型にも現実的重要性を見出すことができるものと思われる。したがって，租税競争下の公共支出水準の非効率性を理論的に考察するに当たり，生産関数の独立変数としての公共要素を分析する際しては，要素貢献型・企業貢献型・不払い費用型の3タイプすべてを取り扱うことにする[6]。

　理論的観点からは，1次同次生産関数に分析を限定する必然性は存在しない。第8章で言及したDhillon, Wooders and Zissimos (2007) のように，実証的にも理論的にも，非同次関数を含む様々な関数系を検討する余地はあるだろう。この意味において，本稿の分析は一般性に欠けるかもしれないが，理論的に馴染みの深い1次同次生産関数の前提は"ベンチマーク・ケース"として有用であると思われる。以下では，各タイプの公共要素に関して補足的コメントを提示しておきたい。

要素貢献型 vs. 企業貢献型

　まずは，純粋公共要素である要素貢献型と企業貢献型を理論的に比較しておく。要素貢献型に関する"もっともらしい印象"についてであるが，その背景の1つとして，企業数に関する企業貢献型の特異な性質があるように思われる。

---

[5] Hillman (1978) とFeehan (1989) は，要素貢献型の例として教育・職業訓練，R&D活動やインフラ関係一般を挙げているが，企業貢献型に対応すると思われる事例は稀有であると指摘している（セキュリティー関係など）。しかしながら，この主張を裏づける理論的・実証的分析を何ら提示していない。彼らと同様に"直観的印象"の域を出ないものの，サービス・金融関係の産業の発展やIT化に伴う経済・社会構造の革命的変化を踏まえると，公共要素の基礎研究における例示を見直す余地があると思われる。

[6] 本稿では，第10～12章の公共支出水準の分析を通じて3タイプを網羅している。公共支出構成については，第13章では要素貢献型・企業貢献型を，そして第14章では要素貢献型に準ずるタイプの要素特殊的公共要素を分析している。

前節で指摘したように，企業貢献型を考える際には，企業数を有限に抑えるメカニズムを理論モデルに組み込む必要がある。Sandmo (1972) や Pestieau (1978) のように企業数を与件とする対処法もあるが，企業利潤（公共要素のレント）の存在を踏まえると，"なぜ市場参入が起きないのか？"という疑問が生ずるだろう。市場への自由参入が認められると，レントが正である限り参入が続くので，公共要素の限界生産力がゼロである状態を"均衡状態"として捉えるしかない。任意有限の要素量の下で限界生産力が正であれば，"限界生産力ゼロ"は企業の無限分割を意味することになってしまい，そもそも均衡が存在しないことになる[7]。

この問題に対処するために，Henderson (1974)，Hillman (1978) 及び Feehan (1989) は，企業設立に関する"最低投入量制約"を導入している。個々の企業が生産活動を行うためには，特定の要素を一定量以上確保する必要がある。この制約は，活動運営の主体となる基幹的な労働力や，生産の根幹となる設備などに当てはまるかもしれない。生産組織としての存続に必要なこれらの資源が有限である限り，企業の無限分割は防止されるであろう。ただし，企業分割を通じて総生産量を増加できるという基本構図は変わらないので，制約が許容する最大企業数が効率的企業数となる。市場メカニズムの下でも，公共要素レントの獲得を目指した参入が起きる結果として，制約が許す最大数の企業が設立されるであろう[8]。

最低投入量制約の下では，その対象であり企業数を決定づける要素の価値は限界生産力を上回る。当該要素の限界的増加は，最低投入量制約を緩和して企業数の増加を促すことで，公共要素の実質的供給量（MB）を増やすからである。この副次的生産効果が当該要素の価値に含まれる。このような要素価値と限界

---

[7] Colombier (2008) は，自由参入の結果として公共要素の限界生産力がゼロになることを前提とした理論分析を展開している。しかしながら，有限の生産要素量で限界生産力がゼロになるケースは特殊な生産関数にしか当てはまらないので，一般的な分析とは言い難い。なお，Colombier (2008) の議論は度々 Henderson (1974) を引用しているが，Henderson (1974) の企業貢献型に関する議論は本文において論ずる最低投入量制約を中心とするものである。最低投入量制約に一切言及しない Colombier (2008) の分析は，Henderson (1974) の理論的拡張とは言い難い側面を持つ。

[8] すなわち，均衡企業数は，民間生産部門で利用可能な要素量を最低必要投入量で割った値になる。

生産力との乖離のために，一般的な経済理論で想定されるような生産効率性の条件が通用しなくなる。Henderson (1974), Hillman (1978) 及び Feehan (1989) によれば，この問題は複数生産部門を導入した一般均衡モデルにおいて顕在化する。公共要素の供給に関する貝塚ルール（第8章脚注6を参照）は，資源配分効率性の条件として適用できなくなる。また，生産部門間の技術的限界代替率の均等化も，生産効率性条件として通用しない[9]。

企業貢献型とは対照的に，要素貢献型の公共要素を含む理論モデルでは，民間要素の価値は限界生産力に等しい。したがって，貝塚ルールと技術的限界代替率の均等化が生産効率性条件として当てはまる。この比較を踏まえると，一般均衡理論で広く受け入れられているゼロ利潤条件と生産効率性条件をストレートに適用できる要素貢献型の方が，"理論的にもっともらしい印象"を与えるものと思われる[10]。次章以降の本稿の分析では，ZMに基づいて1生産部門モデルを活用するので，最低投入量制約を導入しても生産効率性条件の複雑化は起こらない。企業貢献型にも貝塚ルールを適用できる。それでもなお，最低投入量制約によって企業数を決定するというアプローチは，市場参入・ゼロ利潤条件を通じて企業数を決定する一般的な経済理論とは相容れない不自然なものと言わざるを得ない。

他方で，地域経済の視点から考えた場合，企業数の重要性は集積経済を想起

---

[9] 本文における最低投入量制約に関する議論については，本章末尾の補論において定式化された分析を示して補足的説明を行う。なお，企業数が外生的である場合，Sandmo (1972) が示しているように，貝塚ルールと技術的限界代替率均等化は生産効率性の条件として有効である。しかしながら，先に指摘したように，この場合には正の企業利潤と固定的企業数との論理的整合性が問われることになろう。

[10] 公共要素供給に対応する効率的応益負担税や，非効率な税で調達される場合のセカンド・ベスト供給ルールなどの理論研究についても，要素貢献型に関するものが比較的多いように思われる。例として，Manning, Markusen and McMillan (1985), Feehan (1992, 1998), Chang (1995), Matsumoto (1995, 2001), Feehan and Matsumoto (2000, 2002), Lorz (2001) や Martinez and Sanchez (2010) などが挙げられる。Sanchez and Martinez (2011) は，要素貢献型・企業貢献型の両者について，効率的配分状態と非効率な労働課税に伴うセカンド・ベスト均衡との比較を試みている。しかしながら，彼らの企業貢献型の分析は，Sandmo (1972) 及び Pestieau (1978) と同様に企業数の外生性を前提している。この他にも，全要素について収穫逓増であるという特性から，要素貢献型については，その存在を前提とした場合の生産可能性曲線の形状に関心が寄せられてきた。関連研究として，Altenburg (1987), Tawada and Abe (1984), Abe, Okamoto and Tawada (1986) や Ishizawa (1991) などが挙げられる。また，Abe (1990) は，要素貢献型公共要素の供給が国際貿易パターンに与える影響を分析している。

させるものがあり，企業貢献型を理論的に分析する価値はあるものと思われる。また，最低投入量制約に依存せずに企業数を決定するアプローチも考えられる。Richter（1994）の多地域モデルに基づく企業貢献型公共要素の研究では，市場参入に伴うサンク・コストを導入した分析と，地域間企業移動を導入した分析が展開されている。経済全体の企業総数が外生的であるとしても，企業移動を導入することで，地域間の利潤均等化を通じて各地域の企業数は内生化される。サンク・コストを導入すれば，要素配分と企業数との直接的関係が断ち切られ，生産要素の価値はその限界生産力に等しくなる。そして，ゼロ利潤条件を通じて，地域企業数は地方公共要素のレントとサンク・コストが均等化するように決定される。いずれのケースにおいても，地域企業数を定めるために最低投入量制約を置く必要はなく，公共要素の限界生産力がゼロになる必要もない[11]。本稿で企業貢献型の公共要素を検討する際には，Richter（1994）のアプローチを採用する。

不払い費用型について

　前節でも指摘したように，共同消費性が存在しない不払い費用型要素については，そのレントの帰着先は供給メカニズムに依存する。不払い費用型の先駆的研究であるNegishi（1973）とHenderson（1974）は，このタイプの生産要素を"対価を伴わないフリー・アクセスの生産資源"と捉えた上で，レント帰着に関する興味深い議論を展開している。公共部門が供給量を最終的に決定するものの，その配分は市場経済に委ねられるものとしよう。公共要素の配分を巡って生産者間で競争が展開される結果として，レントは民間要素の価値に反映されるだろう。追加的に公共要素を投入すると，民間要素の生産性が高まり利潤最大化投入量が拡大する。この生産拡大のプロセスにおいて，対価を求められない公共要素のレントは対価を求められる民間要素の価値に還元されて，均衡ではゼロ利潤条件が成立することになる。このため，民間要素の市場価格は限界生産力を上回る。

11　複数生産部門の理論モデルについても，企業設立のサンク・コストを導入すると，貝塚ルールと技術的限界代替率の部門間均等化が生産効率性の条件として有効になる。したがって，企業数を内生化しつつ，要素貢献型とパラレルな分析が可能になる。

以上の議論については，"複数の民間要素が存在する場合には，各要素にどのようにレントが分配されるのか？"という疑問が生じよう。Negishi（1973）及びHenderson（1974）は，フリー・アクセスに伴うレントの帰着先を"資本"としている。他の民間要素については限界生産力に等しい市場価格がつけられるのに対して，資本価値は限界生産力と公共要素のレントの合計額に等しい[12]。しかしながら，Negishi（1973）及びHenderson（1974）は資本にレントが帰属する理論的根拠を明確にしていない。他方，Feehan and Batina（2007）によれば，不払い費用型要素が供給される競争経済では，一般にすべての民間要素について市場価格と限界生産力の乖離が生ずると考えて良い。その理由は，フリー・アクセスの公共要素を得た際に，競争企業は費用最小化の民間要素比率を維持しつつ要素投入の拡大を行うからである。結果として，各要素に対してその所得シェアに等しいレントの帰属が行われる一方で，要素価格比率と技術的限界代替率の均等化が維持される[13]。

不払い費用型については，そのレントの帰着に関係なく，資源配分効率性の条件として貝塚ルールが有効であることに注意しなければならない。要素価値と限界生産力の乖離は一定量の公共要素の配分に起因するものであって，供給量そのものの決定とは全く別次元の問題である。生産効率性条件について，企業貢献型に関する最低投入量制約のような複雑な問題は生じない[14]。

共同消費性が存在しないためか，Henderson（1974），Hillman（1978），McMillan（1979）やFeehan（1989）などの公共要素の基礎研究においては，不

---

[12] 例えば，生産関数 $F(L, K, B)$ について，レントが要素 K の価値に反映されるケースを考えよう。要素 L の価格が限界生産力で与えられる一方で，ゼロ利潤条件（9.6）が成立するように，K の均衡価格は $F_K + (BF_B/K)$ へと調整される。

[13] a を各要素へのレント分配比率とすると，個別要素の価値は $F_K + a(BF_B/K)$ と $F_L + (1-a)(BF_B/L)$ で与えられる。個別企業は費用最小化の要素比率を維持するために
$$\frac{F_K + a(BF_B/K)}{F_L + (1-a)(BF_B/L)} = \frac{F_K}{F_L}$$
を満たすように a の値を決定する。結果として，$a = F_K K/(F_L L + F_K K)$ を得る。これが Feehan and Batina（2007）のエッセンスである。

[14] 先に論じたように，企業貢献型に関する最低投入量制約は，"要素配分→企業数→公共要素の実質的供給"の経路を経て要素価値と限界生産力の乖離を生み出すことで，生産効率性条件に影響を与える。不払い費用型要素については，企業数を介した資源配分への影響は存在しない。このタイプの要素については，複数生産部門を導入しても，貝塚ルールと技術的限界代替率の均等化が生産効率性条件として有効である。

払い費用型は要素貢献型・企業貢献型に比べてあまり重視されていないように思われる。しかしながら，地方公共サービスについては混雑効果が強いケースも珍しくないので，不払い費用型が地方公共要素として"もっともらしくない"ということにはならない[15]。特に，第7章1節で言及したOates and Schwab (1991) が，不払い費用型の理論研究であるという事実は注目に値する。彼らの議論の重要な特徴は，フリー・アクセスではなく，資本投資に直接リンクした公共要素の供給メカニズムを想定しているという点にある。資本誘致のために，不払い費用型要素の配分を政策的にコントロールするのである。この想定は，地域振興策として投資や雇用に条件づけられたインフラや職業訓練などの公共支出が行われているという現実に合致している[16]。本稿では，不払い費用型要素の供給メカニズムの相違に着目して，ZM系列の研究とOates and Schwab (1991) との比較検討を行う。

補論　企業貢献型と生産効率性について

ここでは，本章2節で言及した企業貢献型に関する生産効率性条件と最低投入量制約との関係について，公共生産部門を導入した簡単な理論モデルに基づいて補足的説明を行う。民間部門の総生産関数を (9.3) とし，公共部門の生産関数を $B=f(L^B, K^B)$ とする[17]。$\overline{L}$ と $\overline{K}$ を要素総量とする。K が最低投入量制約の対象である場合，生産効率性条件は以下のラグランジェアンを解いて得られる：

$$F(L, K, Mf(L^B, K^B)) + \lambda[\overline{K} - K - K^B] + \mu[\overline{L} - L - L^B] + \varsigma[K - Mk^*] \tag{A9.1}$$

k^* は K に関する最低投入量である。(A9.1) を解くと，以下の効率性条件が導

15　本章脚注4でも言及したように，不払い費用型は実証研究で取り上げられている。なお，地方公共サービスの混雑性に関する実証研究については，Reiter and Weichenrieder (1997) のサーベイを参照せよ。わが国における研究としては，林 (2002) 及び Hayashi (2002) などがある。

16　このような選択的支出政策は，共同消費性を持つ要素貢献型・企業貢献型には馴染まない。なお，資本・企業誘致に関わる選択的な地域経済政策の実態については，Fisher and Peters (1998) や Bartik (2004) を参照してもらいたい。

17　複数の民間生産部門を含むより一般的なケースについては，Feehan (1989) を参照せよ。

出される：

$$\frac{F_K+(BF_b/k^*)}{F_L} = \frac{f_{K^B}}{f_{L^B}} \tag{A9.2}$$

$$MF_b = \frac{F_K+(BF_b/k^*)}{f_{K^B}} \tag{A9.3}$$

また，$\varsigma=BF_b/k^*>0$ を得るので最適企業数は K/k^* に等しい。

（A9.2）と（A9.3）は，それぞれ部門間の要素配分効率性と公共要素の供給効率性の条件である。$F_K+(BF_b/k^*)$ は K の価値を示す。K の増加は，設立可能な企業数を増加させることで，公共要素の実質的供給を増加させる。この生産効果 BF_b/k^* が K の価値に加わる。このため，K の価値は限界生産力を上回る[18]。

要素価値と限界生産力の乖離のために，（A9.2）が示すように，技術的限界代替率の均等化は生産効率性の条件に該当しなくなる。また，公共要素の最適供給ルールにも影響が出る。（A9.3）の右辺は，公共要素供給の限界費用を示す。貝塚ルールで想定される限界費用は F_K/f_{K^B} である。F_K/f_{K^B} は，民間部門から公共部門へと K の限界的シフトを行った場合に発生する民間生産の減少量に等しい。最低投入量制約の下では，民間部門で利用可能な要素量の減少が企業数に影響するので，$BF_b/(k^*f_{K^B})$ が新たに限界費用に加わる。

ついでながら，$M=1$ として最低投入量制約を無視すれば，（A9.1）は要素貢献型と不払い費用型の生産効率性条件の導出に転用可能である。この場合，生産効率性条件は（A9.2）と（A9.3）から BF_b/k^* を除いたものになる。結果として，資源配分の効率性のために，技術的限界代替率の均等化と貝塚ルールが要求されることになる。

18　K の獲得は企業設立の権利（公共要素レント享受の権利）を獲得するに等しい。このため，市場メカニズムの下でも，K の価値は $F_K+(BF_b/k^*)$ に等しくなるであろう。この結果，(9.4) より，均衡ではゼロ利潤が成立する。すなわち，企業数自体は最低投入量制約を通じて決まる一方で，このように決定された企業数の下で，利潤がゼロになるように制約対象の要素価格が調整される。

第10章

租税競争と要素貢献型・企業貢献型公共要素

❖ はじめに

　本章では，地方公共要素が要素貢献型あるいは企業貢献型であるケースについて，租税競争に伴う公共支出水準の非効率性を検討する。要素貢献型については，ZMとは異なる形式の供給ルールを活用することによって，ZM安定条件に一切依存することなく均衡供給量の過少性を示すことができる。命題8.1に示されているように，ZMモデルにおける均衡の規範的性質は，地方公共要素の資本税調達に伴う地域資本量の変化に依存する。ZMはこの変化を理論モデルの比較静学を通じて考察している。さらに，地方政府による最適化行動の条件を加味して"均衡近傍での比較静学"とすることで，支出非効率性に関する明快な結論を得ることができる。

　企業貢献型については，第9章で指摘したように，地方公共要素のレントと共同消費性のために企業数を明示的に考慮しなければならない。均衡の規範的性質は，地域企業数が内生的か否かに依存して全く異なるものになる。各地域の企業数が一定与件である場合には，企業貢献型要素について過剰供給の可能性を排除できない。しかしながら，各地域の企業数を内生化した場合には，このタイプの公共要素についても過少供給が発生する。本章では，地域企業数を内生化するために，企業設立のサンク・コストあるいは地域間企業移動をZMモデルに導入する。

　以上の議論は，租税競争の非効率性に関する興味深い洞察を与える。地域間資本移動に加えて地域企業数の内生性を考慮すれば，生産関数の1次同次性の下で，租税競争文献における基本命題である"過少課税・公共支出"が，資本税調達による純粋地方公共要素の供給にも当てはまる[1]。

10-1. 要素貢献型：代替的供給ルールに基づく分析

理論モデルと供給ルール

　要素貢献型の地方公共要素については，第8章において定式化したZMモデルをそのまま適用することができる。そのエッセンスは，1生産部門・3生産要素からなる同質小地域モデルであった。詳細な説明については，第8章1節を参照してもらいたい。理論モデルは，競争企業の利潤最大化条件（8.1）と地方政府予算制約（8.4）から構成される。この体系に，第9章1節で言及した要素貢献型の条件である（9.1）及び（9.2）が付加される[2]。地方政府の最適化問題は，第8章2節で定式化されたものと同じである。利潤最大化条件と予算制約の下で，資本純収益率を与件として，各地方政府は地域厚生である（8.3）を最大化するようにTとBを選択する。議論の便宜上，以下にZMの公共要素供給ルールを再掲しておく（8.7式と8.8式に対応）：

$$F_B = \frac{K}{B'(T)} = \frac{1}{1+(T/K)K'(T)} ; \quad K'(T) = \frac{1-KF_{KB}}{F_{KK}+TF_{KB}} \quad (10.1)$$

　これらの式に含まれる$B'(T)$と$K'(T)$が，利潤最大化条件と地方政府予算制約の比較静学から導出されていることに再び留意してもらいたい。特に$K'(T)$は，個別地域が資本税調達で地方公共要素を増加した場合に生ずる地域資本の変化量であり，地域間財政外部性を示すタームである。

　本節では，（10.1）を変形して得られる別形式の供給ルールに基づいて議論を進める。$K'(T)$のフォーミュラをZM供給ルールに代入すると，次の式を得

1　第7章4節で述べたように，本稿において導出される過少供給の十分条件は1次同次性と要素間補完性である。ただし，ZMモデルでは要素補完性が前提とされており（第8章脚注2の前提iiを参照），本稿でも生産関数について"正の2次交叉偏導係数"を一貫して前提とする。したがって，本章以降に登場する各命題においては，要素補完性に関する条件には一々言及しない。ただし，第14章で扱う要素特殊型公共要素については，要素補完性に関する"多少複雑な考察"が要求される。

2　各変数・パラメーターの定義とモデルを構成する式体系を，以下に再掲しておく：
$F(L,K,B)$＝各地域の生産関数（偏導関数は下付文字で表記）；L＝移動不可能要素；K＝移動可能資本；B＝地方公共要素；r＝資本純収益率；T＝資本税率；$\overline{K}$＝各地域の資本賦存；利潤最大化条件 $F_K(L,K,B)=r+T$；地方政府予算制約 $TK=B$；住民厚生 $F(L,K,B)-(r+T)K+r\overline{K}$；
　　要素貢献型　$F=F_L L+F_K K$；　$F_B = F_{LB}L + F_{KB}K$

る：

$$F_B = \frac{1+T(F_{KB}/F_{KK})}{1+T/(F_{KK}K)} \tag{10.2}$$

(10.2) より，$1>(<)KF_{KB} \Leftrightarrow F_B>(<)1$ が成立する。このルールに依拠すると，第 8 章 2，3 節で言及した ZM 安定条件を巡る論争に帰着することになる。(10.1) の両辺に $1+T/(F_{KK}K)$ を掛けて，以下の式を得る。

$$F_B\left(1+\frac{T}{F_{KK}K}\right) = 1+T\frac{F_{KB}}{F_{KK}} \tag{10.3}$$

T を含む項を右辺に集約して整理すると，代替的な供給ルールが導かれる[3]：

$$F_B - 1 = -\frac{T(F_B - F_{KB}K)}{F_{KK}K} \tag{10.4}$$

要素貢献型の条件から $F_B - F_{KB}K = F_{LB}L$ であるから，限界生産力逓減と要素間の補完性を踏まえると，(10.4) の右辺が正であることが分かる。すなわち，このタイプの地方公共要素については，ZM 安定条件に依存することなく，"限界生産力＞限界費用"が成立することを証明できる。ZM モデルの対称均衡では，限界生産力が限界費用を上回るならば，地方公共要素の供給量は効率的配分状態を下回る[4]。したがって，以下の結論を得る：

命題 10.1
租税競争は要素貢献型公共要素の過少供給を引き起こす。

財政外部性と租税競争均衡

　ZM の供給ルールを (10.4) に変形しただけで，命題 10.1 のような結論が導かれることに驚きを感じるかもしれない。両供給ルールの間には，財政外部性の捉え方に関して大きな違いがあることに注意しなければならない。(10.1)

---

3 (10.4) は，Rauscher (2000, Equation 14') の公共要素供給ルールと同じものである。しかしながら，彼は要素貢献型公共要素について一切言及していない。また，彼の主な分析対象はリバイアサン政府の行動なので（第 5 章 2 節を参照），地方公共要素の供給ルールと財政外部性との関連にも着目していない。なお，本章の土台である Matsumoto (1998) は，本節とは異なる方法で命題 10.1 を導き出している。そこでのフォーマルな展開は多少煩雑なので，ここでは Rauscher (2000) の供給ルールに基づく簡便なアプローチを提示する。

4 (8.9) に関する議論を参照。

について，ZM の供給ルールで財政外部性を反映する $K'(T)$ のフォーミュラは，利潤最大化条件と政府予算制約の2本の式（8.1式と8.4式）を微分して得られる比較静学の結果に過ぎない。これに対して，(10.4) の供給ルールは，比較静学の結果を租税競争均衡で評価したものである。均衡の規範的性質を検討する際には，均衡における $K'(T)$ の符号が分かれば十分である。均衡以外の任意配分の下での比較静学の結果について，符号を確定する必要はない。

(10.4) の供給ルールと財政外部性との関係を確認するために，(10.4) が成立する均衡では次の関係が成立することに注目する：

$$1 - KF_{KB} = 1 - F_B + F_B - KF_{KB} = \left(\frac{T}{KF_{KK}} + 1\right)(F_B - KF_{KB})$$

$$= \frac{KF_{KK} + T}{KF_{KK}}(F_B - KF_{KB}) \tag{10.5}$$

(10.5) を (10.1) の $K'(T)$ に代入すると，以下の式が導出される：

$$K'(T)^* = \frac{KF_{KK} + T}{F_{KK} + TF_{KB}} \frac{F_B - KF_{KB}}{KF_{KK}} \tag{10.6}$$

$K'(T)^*$ は $K'(T)$ に均衡条件を加味して得られるフォーミュラであり，"均衡を起点"として比較静学を行った場合の地域資本量の変化を示す。さらに，均衡条件である (10.2) を (10.6) の右辺に適用すると，

$$K'(T)^* = \frac{F_B - KF_{KB}}{F_B F_{KK}} \tag{10.7}$$

が成立する[5]。(10.4) と (10.7) より，$F_B > (<)1$ である必要十分条件は $K'(T)^* < (>) 0$ であることが分かる。要素貢献型については $K'(T)^* < 0$ が成立するので，租税競争均衡の近傍において，資本税調達による地方公共要素の供給増は正の外部性を生み出す。

均衡を起点とした資本増税による B の増加量は，(10.1) より導出される：

$$B'(T)^* = K/F_B \tag{10.8}$$

均衡では $B'(T)^* = B'(T)$ が成立しなければならない[6]。(10.7) 及び (10.8) を

---

5 ここでは，後述の (10.8) を使用した (10.7) の導出方法を示しておく。(8.2) は T と B の変化がそれぞれ地域資本量に与える影響を示している。これらの式と (10.8) より，$K'(T)^* = \partial K/\partial T + (\partial K/\partial B)B'(T)^*$ が成立する。

6 (8.1) と (8.4) の比較静学より $B'(T) = (F_{KK}K + T)/(F_{KK} + TF_{KB})$ を得るが，(10.5) と同様

(10.4) に適用すると，財政外部性を直接反映した次の供給ルールを得る：

$$F_B - 1 = -T\frac{K'(T)^*}{B'(T)^*} \tag{10.9}$$

本節を締めくくるに当たり，(10.4) 及び (10.9) の導出自体には，要素貢献型の条件である (9.1) 及び (9.2) を一切適用していないことに注意してもらいたい。特に (10.4) は，要素貢献型の分析のために都合良く変形されたものに過ぎない。(10.4) 及び (10.9) は，要素貢献型に限らず，ZM モデルの均衡条件として幅広く適用可能な地方公共要素の供給ルールである[7]。

10-2.　企業貢献型：地域企業数を内生化した分析

市場への自由参入を考慮した租税競争モデル

　第9章1節で定義されたように，企業貢献型公共要素の場合には，各地域の生産関数が $F(L, K, MB)$ となる（9.3式を参照）。したがって，理論モデルを特徴づける重要な変数として企業数 M が登場する。しかしながら，ZM モデルでは地域企業数の内生性が一切考慮されていないので，彼らの分析を企業貢献型に適用する際には，"地域企業数は与件（例えば，$M=1$ に基準化）"と解釈するしかない。この場合，前節で言及した (10.1)，(10.2) あるいは (10.4) の供給ルールに基づいて，租税競争均衡の非効率性を検討することになる。しかしながら，これらの供給ルールからは，均衡において企業貢献型公共要素の供給が過少であるとは判定できない。すなわち，地域企業数が外生的である場合，過剰供給の可能性は否定できない[8]。

　　のプロセスに基づいて $B'(T)^* = B'(T)$ を確認することができる。

7　地域企業数が一定あるいは要素貢献型のように重要な変数ではないケース，かつ企業の利潤最大化の結果として資本の限界生産力と粗収益率が均等化するケース（例外として，第12章で扱う Oates and Schwab 1991 のモデルがある）について，(10.4) 及び (10.9) は供給ルールとして有効である。ただし，租税競争以外の非効率性要因を導入する場合には，その要因を反映したセカンド・ベストのタームが供給ルールに加わるであろう。

8　(9.4) 及び (9.5) を供給ルールに適用しても，地方公共要素の限界生産力が限界費用を上回るか否かについて明確な結論は得られない。ただし，第8章3節で言及したように，Cobb-Douglas 関数のケース（$F = L^\alpha K^\beta B^\gamma$）では，生産関数が全要素について1次同次であっても過少供給が発生する。しかも，(10.4) の供給ルールから，CES 型関数（$F(L, K, B) = (A_L L^\rho + A_K K^\rho + A_B B^\rho)^{1/\rho}$）についても，要素代替の弾力性が1を超える場合には過少供給が発生することを確認

第 10 章　租税競争と要素貢献型・企業貢献型公共要素　125

　第9章2節で議論したように，このタイプの公共要素については企業利潤の存在が前提とされるので，地域企業数は内生的に決定されると考えるのが合理的である。内生化の方法としては，企業設立コストを導入して自由参入を想定するアプローチと，経済全体の企業数を与件としながらも地域間企業移動を導入するアプローチが考えられる。本節では，長期的視点に立って前者の自由参入のケースを主に扱う[9]。ただし，資本税調達に起因する公共支出水準の非効率性に関する限り，両ケースには本質的な違いはない。地域間企業移動のケースについては，本節末尾で簡潔に言及する。

　各地域においては，自由に企業が設立可能である。ただし，設立に際してサンク・コスト S を負担しなければならない。このコストは一定値のパラメーターとして扱われる。地域の生産関数について，$F_b(L,K,MB) \equiv \partial F(L,K,MB)/\partial(MB)$ と定義すると，第9章1節の議論から，地方公共要素が生み出す1企業当たりのレント（利潤）は BF_b に等しい。各地域において，このレントがサンク・コストに等しくなるまで市場参入が継続することになる。ZM の同質小地域モデルに自由参入条件を追加した式体系を，以下に一括して提示しておく[10]。

$$F_K(L,K,MB) = r+T \quad (10.10)$$

$$BF_b(L,K,MB) = S \quad (10.11)$$

$$TK = B \quad (10.12)$$

$$F(L,K,MB)-(r+T)K+r\overline{K}-SM \quad (10.13)$$

$$F = F_L L + F_K K + F_b MB ; \quad F_{iL}L + F_{iK}K + F_{ib}MB = 0 \quad (10.14)$$

(10.13) の地域厚生関数には，M 企業の設立に伴うサンク・コストが織り込まれている。(9.4) 及び (9.5) に対応する (10.14) は，全要素に関する生産関数の1次同次性を意味する。資本市場においてプライス・テイカーである各地域

9　地域間企業移動のケースは，経済全体で企業数を固定するという意味で短期的発想である。なお，企業設立に伴うサンク・コストは，企業貢献型公共要素に関する企業の無限分割の問題を排除する役割を果たす（第9章2節を参照）。
10　M と S を除く変数・パラメーターの定義は，本章脚注2のリストにあるものと同じである。本節では企業数を内生化するので，利潤最大化条件や地方政府予算制約を含む理論モデル全体を本文に提示する（これらの式は，それぞれ 10.10 式と 10.12 式に対応する）。

の地方政府は，(10.10)～(10.12)を制約条件として，(10.13)を最大化するように政策変数を選択する。rは経済全体の資本市場で決定される。

租税競争均衡の分析に入る前に，モデルの効率性条件を確認しておく。資本移動が行われず，地域資本量が$\overline{K}$で固定されている場合，一括固定税としての資本税収は$T\overline{K}$に等しくなり，Mは$BF_b(L,\overline{K},MB)=S$より$B$の関数$M(B)$として与えられる。以上の結果を地域厚生関数（10.13）に適用すると，効率的配分状態は

$$\text{Max}_B \ F(L,\overline{K},M(B)B)-B-SM(B) \tag{10.15}$$

の解になる。そして，1階条件と（10.11）より，次の効率的供給ルールを得る：

$$MF_b = 1 \tag{10.16}$$

すなわち，本節の理論モデルにおける効率性条件は，地方公共要素の限界便益（限界生産力の和）を限界費用に一致させることである[11]。

地方公共要素の供給ルール

(10.10) と (10.11) は，K及びMをTとBの関数として与える（$K(T,B)$及び$M(T,B)$と記す）。特に$K(T,B)$について，偏導関数は次の通りである[12]：

$$\partial K/\partial T = F_{bb}/\Omega < 0; \quad \partial K/\partial B = F_b F_{Kb}/(\Omega B) > 0;$$
$$\Omega \equiv F_{KK}F_{bb}-(F_{Kb})^2 > 0 \tag{10.17}$$

全要素について1次同次性を前提とするので，生産関数はKとBについて凹であり，Ωが正であることを前提として差し支えはない。限界生産力逓減と要素補完性は，資本増税による資本流出と公共要素増に伴う資本流入を意味する。$K(T,B)$及び$M(T,B)$を適用すると，地方政府の最適化問題は以下のように定式化される：

$$\text{Max}_{T,B} \ F(L,K(T,B),M(T,B)B)-(r+T)K(T,B)$$
$$-SM(T,B)+r\overline{K}+\lambda[TK(T,B)-B] \tag{10.18}$$

λはラグランジェ未定乗数である。

---

11 企業貢献型の効率的供給ルールについては，第9章2節及び同章補論を参照。
12 資本税のみによる財源調達を前提とする本章では，$M(T,B)$の偏導関数は分析上重要ではない。

T と B に関する1階条件に (10.10) 及び (10.11) を適用すると，次の式を得る：

$$-K + \lambda(K + \partial K/\partial T) = 0 \qquad (10.19)$$

$$MF_b + \lambda(T\partial K/\partial B - 1) = 0 \qquad (10.20)$$

λ に関して (10.19) を (10.20) に代入し，さらにその結果に (10.17) を代入する。

$$MF_b = \frac{K(1 - T\partial K/\partial B)}{K + T\partial K/\partial T} = \frac{\Omega K - F_b F_{Kb}}{\Omega K + TF_{bb}} \qquad (10.21)$$

第2の等号の導出には (10.12) が適用される。(10.21) より $MF_b[\Omega K + TF_{bb} + (F_{Kb}/M)] = \Omega K$ を得るが，$TF_{bb} + (F_{Kb}/M) = (F_{bb}MB + F_{Kb}K)/(MK)$ であることを踏まえて (10.14) を適用すると，以下の供給ルールが導かれる：

$$MF_b = \frac{\Omega K}{\Omega K - (F_{Lb}L)/(MK)} \qquad (10.22)$$

$\Omega > 0$ と要素間の補完性より，$MF_b > 1$ が成立する。

一律政策変化の厚生効果

(10.22) に示される供給ルールは，租税競争均衡において地方公共要素の限界便益が限界費用を上回ることを示している。しかしながら，経済全体の企業数が内生的であるため，$K = \overline{K}$ が成立する同質地域間の対称均衡に分析を限定しても，効率的配分状態と租税競争均衡の離散的比較は困難である[13]。代替的アプローチとして，全地域による一律政策変化の厚生効果を考える。対称均衡を起点として，資本税調達を通じて全地域一律に B を増加させたとしよう。結果として，地域厚生が上昇（低下）するならば，地方公共要素の均衡供給量は過少（過剰）であると判定される。

同質地域の対称均衡では，$\overline{K} = K$ 及び (10.10)～(10.12) と (10.22) が全地域で成立している。(10.13) と $\overline{K} = K$ より，各地域の厚生は

$$\omega \equiv F(L, \overline{K}, MB) - T\overline{K} - SM \qquad (10.23)$$

に等しい。一律政策変化は新たな資本移動を引き起こさないので，地域資本量

---

13 他方，経済全体で企業数が一定である場合，均衡と効率的配分状態の離散的比較が可能である。この点については，本節末尾の議論を参照せよ。

は $\overline{K}$ で維持される[14]。したがって，一律政策変化に伴う B と T の変化は，次の条件を満たさなければならない：

$$dB = \overline{K}dT \tag{10.24}$$

(10.23) を微分して (10.11) と (10.24) 適用すると，一律政策変化の厚生効果は

$$d\omega/dB = MF_b - 1 \tag{10.25}$$

に等しいことが分かる。(10.22) と (10.25) から次の結論が導かれる：

命題 10.2
地域企業数が内生的ならば，租税競争は企業貢献型公共要素の過少供給を引き起こす。

財政外部性と租税競争均衡

命題 10.2 に示される租税競争の非効率性は，資本移動に伴う財政外部性に関連づけられる。すなわち，資本税調達の制約の下で，(全地域一律ではなく) 個別地域による地方公共要素の供給増が他域への資本流出を引き起こすために，過少供給が発生する。この点を確認するためには，(10.18) とは異なるアプローチで地方政府の最適化問題を解くのが便利である。

(10.10)～(10.12) より，K, M 及び B を T の関数として解くことができる ($K(T)$, $M(T)$ 及び $B(T)$ と記す)。これらの関数を使って，(10.18) を制約条件のない最適化問題に置き換えることができる：

$$\text{Max}_T \ F(L, K(T), M(T)B(T)) - (r+T)K(T) - SM(T) \tag{10.26}$$

この定式化は ZM のアプローチに基づくものであり (第 8 章 2 節参照)，導出される供給ルールは ZM のルールと (表面上は) 同じものになる。実際，(10.26) の 1 階条件に (10.10)～(10.12) を適用すると，次の式が導出される：

$$MF_b = \frac{1}{1+(T/K)K'(T)} \tag{10.27}$$

---

[14] 全地域一律の政策変化は，個別地域の政策変化とは異なり，資本市場の均衡条件 $\overline{K}=K$ を維持するように資本純収益率 r を変化させる。しかしながら，対称均衡では地域厚生は r に直接依存しないので，一律政策変化が r に与える影響を考慮する必要はない。

第10章 租税競争と要素貢献型・企業貢献型公共要素　129

$K'(T)$ は (10.10)〜(10.12) の比較静学から導出されるものであり,個別地域による均衡予算政策変化が地域資本量に与える影響に等しい。(10.22) と (10.27) は,いずれも同じ租税競争均衡の条件である。両者を比較することで,租税競争均衡で評価された $K'(T)$ のフォーミュラが明らかになる[15]：

$$K'(T)^* = -F_{Lb}L/(\Omega MB) < 0 \qquad (10.28)$$

　一般に,(10.10)〜(10.12) の体系に基づく比較静学から,地域資本量の変化の符号を判別することは容易ではない。しかしながら,本章1節でも強調したように,分析上必要なのは均衡近傍における符号である。(10.28) より,均衡近傍において,各地域の資本税調達による公共支出増が,他域に正の外部性を生み出していることが分かる。

地域間企業移動

　ここでは,経済全体で一定数の企業が地域間移動するケースについて言及しておく。本節のサンク・コスト S を"1企業当たりの利潤"と読み替えれば,命題10.2はそのまま有効である。企業移動を通じて S は全地域で均等化し,(10.11) に従って,各地域では地方公共要素のレントと"均等化された利潤"が等しくなるように企業数が決定される。小地域の前提の下では,各地方政府は S と r を与件として政策選択を行う[16]。各地域の住民が経済の全企業の所有権を均等に保有するものとすると,地域の厚生関数は

$$F(L, K, MB) - (r+T)K - SM + r\overline{K} + S\overline{M} \qquad (10.29)$$

となる。$\overline{M}$ は1地域当たりの企業数(企業総数を地域数で除したもの)である。

　(10.13) を (10.29) と入れ替えると,本節の理論モデルは地域間企業移動のモデルに修正される。個別地域の観点からは $r\overline{K}$ と $S\overline{M}$ は与件扱いとされるので,各地方政府の最適化問題は (10.18) と実質的に同じである。したがって,(10.19)〜(10.22) はすべてそのまま有効である。対称均衡において $K=\overline{K}$ 及び $M=\overline{M}$ が成立するので,(10.22) より $\overline{M}F_b(L, \overline{K}, \overline{M}B)>1$ が成立する。他

15　(10.28) については,本章脚注5,6と同様のリマークが当てはまる。(10.26) の1階条件より $B'(T)^*=K/(MF_b)$ を得る。この式と (10.17) より,(10.28) は $\partial K/\partial T+(\partial K/\partial B)B'(T)^*$ に等しい。

16　すなわち,S はパラメーターではなく,資本純収益率と同様に経済全体で決定される内生変数になる。

方，効率的配分状態（供給量 B^F）では，(10.16) より $\overline{MF_b}(L, \overline{K}, \overline{MB^F}) = 1$ が成立する。これらの式の比較により，$B^F > B$ を得る。このようにして，効率的配分状態との離散的比較を通じて，公共支出の過少性を示すことができる。

10-3. 関連研究との比較

第7，8章で言及したように，Noiset (1995) の ZM 批判以来，租税競争に伴う地方公共要素の過剰供給の可能性が認識されるようになった。そこで当然のごとく問題となるのは，"過少（あるいは過剰）供給が発生する条件は何か？"という点である。第8章3節で引用した研究の主な関心も，この点に向けられている（命題8.2〜8.4 を参照）。

本章では，公共要素の分類に着目することによって，3生産要素（移動不可能要素・移動可能な資本・公共要素）モデルの枠内では，生産関数の1次同次性が純粋公共要素の過剰供給の可能性を排除することを示した。本章の分析は，ZM モデルに関する最近の研究である Dhillon, Wooders and Zissimos (2007) や Bénassy-Quéré, Gobalraja and Trannoy (2007) に比べて，より一般的な過少供給の条件を示すものと考えられる。第8章3節でも述べたように，ZM 安定条件の再検討に基づく彼らの分析は，生産関数の3階偏導係数の符号に関する前提条件（$F_{KBB} < 0$ や $F_{KKB} \leq 0$）を必要とする。この前提条件が満たされる関数系の範囲は決して広いものではない[17]。Bénassy-Quéré, Gobalraja and Trannoy (2007) では，さらに (8.18) の前提も要求される。これに対して，ZM 安定条件に依存しない本章の分析では，1次同次性さえクリアーされれば，要素間補完性と限界生産力逓減を除いて生産関数の形状を含む他の前提は一切要求されない[18]。この意味において，本章の結論は，資本需要の弾力性に依拠した Noiset

---

[17] 第8章3節で指摘したように，経済分析で多用される CES 型生産関数については，$F_{KBB} < 0$ や $F_{KKB} \leq 0$ は必ずしも成立しない。他方，3階偏微係数に関する前提自体が"強すぎる"という訳ではないことにも注意してもらいたい。租税競争文献においては，Laussel and Le Breton (1988)，Bayindir-Upmann and Ziad (2005), Rothstein (2007), Petchey and Shapiro (2009) 及び Taugourdeau and Ziad (2011) が，均衡の存在を検討する際に，生産関数の資本に関する3階偏微係数の非負性（$F_{KKK} \geq 0$）を前提としている（第1章脚注5を参照）。この条件は，資本需要の価格弾力性が資本量増加とともに減少することを意味しており，CES 型関数や Cobb-Douglas 型関数については満たされる。

(1995) の過少供給の条件 (命題 8.2 を参照) を満たす生産関数のクラスが幅広く存在することを示しているものと言えよう[19]。

また、本章の理論分析は、地域企業数の内生性が租税競争均衡に与える影響を明確にしている。この影響は、(上記の 3 本の論文を含めた) 租税競争と地方公共要素の研究において完全に見落とされている。本章では、企業貢献型の公共要素を分析することで、地域間資本移動に加えて地域企業数の内生性が過少な公共支出水準をもたらすことを示した。すなわち、租税競争の規範的性質は、生産関数の形状のみならず、地域間移動性の程度・範囲にも大きく依存するのである。

---

[18] ここでは、要素補完性の重要性を確認するために、Hindriks, Peralta and Weber (2008) に言及しておく。彼らは、2 次形式の生産関数に基づいて要素貢献型公共要素をモデル化している。例えば、$F(L, K, B) = BK - K^2/2L$ とすると $F_{LB} = 0$ であり、L と B の間に補完性は存在しない。この場合、(10.4) 及び (10.7) より、地方公共要素の資本税調達に伴う財政外部性はゼロなので、租税競争均衡は効率的である (ただし、Hindriks, Peralta and Weber 2008 の分析は、地方公共要素の資本税調達を検討したものではない。第 7 章脚注 20 を参照)。

[19] Dhillon, Wooders and Zissimos (2007) や Bénassy-Quéré, Gobalraja and Trannoy (2007) が本章の土台になっている論文 (Matsumoto 1998) の後に出版されている事実に鑑みると、彼らの研究は主に非同次生産関数のケースを想定したものと捉えるべきなのかもしれない。いずれにしろ、彼らの論文には、第 9 章で取り上げた公共要素の基礎研究や租税競争と公共要素に関する先行研究に対して十分な検討を加えた形跡が一切ない。

第11章

企業貢献型公共要素と混雑現象

❖ はじめに

　本章の目的は，地方公共要素の使用に伴う混雑外部性を導入した分析を展開することである。分析の対象となるのは，企業貢献型の公共要素である[1]。本章の理論モデルは，同タイプの公共要素を分析している Richter (1994) に基づく。彼の分析は，地域間企業移動と公共要素の混雑外部性が存在する場合について，効率的な地方公共政策を検討したものである。混雑外部性のために，地方公共要素の供給費用が使用者である地域企業の数とともに上昇するとしよう。混雑外部性の内部化のために，各企業に対して限界混雑費用に等しい利潤税を課するべきである[2]。しかしながら，混雑外部性が不完全であり，1 企業当たりの地方公共要素の供給費用が企業数とともに下落するという意味で規模の経済性が働く限り，利潤税だけでは効率的公共支出に必要な財源を得ることができない。他の超過負担を伴わない税で財源を補完する必要がある[3]。

　本章では，混雑税としての利潤税の存在を前提としつつも，他に利用可能な財源として資本税を導入することで，Richter (1994) の分析を租税競争の分析に拡張する。地域企業数の内生的決定方法として，第 10 章 2 節と同様に，自由

1　要素貢献型については，その特性から地域企業数に依存した形式での混雑外部性のモデル化には適さない（最適企業数が 1 になる）。

2　Richter (1994) は利潤税と企業への一括税を区分しているが，彼のモデルでは両者に本質的な違いはない（本章脚注 7 を参照）。効率的配分状態を実現するには，1 企業当たりの税負担が限界混雑費用に等しければよい。

3　効率的財源として土地課税を想定している Richter (1994) の分析は，地域間人口移動と地方公共財に関するヘンリー・ジョージの定理（第 4 章脚注 4 を参照）を地域間企業移動と地方公共要素のケースに応用したものと位置づけられる。なお，Richter and Wellisch (1996) は，Richter (1994) をさらに拡張して，地域間人口・企業移動と地方公共財・公共要素を総合的に検討した研究である。

参入のケースと地域間企業移動のケースを考える。自由参入ケースの均衡では，過少な資本税負担が課せられるために，タックス・ミックスと公共支出水準の両方が歪められる。これらの非効率性は，資本移動に伴う財政外部性に起因する。各地方政府は，資本誘致のために資本税率を低めて歳入源を企業利潤に求めようとする。そして，資本税調達による地方公共要素の増加は地域資本量を減少させるので，公共支出は過少な水準に抑制されてしまう。

企業移動のケースでは，地域資本量の変化のみならず，地域企業数の変化を通じて財政外部性が発生する。この場合，租税競争は過少な公共支出をもたらす一方で，タックス・ミックスを歪めることはない。各地域におけるタックス・ミックスの変化は，資本・企業移動を誘発して財政外部性を引き起こす。しかしながら，これらの外部性は互いに相殺されるので，地方政府の選択に対して中立的である。第10章2節における分析とは異なり，複数税が利用可能な本章のモデルにおいては，税政策に関する均衡の規範的性質は地域企業数の決定方法に依存する[4]。

本章の分析は，地域企業数にリンクした混雑外部性を想定している。本章補論では，別形態の混雑外部性モデルである Sinn（1997, Section 2）に言及する。彼の理論モデルは，地方公共要素を資本投資に関する混雑費用関数の独立変数としている。このフレームワークの下では，ZM系列の諸研究とは異なり，資本税調達による公共支出の増加は地域資本量に全く影響しない。したがって，租税競争は支出非効率性を引き起こさない。

---

4 本章の地域間企業移動のケースは，第4章1節において紹介した Wilson（1995）と密接に関連するものである。Wilson（1995）では，地域間人口移動の下で混雑外部性を伴う地方公共財が供給される。そして，公共サービス供給に関する規模の経済性が，人頭税に加えて資本への課徴を要求する。この構図は，本章の内容と基本的に同じである。Wilson（1995）の人頭税モデルについては，労働・余暇選択を導入して財産税を資本税に置き換えれば，均衡の規範的性質（過少支出水準と効率的タックス・ミックス）は本章の地域間企業移動のケースと本質的に同じものである。なお，第4章1節でも強調したように，Wilson（1995）の労働税ケースは資本移動に伴う非効率性に着目する租税競争理論と全く異なる含蓄を有するので，本章の分析とは直接的に比較することはできない。

11-1. 混雑現象を導入した租税競争モデル

多数の同質小地域からなる経済を考える。各地域には競争企業（地域企業数は M）が存在し、地域間移動可能な資本 K、地域ごとに供給が固定され移動不可能な要素 L、そして地方公共要素 B を使ってニュメレール財を生産する。B は企業貢献型の地方公共要素である。個別企業の生産関数を $F(L/M, K/M, B)$ とすると、1次同次性により地域総生産は $F(L, K, MB)$ で与えられる。限界生産力は正で逓減し、各要素は互いに補完的である（$F_i>0>F_{ii}$ 及び $F_{ij}>0$：ただし、$F_b \equiv \partial F/\partial(MB)$ とする）。生産されたニュメレール財は、地方公共要素あるいは民間消費財に変形可能である。一定量の B を供給するのに必要な（ニュメレール財で測った）費用を $C(M, B)$ とする。この関数の偏導関数（C_i）について、

$$C_B(M,B) > 0; \quad C_M(M,B) > 0; \quad \frac{\partial(C(M,B)/M)}{\partial M} < 0 \quad (11.1)$$

の3つの条件を前提とする。最初の式は地方公共要素の限界費用を示す。第2の式は混雑外部性を定式化したものであり、M の増加が公共サービスの維持に必要な費用の増加をもたらすことを意味する。第3の式は、B を一定として、M の増加によって1企業当たりの供給費用が下落することを示す。この条件は、混雑外部性が不完全であり共同消費性が残存していることを示す[5]。

地域企業数の決定について、ここでは自由参入のケースを考える（地域間企業移動については、本章第5節を参照）。ニュメレール財市場では、市場価格と政策変数を与件とする競争企業によって、利潤最大化と自由参入が行われる。これらの活動を通じて、地域資本量と地域企業数が決定される。市場への参入

---

[5] 混雑外部性をモデル化するために、地方財政理論では (11.1) のような公共サービスの費用関数を導入するのが一般的である（Wildasin 1986a, 1987 を参照）。生産関数に混雑効果を直接導入しても、フォーマルな分析が格段に複雑化するのみであり、本章の結論は変わらない。このケースでは、各企業の生産量を $F(L/M, K/M, B/M^\gamma)$ とすると、$0<\gamma<1$ が混雑効果に対応する（$\gamma=1$ は不払い費用型要素のケースに対応する）。公共支出に伴う費用は $C=B$ であり、地域の総生産量は $F(L, K, M^{1-\gamma}B)$ となる。以上のモデルについて、$\beta \equiv B/M^\gamma$ と定義すると総生産量は $F(L, K, M\beta)$ となり、公共支出に伴う費用を $C(M, \beta) \equiv \beta M^\gamma$ と定式化できる。この費用関数は (11.1) の3条件を満たす。

に際しては，サンク・コスト S を負担しなければならない[6]。地方公共要素の供給を受けて，各企業は BF_b に等しいレント（粗利潤）を得る。地方政府によって資本税 T 及び利潤税 τ が課せられることを前提とすると，K を決定する利潤最大化条件，M を決定する自由参入（ゼロ利潤）条件，そして地方政府予算制約は，それぞれ以下の式で与えられる：

$$F_K(L, K, MB) = r + T \tag{11.2}$$

$$BF_b(L, K, MB) = S + \tau \tag{11.3}$$

$$\tau M + TK = C(M, B) \tag{11.4}$$

r は資本純収益率である[7]。

各地域の住民は地域間移動しない。彼らは経済全体の資本を等しく所有するとともに，地元の移動不可能要素を所有する。$\overline{K}$ を各地域住民の資本所有量とすると，(11.2) 及び (11.3) より各地域の住民厚生は，

$$F(L, K, MB) - (r+T)K - (S+\tau)M + r\overline{K} \tag{11.5}$$

で与えられる。資本所得 $r\overline{K}$ を除くと，(11.5) は移動不可能要素から得られる収益に等しい。(11.2)〜(11.4) の制約の下で，各地方政府は (11.5) を最大化するように政策変数を選択する。なお，資本純収益率は経済全体の資本需給を一致させるように決定されるが，各地域はこの率を与件として政策選択を行う。

11-2. 効率的資源配分

本節では，地域間資本移動が存在しないケースを考える。この場合に地域厚生の最大化を通じて選択される政策が，理論モデルの効率的配分状態に対応する[8]。地域資本量が $K = \overline{K}$ で固定されると，資本税は一括固定税になる。各地域の住民厚生，ゼロ利潤条件，地方政府の予算制約からなる体系を提示してお

---

[6] 企業貢献型に関する企業の無限分割の問題（第9章2節参照）は，混雑外部性を導入しても回避できない。この点は，生産関数に混雑効果を導入したケース（地域総生産 $= F(L, K, M^{1-\gamma}B)$）を考えると明らかであろう。

[7] (11.3) では利潤税が一括税としてモデル化されているが，競争企業の前提の下では比例税率のケースと本質的な違いはない。比例税率を τ_M とすると，自由参入条件は $(1-\tau_M)F_bB = S$ となる。この式は，$\tau = \tau_M S/(1-\tau_M)$ とおけば (11.2) と同じである。

[8] ここでは，同質地域間の対称的配分に限定した分析を展開している。非同質地域を想定したより一般的な議論については，Richter (1994) を参照してもらいたい。

く：

$$\omega \equiv F(L, \overline{K}, MB) - T\overline{K} - (S+\tau)M \qquad (11.6)$$
$$BF_b(L, \overline{K}, MB) = S + \tau \qquad (11.7)$$
$$\tau M + T\overline{K} = C(M, B) \qquad (11.8)$$

資本純収益率は，$F_K(L, \overline{K}, MB) = r + T$ を満たすように決定される。(11.7) と (11.8) の制約下で (11.6) を最大化すると，1階条件は次の2式で与えられる：

$$\tau = C_M \qquad (11.9)$$
$$MF_b = C_B \qquad (11.10)$$

(11.9) より，企業数の効率性を維持するには，利潤税を限界混雑費用に一致させて混雑外部性を内部化する必要がある。$\partial(C/M)/\partial M < 0$ である限り，効率的利潤税の下では $\tau = C_M < C/M$ となるので，政府予算制約を維持するために一括固定税が必要である。地方公共要素については，(11.10) に示されるように，一括固定税による財源調達によって，限界便益と限界費用の均等化が保証される[9]。

11-3. 租税競争均衡

均衡税・支出政策の特徴

地域間資本移動の下で，(11.2) と (11.3) は K と M を T，τ 及び B の関数として与える ($K(T, \tau, B)$ 及び $M(T, \tau, B)$ と記す)。これらの関数を適用すると，租税競争に直面する地方政府の最適化問題は，次のよう定式化できる：

$$\begin{aligned}\text{Max}_{T,\tau,B} \ & F(L, K(T,\tau,B), M(T,\tau,B)B) - (r+T)K(T,\tau,B) \\ & -(S+\tau)M(T,\tau,B) + r\overline{K} + \lambda[TK(T,\tau,B) \\ & + \tau M(T,\tau,B) - C(M(T,\tau,B), B)] \end{aligned} \qquad (11.11)$$

この問題の1階条件は以下の通りである：

$$(1-\lambda)K = \lambda[(\tau - C_M)(\partial M/\partial T) + T(\partial K/\partial T)] \qquad (11.12)$$
$$(1-\lambda)M = \lambda[(\tau - C_M)(\partial M/\partial \tau) + T(\partial K/\partial \tau)] \qquad (11.13)$$

---

9 すなわち，効率的企業数は利潤税を操作して実現される一方で，効率的公共支出は一括固定税によって実現される。

$$MF_b = \lambda[C_B - (\tau - C_M)(\partial M/\partial B) - T(\partial K/\partial B)] \qquad (11.14)$$

これらの式は，各政策変数が課税ベースに及ぼす影響を含んでいる．(11.2) 及び (11.3) の比較静学から，以下の偏導関数が得られる：

$$\partial K/\partial T = \frac{F_{bb}}{\Omega}\ ;\quad \partial M/\partial T = -\frac{F_{Kb}}{\Omega B}\ ;\quad \partial K/\partial \tau = -\frac{F_{Kb}}{\Omega B}\ ;\quad \partial M/\partial \tau = \frac{F_{KK}}{\Omega B^2}\ ;$$

$$\partial K/\partial B = \frac{F_b F_{Kb}}{\Omega B}\ ;\quad \partial M/\partial B = -\frac{F_b F_{KK}}{\Omega B^2} - \frac{M}{B}\ ;\quad \Omega \equiv F_{KK}F_{bb} - (F_{Kb})^2$$

$$(11.15)$$

生産関数は K と B に関して凹であり，$\Omega > 0$ が成立するものとする．

(11.12) 及び (11.13) は，税が課税ベースに与える影響のために，税収と民間所得の限界的厚生効果が一致しないことを示す ($\lambda \neq 1$)．(11.14) も同様に，B の課税ベースへの影響のために，地方公共要素の効率的供給が妨げられていることを示す．以下，(11.12)～(11.14) を精査して，税・支出政策の非効率性を検討する．税政策に関しては，(11.12) と (11.13) から次の式が得られる：

$$(1-\lambda)/\lambda = [(\tau - C_M)(\partial M/\partial T) + T(\partial K/\partial T)]/K$$
$$= [(\tau - C_M)(\partial M/\partial \tau) + T(\partial K/\partial \tau)]/M \qquad (11.16)$$

この式を変形して以下の式を得る：

$$(\tau - C_M)\Delta_{\tau,T}M + T\Delta_{\tau,T}K = 0 \qquad (11.17)$$

$$\Delta_{\tau,T}K \equiv \partial K/\partial \tau - (\partial K/\partial T)(M/K)\ ;$$
$$\Delta_{\tau,T}M \equiv \partial M/\partial \tau - (\partial M/\partial T)(M/K) \qquad (11.18)$$

後に確認されるように，$\Delta_{\tau,T}K$ 及び $\Delta_{\tau,T}M$ は，それぞれタックス・ミックスの変化が K と M に与える影響を示している．(11.15) を (11.18) に適用すると

$$\Delta_{\tau,T}K \equiv -\frac{KF_{Kb} + MBF_{bb}}{\Omega BK} = \frac{LF_{Lb}}{\Omega BK} > 0\ ;$$

$$\Delta_{\tau,T}M \equiv \frac{KF_{KK} + MBF_{Kb}}{\Omega B^2 K} = -\frac{LF_{LK}}{\Omega B^2 K} < 0 \qquad (11.19)$$

が導かれる．これらの式の等号と不等号は，それぞれ生産関数の全要素に関する1次同次性と要素間の補完性に基づく．

(11.4) より $\tau = (C/M) - T(K/M)$ であり，また $C_M = M\partial(C/M)/\partial M + C/M$ であるから

$$\tau - C_M = -T(K/M) - M\partial(C/M)/\partial M \tag{11.20}$$

が成立する。この式を (11.17) に代入すると次の式が導かれる：

$$-M[\partial(C/M)/\partial M]\Delta_{\tau,T}M + T[\Delta_{\tau,T}K - (K/M)\Delta_{\tau,T}M] = 0 \tag{11.21}$$

$\partial(C/M)/\partial M<0$ と (11.19) 及び (11.21) から $T>0$ を得る。そして，$T>0$ 及び (11.17) より $\tau>C_M$ が導かれる。均衡税政策の特徴を以下の命題にまとめておく：

命題 11.1

$\partial(C/M)/\partial M<0$ ならば，均衡資本税率は正である。均衡利潤税率は限界混雑費用を上回る。

次いで地方公共要素の供給ルールを導出する。(11.15) より $\partial K/\partial B = -F_b \partial K/\partial \tau$ 及び $\partial M/\partial B = -F_b \partial M/\partial \tau - (M/B)$ に注目すると，(11.14) は次のように変形できる：

$$MF_b = \lambda C_B + \lambda(\tau - C_M)(M/B) + \lambda F_b[(\tau - C_M)(\partial M/\partial \tau) + T(\partial K/\partial \tau)] \tag{11.22}$$

この式に (11.13) を適用して

$$MF_b = C_B + (\tau - C_M)(M/B) \tag{11.23}$$

を得る。(11.23) と命題 11.1 より，以下の結論が導かれる：

命題 11.2

$\partial(C/M)/\partial M<0$ ならば，租税競争均衡において地方公共要素の限界便益は限界費用を上回る $(MF_b>C_B)$。

地域間資本移動の影響

命題 11.1 及び 11.2 は，租税競争が地方税・支出政策を歪めることを示している。$\partial(C/M)/\partial M<0$ である限り，利潤税だけでは公共支出をファイナンスできないので資本税が使用される。この議論は，混雑外部性が不完全である場合の Richter (1994) の議論と類似している (本章 2 節を参照)。租税競争均衡における利潤税率と限界混雑費用の不一致は，各地方政府が資本誘致目的でタ

ックス・ミックスを操作することに起因する。公共支出水準を与件として、利潤税を高めると同時に資本税を低めることによって地域資本量は増加する。この効果は、(11.17)～(11.19) の $\Delta_{\tau,T}K$ に体現されている：

$$\Delta_{\tau,T}K = \partial K/\partial \tau + (\partial K/\partial T)(\partial T/\partial \tau) \qquad (11.24)$$

すなわち、$\partial T/\partial \tau = -M/K$ が均衡で成立している。実際、(11.12)～(11.14) が成立する均衡において、地方予算制約を維持する政策変数の変化は、次の関係を満たさなければならない[10]：

$$Md\tau + KdT - MF_b dB = 0 \qquad (11.25)$$

したがって、資本誘致のためにタックス・ミックスは利潤税に偏ったものとなり、均衡利潤税は効率的混雑税が求める水準を超えてしまう。

支出政策について、(11.23) の供給ルールは、τ と B の1階条件である (11.13) 及び (11.14) から導かれている。したがって、地方公共要素の限界的供給増を利潤増税で行うことを想定したルールである。利潤税調達による B の増加は、K には中立である一方で M を減少させる。(11.25) より B 増加のために必要な利潤増税は $\partial \tau/\partial B = F_b$ で与えられるから、(11.15) を適用して以下の結果を得る：

$$\Delta_{B,\tau}K \equiv \partial K/\partial B + (\partial K/\partial \tau)(\partial \tau/\partial B) = 0;$$
$$\Delta_{B,\tau}M \equiv \partial M/\partial B + (\partial M/\partial \tau)(\partial \tau/\partial B) = -M/B \qquad (11.26)$$

(11.23) と (11.26) より、利潤税調達ルールは次の式に書き換えることができる：

$$MF_b = C_B - (\tau - C_M)\Delta_{B,\tau}M \qquad (11.27)$$

均衡では $\tau > C_M$ が成立しているので、地域企業数の減少 ($\Delta_{B,\tau}M < 0$) は利潤課税ベースに関する財政余剰を減少させる。この余剰減少は地方公共要素の供給に伴う超過負担になるので、均衡において $MF_b > C_B$ が成立することになる。

限界的な B の増加を資本税調達で行う場合にも、同様の議論が当てはまる。資本税調達ルールは以下の式で与えられる：

---

10 (11.4) を全微分すると
$$\sum_i [(\tau - C_M)(\partial M/\partial i) + T(\partial K/\partial i)]di - C_B dB + Md\tau + KdT = 0$$
を得る ($i = \tau, T, B$)。(11.12)～(11.14) より、この式は
$$[(1-\lambda)Kd\tau + (1-\lambda)Md\tau - MF_b dB]/\lambda + Md\tau + KdT = 0$$
に等しいので (11.25) を得る。

$$MF_b = C_B - (\tau - C_M)\Delta_{B,T}M - T\Delta_{B,T}K \tag{11.28}$$

$\Delta_{B,T}K$ と $\Delta_{B,T}M$ は，それぞれ資本税調達で B を増加させた場合に生ずる K と M の変化であり，(11.26) と同様の定義で与えられる（例：$\Delta_{B,T}K \equiv \partial K/\partial B + (\partial K/\partial T)(\partial T/\partial B)$）[11]。(11.15)，(11.25) と生産関数の1次同次性から

$$\Delta_{B,T}K = \frac{F_b(KF_{Kb} + MBF_{bb})}{\Omega BK} = -\frac{F_b F_{Lb} L}{\Omega BK} < 0 \tag{11.29}$$

である一方で，$\Delta_{B,T}M$ の符号は不明確である。地方政府の税率選択は，資本税調達と利潤税調達の限界的超過負担を均等化するように行われる。すなわち，(11.27) と (11.28) の右辺は同じ値になる。したがって，$\Delta_{B,T}M$ の符号に関係なく，$(\tau - C_M)\Delta_{B,T}M + T\Delta_{B,T}K$ は負にならなければならない。資本税調達のケースでは，利潤税ベースへの影響ではなく，資本税ベースへの影響が支出非効率性を決定づける。つまり，地域企業数が増えて財政余剰が増える（$\Delta_{B,T}M > 0$）場合であっても，他域への資本流出（$\Delta_{B,T}K < 0$）に伴う超過負担がその効果を上回る。

11-4. 一律政策変化の厚生効果

前節では，各地域の最適化問題に焦点を当てて，均衡における税・支出政策の特徴を明らかにした。経済全体の観点からは，均衡の非効率性は地域間資本移動に伴う財政外部性と関連づけられる。自由参入のケースでは，地域企業数の変化は財政外部性の原因とはならないことに注意しなければならない。本章のモデルでは，利潤税と限界混雑費用が一致しないために，地域企業数の変化は財政余剰に影響する。しかしながら，各地域の政策変化が地元の企業数を変化させるとしても，そのまま経済全体の企業数の変化に反映されるだけである。他域の企業数に何ら影響することはない。

(11.17), (11.19) 及び (11.24) について議論されたように，各地域は利潤税

---

11 $\Delta_{B,T}K$ 及び $\Delta_{B,T}M$ を使って，(11.14) は次のように変形できる：
$MF_b = \lambda[C_B - (\tau - C_M)\Delta_{B,T}M - T\Delta_{B,T}K] + \lambda[(\tau - C_M)(\partial M/\partial T) + T(\partial K/\partial T)](\partial T/\partial B)$
(11.25) より $\partial T/\partial B = MF_b/K$ であることを踏まえれば，(11.12) より上記の式の右辺2項目は $(1-\lambda)MF_b$ に等しいので，(11.28) が導出される。

を高めると同時に資本税を低めて地域資本を増やそうとする（$\Delta_{\tau,T}K>0$）。この税政策は他域に負の財政外部性を及ぼすので，利潤税率は資本税率に相対して高すぎることになる。また，（11.28）及び（11.29）が示すように，資本税調達による地方公共要素の供給増は，他域の資本を増やして正の外部性を及ぼす（$\Delta_{B,T}K<0$）。したがって，地方公共要素の均衡供給量は過少である。

税・支出政策の非効率性を検証するために，同質地域間の対称均衡を起点とした全地域一律の政策変化を想定し，その厚生効果を考える[12]。対称均衡においては $K=\overline{K}$ が成立しているので，各地域の厚生は（11.6）のフォーミュラで与えられる[13]。対称均衡からの一律政策変化は，地域資本量には影響しない一方で，地域企業数を変化させる。M に与える影響は，（11.7）と（11.8）から導出される[14]。

まずは，全地域によるタックス・ミックス一律変化の厚生効果について考える。B を均衡値に留めたまま，全地域が利潤増税を行うと同時に，予算制約を保つように資本税を変化させたとしよう。（11.6）と（11.7）より，厚生効果は

$$d\omega(T)/d\tau \equiv d\omega/d\tau + (d\omega/dT)(dT/d\tau) = -M - \overline{K}(dT/d\tau) \quad (11.30)$$

になる。（11.8）を τ, M, T について微分して，（11.30）に代入すると

$$d\omega(T)/d\tau = (\tau - C_M)(dM/d\tau) \quad (11.31)$$

を得る。$dM/d\tau$ と $dT/d\tau$ は，（11.7）と（11.8）の比較静学から導出される：

$$\begin{vmatrix} \tau - C_M & \overline{K} \\ F_{bb}B^2 & 0 \end{vmatrix} \begin{vmatrix} dM \\ dT \end{vmatrix} = \begin{vmatrix} -M \\ 1 \end{vmatrix} d\tau \quad (11.32)$$

（11.32）より $dM/d\tau = 1/(F_{bb}B^2) < 0$ であり，命題11.1より均衡では $\tau > C_M$ が成立しているので，$d\omega(T)/d\tau < 0$ が得られる。また，T と B を一定として，全地域一律の τ の増加が各地域の財政余剰を増加させる限り，（11.32）から得られる $dT/d\tau$ は負である[15]。これらの結果が意味するのは，均衡から全地域一

---

12 第10章2節と同様に，自由参入のケースでは，公共支出水準について租税競争均衡と効率的配分状態の離散的比較は容易ではない。また，一律政策変化の厚生分析は，利用可能な税体系の制約下で，タックス・ミックスの効率性が満たされているか否かを判断するために便利である。

13 本章2節の効率的配分状態では，ω を最大化するように政策変数が選択されている。租税競争均衡の非効率性は，均衡において ω が最大に達していないことを意味する。

14 ω は r に依存しないので，一律政策変化が r に与える影響を考慮する必要はない。

15 （11.32）より $dT/d\tau = -(\tau - C_M)/(F_{bb}\overline{K}B^2) - M/\overline{K}$ を得るが，財政余剰に関する条件は $(\tau - C_M)dM/d\tau + M = (\tau - C_M)/(F_{bb}B^2) + M > 0$ を意味するので，一律利潤増税は資本減税を伴

律に資本増税と利潤減税を行うことで，正の厚生効果が得られるということである：

命題 11.3
租税競争均衡においてタックス・ミックスは非効率であり，利潤税負担が資本税負担に相対して過剰な状態にある。

全地域一律の公共支出増については，その厚生効果は政策変化の財源調達方法（資本税調達あるいは利潤税調達）に依存する。資本税調達の場合，(11.6)～(11.8)から以下の厚生効果と比較静学体系を得る：

$$d\omega(T)/dB \equiv d\omega/dB + (d\omega/dT)(dT/dB) = MF_b - \overline{K}(dT/dB) \quad (11.33)$$

$$\begin{vmatrix} \tau - C_M & \overline{K} \\ F_{bb}B^2 & 0 \end{vmatrix} \begin{vmatrix} dM \\ dT \end{vmatrix} = \begin{vmatrix} C_B \\ -(F_b + F_{bb}MB) \end{vmatrix} dB \quad (11.34)$$

(11.34)から dT/dB を解いて，その結果に(11.23)から $C_B = MF_b - (\tau - C_M)(M/B)$ を代入すると，次の式が導かれる[16]：

$$dT/dB = \frac{F_b(\tau - C_M + MB^2 F_{bb})}{B^2 \overline{K} F_{bb}} \quad (11.35)$$

(11.35)を(11.33)へ代入して，$\tau > C_M$ を考慮すると，$d\omega(T)/dB > 0$ が導出される：

$$d\omega(T)/dB = -\frac{F_b(\tau - C_M)}{B^2 F_{bb}} > 0 \quad (11.36)$$

利潤税調達による一律公共支出増の厚生効果は，(11.33)～(11.36)と同様のプロセスに基づいて導出される：

$$d\omega(\tau)/dB \equiv d\omega/dB + (d\omega/d\tau)(d\tau/dB) = MF_b - M(d\tau/dB) \quad (11.37)$$

$$\begin{vmatrix} \tau - C_M & M \\ F_{bb}B^2 & -1 \end{vmatrix} \begin{vmatrix} dM \\ d\tau \end{vmatrix} = \begin{vmatrix} C_B \\ -(F_b + F_{bb}MB) \end{vmatrix} dB \quad (11.38)$$

(11.38)を解いて(11.23)を適用すると，$d\tau/dB = F_b$ が導かれる。したがって，(11.37)より $d\omega(\tau)/dB = 0$ を得る。

うことが分かる。
16 本章脚注15より，一律利潤増税が財政余剰を増加させる限り，(11.35)は正である。

資本税調達による地方公共要素の一律増加は正の厚生効果をもたらすものの，利潤税調達に基づく場合には厚生効果はゼロである。財源調達方法によって厚生効果に違いは出るものの，公共支出水準の増加によって各地域の厚生を高める余地があることから，次の結論が導かれる：

命題 11.4
租税競争は地方公共要素の過少供給を引き起こす。

命題 11.3 及び 11.4 は，均衡の非効率性が過少な資本課税に起因することを示している。全地域一律に資本増税を行い，得られる歳入を利潤減税と地方公共要素の増加に費やすことで，厚生を改善することができる。

11-5. 地域間企業移動のケース

本節では，経済全体で一定数の企業が地域間移動するケースを考える。命題 11.1 及び 11.2 は，このケースにおいても成立する。本章 4 節で議論された均衡の性質については，公共支出に関する命題 11.4 は有効である。しかしながら，命題 11.3 のタックス・ミックスに関する議論には修正が必要である。

地域間企業移動の下での均衡立地条件は，税後の純利潤が全地域で均等化することである。S を均等化された純利潤額とすると，この立地条件は (11.3) に対応する。各企業の所有権は，経済の全住民に均一に配分されているものとする。$\overline{M}$ を 1 地域当たりの企業数とすると，各地域の住民は企業から $S\overline{M}$ の利潤所得を得ることになる。したがって，地域厚生は以下の式で与えられる[17]：

$$\omega \equiv F(L, K, MB) - (r+T)K - (S+\tau)M + r\overline{K} + S\overline{M} \quad (11.39)$$

経済が多数の小地域から構成される場合，各地方政府は資本所得に加えて利潤所得も与件として扱う。つまり，(11.39) の目的関数は実質的に (11.5) と同じである。したがって，地方政府の最適化行動に関する命題 11.1 及び 11.2 が

---

[17] 自由参入ケースから企業移動ケースへの理論モデルの"読み替え"は，第 10 章 2 節の末尾で示したものと基本的に同じである。

有効であることが分かる。命題11.4を確認するために，同質地域の対称均衡 ($\overline{K}=K$ 及び $\overline{M}=M$) においては，命題11.2より $\overline{M}F_b(L,\overline{K},\overline{M}B) > C_B(\overline{M},B)$ が成立していることに注目して欲しい。限界生産力が逓減し限界費用が逓増する限り，$\overline{M}F_b(L,\overline{K},\overline{M}B^F)=C_B(\overline{M},B^F)$ を満たす効率的供給 B^F との比較を通じて，過少供給 ($B^F>B$) を示すことができる。

他方，命題11.3とは異なり，対称均衡から T と τ を全地域一律に変化させても厚生効果は発生しない。すなわち，企業移動のケースではタックス・ミックスの非効率性は発生しない[18]。一律政策変化後にも $\overline{K}=K$ 及び $\overline{M}=M$ が保たれることを踏まえると，タックス・ミックスの変化に伴う厚生効果のフォーミュラは，(11.30) と同様に $d\omega(T)/d\tau = -\overline{M}-\overline{K}(dT/d\tau)$ で与えられる。対称均衡における地方政府予算制約は $\tau\overline{M}+T\overline{K}=C(\overline{M},B)$ であるから，B を与件とした税率の一律変化は何ら厚生効果を生まないことになる。

タックス・ミックスの一律変化が厚生効果を生まないのは，企業・資本移動に伴う財政外部性を互いに相殺するように地方税政策が選択されているからである。この点は，税政策の均衡条件である (11.17) を通じて検証することができる。(11.24) について議論したように，(11.17) の $T\Delta_{\tau,T}K$ は個別地域のタックス・ミックス変化が資本移動を通じて生み出す財政外部性に等しい。企業移動のケースには，企業移動も他域の財政余剰に影響を与える。$(\tau-C_M)\Delta_{\tau,T}M$ のタームがこの外部性を反映している。個別地域による利潤増税・資本減税は，他域からの資本移動と他域への企業移動を促すことで負・正の財政外部性を同時に生み出す。(11.17) は，均衡においてこれらの財政外部性の合計がゼロであることを示している。

補論　Sinn (1997) の混雑外部性モデルについて

Sinn (1997, Section 2) のモデルでは，資本単位当たりコストが粗収益率と混雑費用 $c(K,B)$ の合計に等しいものと想定される。競争企業の利潤最大化条件

18　ここでの効率性は，利用可能な税体系を与件とするセカンド・ベスト効率性である（本章2節の議論より，ファースト・ベスト効率性は利潤税と限界混雑費用の一致を要求する）。

は
$$F_K(L,K) = r + T + c(K,B) \quad (A11.1)$$
になる。$c(K,B)$ の偏微係数については、$c_K>0$ 及び $c_B<0$ が前提とされる。正の c_K は資本投資に伴う混雑外部性に対応し、負の c_B は地方公共要素の混雑緩和効果を示す。資本税調達の制約の下で、地方政府が解くべき最適化問題は
$$\text{Max}_{T,K,B} \ F(L,K) - [r+T+c(K,B)]K + r\overline{K}$$
$$+ \lambda[F_K(L,K) - r - T - c(K,B)] + \mu(TK - B) \quad (A11.2)$$
である。小地域の前提の下で、各地域は r を与件として扱う[19,20]。

(A11.2) の T に関する1階条件より、$\lambda = (\mu-1)K$ を得る。この式を B に関する1階条件に代入すると、以下の地方公共要素の供給ルールを得る:
$$-c_B K = 1 \quad (A11.3)$$
(A11.3) は、地方公共要素の増加に伴う限界便益（混雑緩和のメリット）と限界費用の一致を意味する。このルールには、租税競争の非効率性を示すタームが一切含まれない。K の1階条件が (A11.3) の導出には使用されないことに着目すると、移動可能な要素への課税は支出政策を一切歪めないことが分かる[21]。

Sinn (1997) のモデルにおいて支出効率性が導かれるのは、資本税調達による地方公共要素の供給増加が地域資本量に影響しないためである。彼のモデルは、課税ベースの移動性にもかかわらず財政外部性が発生しない特殊な事例を示している。以下、この点を検証する。(A11.1) は、K を T と B の関数として与える:
$$\partial K/\partial T = \frac{1}{F_{KK} - c_K}; \quad \partial K/\partial B = \frac{c_B}{F_{KK} - c_K} \quad (A11.4)$$
次いで、地方政府予算制約を微分して $(K + T\partial K/\partial T)dT + (T\partial K/\partial B - 1)dB = 0$ を得るが、この式に (A11.4) を代入すると以下の式が導出される:

---

19 モデルの記号は本章本文と同じである。Sinn (1997) は資本税と一括固定税の利用可能性を前提としているが、彼の議論のエッセンスは資本税のみが使用されるケースにも当てはまる。
20 企業の利潤最大化条件を制約条件に含む (A11.2) では、K も選択変数の1つである。
21 他方、K の1階条件から $T > c_K K$ が導かれる。この不等式は資本税率が限界混雑費用を上回ることを意味する。しかしながら、経済全体の資本量が一定である限り、同質小地域間の対称均衡においては、B の供給が効率的であれば租税競争に伴う厚生ロスは存在しない。

$$dB/dT = -\frac{T+(F_{KK}-c_K)K}{Tc_B-(F_{KK}-c_K)} \qquad (A11.5)$$

(A11.5) は資本増税に伴う地方公共要素の増加を示す。(A11.4) と (A11.5) より，資本税調達による地域資本量の変化が導出される[22]：

$$\partial K/\partial T+(\partial K/\partial B)dB/dT = \frac{-1-c_B K}{Tc_B-(F_{KK}-c_K)} \qquad (A11.6)$$

均衡において (A11.3) が成立するので，(A11.6) はゼロである。すなわち，資本税調達の制約の下でも，租税競争均衡において地域間財政外部性は存在しない。

---

[22] (A11.5) と (A11.6) の分母は，T を一定として B の増加が政府予算余剰を減少させる場合には正である。(A11.5) の分子は，B を一定として T の増加が余剰を増加させる限り負である（ラッファー効果の不在）。

第12章

資本助成としての
不払い費用型公共要素の供給

❖ はじめに

　第7章1節で言及したように，Oates and Schwab (1991)（以下，本章ではOSと略する）は，地方公共要素の供給に関して租税競争の効率性を主張している。彼らの議論によれば，資本税は地方公共要素の受益に対して生産者が支払う応益負担税である。OSで興味深いのは，地域間移動可能な資本への源泉地課税のみが利用される場合にも，地方公共要素の供給効率性が保たれるという点である。この結論は，第8〜11章で議論してきた資本税調達の非効率性と相反するものである。租税競争の規範的帰結について，OSの研究はZM系列の研究とは全く異なる結論をもたらす[1]。

　OSは不払い費用型要素の理論分析である。第9章で議論したように，このタイプの要素は共同消費性を持たないので，理論分析を行う際には供給対象と方法を明確にしなければならない[2]。OSモデルにおいては，地域企業に対して資本投資量に比例した地方公共要素の供給が行われる。この供給メカニズムの下では，追加投資が生み出す限界収益は，資本の限界生産力に加えて投資によって獲得した地方公共要素のレントを含むことになる。資本税は，このレントへの課徴を通じて公共サービスの応益負担税として機能するのみならず，効率的な公共支出のための財源を提供する。

1　OSの議論の主旨は，第11章補論で言及したSinn (1997) に類似している。OSのオリジナル・モデルでは，資本税と一括固定税を財源として地方公共財と公共要素が供給される。地方公共要素の効率的供給は資本税調達のみで達成され，一括固定税は地方公共財の効率的供給を保証する役割を担う。

2　第9章脚注2, 3を参照。本章では，不払い費用型要素を単に"公的に供給される民間要素"と捉えて差し支えない。

本章の目的は，公共サービスの生産構造に焦点を当てて，OS の効率性命題を再検討することである。OS モデルは地方公共要素の限界費用の一定性を前提とするが，本章では公共生産に関する規模の経済性を導入する。すなわち，公共サービスの生産に要する平均費用が生産量とともに下落するケースを検討する[3]。規模の経済性が存在する場合，資本税調達に関する OS の効率性命題は成立しない。彼らのモデルの枠内では，資本税は応益負担税として効率的税体系に含まれることに変わりはない。しかしながら，資本税のみによる地方公共要素の供給は過少な公共支出をもたらす。

公共生産の費用構造を考慮した"拡張版" OS モデルは，不払い費用型要素の供給メカニズムの違いという観点から，ZM モデルと比較検討することができる。このタイプの要素を想定する場合，ZM は公共要素供給を移動不可能要素の雇用に条件づけたモデルとして解釈することが可能である[4]。OS・ZM モデルのいずれにおいても，租税競争均衡の非効率性は財政外部性理論に基づいて説明できる。しかしながら，支出非効率性の方向（過剰あるいは過少供給）は両者で異なる可能性がある。また，OS モデルとは異なり，ZM モデルにおける均衡の規範的性質は公共生産の費用構造に依存しない。

12-1. OS モデルと公共生産に関する規模の経済性

本節では，公共生産に関する規模の経済性を導入した OS モデルを定式化する[5]。経済は同質小地域から構成されており，各地域では競争企業がニュメレ

---

[3] 公共生産に関する規模の経済性は，第 11 章において検討した"公共サービス供給に関する規模の経済性（使用者当たりの公共サービス費用が使用者数とともに下落する状態）"とは異なるコンセプトであることに注意してもらいたい。本章では，公共要素の生産についてミクロ経済理論で扱われる規模の経済性を想定している。地方公共生産に関する実証研究には，このタイプの規模の経済性の存在を示唆する研究が数多く含まれている。例として，Kim and Clarke (1988), Duncombe and Yinger (1993), De Borger and Kerstens (1996) や Hayashi (2002) を参照。地方公共生産に関する実証研究を包括的にレビューした Ross and Yinger (1999, Section 3.2.2) は，OS が前提とするような収穫不変性に疑問を呈するコメントをしている (Ross and Yinger 1999, p. 2021 の議論も参照）。

[4] 地域企業数の内生性を考慮しない ZM モデルは，（要素貢献型の分析のように）不払い費用型要素の分析にも直接適用できる。この点については，第 10 章 1 節末尾の議論を参照。

[5] 地方公共要素の問題に専念するため，OS のオリジナル・モデルとは異なり，地方公共財や一括固定税を捨象する（本章脚注 1 を参照）。

ール財を生産している[6]。地域的に供給が固定されている移動不可能要素 L と地域間移動する資本 K，そして不払い費用型の地方公共要素 B を使用して，地域生産関数 $F(L, K, B)$ に基づいて生産活動が行われる。B は L と K と同様に共同消費性を持たず，生産関数は全要素について1次同次である（$F = F_L L + F_K K + F_B B$）。限界生産力逓減と要素間の補完性（$F_i > 0 > F_{ii}$ 及び $F_{ij} > 0$）を前提とする。

各地域において，資本投資量に比例して企業に地方公共要素が割り当てられる。ある企業が限界的に資本量を増やすと，B/K 単位の地方公共要素の供給を受ける。地方政府はこの供給メカニズムにコミットメントするが，最終的には均衡における公共要素供給量と地域資本量が追加投資に伴う割当量を決定づける。B 及び K は地域経済の集計量なので，個別企業は B/K を与件として扱う[7]。追加資本投資に伴う限界収益は，資本の限界生産力と割り当てられた地方公共要素のレントの合計である。限界的投資がもたらすレントは

$$R(L, K, B) \equiv F_B B / K \tag{12.1}$$

に等しい。資本税が課せられる場合の地域資本量は，競争企業の利潤最大化投資選択を通じて次の式で決定される：

$$F_K + R = r + T \tag{12.2}$$

r は資本純収益率，そして T は資本税率である。後の分析の便宜上，R 関数の導関数を以下に提示しておく：

$$R_K = B(F_{KB} K - F_B) / K^2 \tag{12.3}$$

$$R_B = (F_B + F_{BB} B) / K \tag{12.4}$$

OS モデルとは異なり，地方公共要素の生産構造について，本章では一般的な費用関数 $C(B)$ を想定する。公共生産に関する規模の（不）経済性は

$$C(B)/B > (<) C'(B) \tag{12.5}$$

と定義される。右辺の導関数は限界費用を示す。OS のように収穫不変性（限

6　OS のオリジナルの分析は，単一の開放小地域の政策行動を対象にしている。本章では，同質小地域からなる経済を想定して，ZM の対称均衡分析の手法を適用する。

7　ある企業が k 単位の資本を使用する場合，当該企業は $(B/K)k$ 単位の地方公共要素を割り当てられるものと認識する。つまり，各企業は自らの B に占めるシェアを k/K に等しいと認識する。なお，本章の理論分析は，個別企業ではなく地域生産関数に基づいて行われる。個別企業の投資量 k は本文には一切登場しない。

界費用の一定性）が前提とされる場合，(12.5) において等号が成立しなければならない．資本税調達の制約下，地方政府の予算制約は次の式で与えられる：

$$TK = C(B) \tag{12.6}$$

各地域の地方政府は，(12.2) 及び (12.6) の制約の下で，地域住民の所得を最大化するように政策変数を決定する．地域住民は L と一定量の資本 ($\overline{K}$) を保有する．資本所得は $r\overline{K}$ であるから，地方政府の目的関数は

$$F(L,K,B)-(r+T)K+r\overline{K} \tag{12.7}$$

である．同質小地域の前提により，各地方政府は経済全体の資本市場で決定される r を与件として扱う．

12-2. 租税競争均衡

各地方政府の最適化問題を定式化すると，次のようになる：

$$\begin{aligned} Max_{T,K,B}\ & F(L,K,B)-(r+T)K+r\overline{K}+\lambda[F_K(L,K,B) \\ & +R(L,K,B)-r-T]+\mu[TK-C(B)] \end{aligned} \tag{12.8}$$

λ と μ はラグランジュ未定乗数である[8]．T と K に関する1階条件は，それぞれ

$$-K-\lambda+\mu K = 0 \tag{12.9}$$

$$-R+\lambda(F_{KK}+R_K)+\mu T = 0 \tag{12.10}$$

である．なお，(12.10) の導出に際して (12.2) を適用している．(12.9) と (12.10) の2本の式から，λ と μ を解くことができる：

$$\lambda = (RK-TK)/\Lambda \tag{12.11}$$

$$\mu = (F_{KK}K+R_KK+R)/\Lambda = (F_{KK}K+F_{KB}B)/\Lambda \tag{12.12}$$

$$\Lambda \equiv F_{KK}K+R_KK+T = F_{KK}K+F_{KB}B+T-R \tag{12.13}$$

(12.12) と (12.13) の第2の等号は (12.3) に基づく[9]．

B に関する1階条件は，次のように変形することができる：

$$F_B+\lambda(F_{KB}+R_B)-\mu C' = \mu(F_B-C')+\frac{\lambda}{K}(F_{KB}K-F_B+R_BK)$$

8　(12.8) については，第11章脚注20と同じリマークが当てはまる．
9　本章補論で示すように，増税が財政余剰を増加させる限り，Λ は負である．

第12章　資本助成としての不払い費用型公共要素の供給　151

$$= \mu(F_B - C') + \frac{\lambda}{K}(F_{KB}K + F_{BB}B) = 0 \quad (12.14)$$

第1の等号は，(12.9) から得られる $\mu - (\lambda/K) = 1$ に基づく。第2の等号は (12.4) を適用して得られる。(12.11) と (12.12) を (12.14) に代入すると，以下の式を得る：

$$(F_{KK}K + F_{KB}B)(F_B - C') = (T - R)(F_{KB}K + F_{BB}B) \quad (12.15)$$

(12.1) と (12.6) より $R - T = (B/K)[F_B - (C/B)] = (B/K)(F_B - C') + (B/K)[C' - (C/B)]$ を得るが，この式を (12.15) に代入すると，次の地方公共要素の供給ルールが導出される：

$$Z(F_B - C') = \frac{B}{K}\left(\frac{C}{B} - C'\right)(F_{KB}K + F_{BB}B) \quad (12.16)$$

$$Z \equiv F_{KK}K + F_{KB}B + \frac{B}{K}(F_{KB}K + F_{BB}B) \quad (12.17)$$

(12.16) と (12.17) の解釈には，生産関数の1次同次性が重要な役割を果たす：

$$F_{ij}i + F_{jj}j = -F_{Lj}L < 0; \quad Z < 0 \quad (12.18)$$

(12.16) 及び (12.18) より，次の関係が導かれる：

$$F_B \geq C' \Leftrightarrow C/B \geq C' \quad (12.19)$$

(12.19) より，公共生産の費用構造が租税競争均衡の性質を決定づけることが分かる。本章のモデルにおける地方公共要素の効率的供給条件は，B の限界生産力が限界費用に一致することである ($F_B = C'$)[10]。このようにして，OS の効率性命題が公共生産に関する特殊例として導かれる：

命題 12.1（Oates and Schwab 1991）
公共生産の限界費用が一定（任意 $B > 0$ の下で $C/B = C'$）ならば，資本税調達は不払い費用型要素の効率的供給をもたらす。

(12.19) が示すように，公共生産に関して収穫不変が当てはまらない場合に

10　このファースト・ベスト配分の性質は，不払い費用型要素の供給メカニズムに関係なく成立する（第9章2節の議論を参照）。

は，OS の効率性命題は成立しない。公共生産に規模の（不）経済性が存在するケースでは，均衡において B の限界便益は限界費用を上回る（下回る）。同質地域間の対称均衡 $(K=\overline{K})$ に分析を限定すると，限界生産力逓減と限界費用逓増の下で，$F_B(L,\overline{K},B) > (<) C'(B)$ は効率的配分状態 $(F_B(L,\overline{K},B^F) = C'(B^F))$ より B の値が小さい（大きい）ことを意味するので，以下の結論を得る：

命題 12.2
公共生産に関する規模の（不）経済性が存在するならば，資本税調達は不払い費用型要素の過少（過剰）供給を引き起こす。

この命題については，規模の経済のケースについて過少な公共支出が発生することに注目してもらいたい。地方財政分析の観点からは，現実的に重要であるのは規模の経済のケースである（本章脚注3を参照）。次節以降の本文では，このケースに焦点を当てて分析を行う。規模の不経済に関しては，脚注において補足的に議論する。

12-3. 規模の経済性と財政外部性

命題 12.1 及び 12.2 を解釈するために，本節では (12.16) とは異なる供給ルールを考える。この別形式のルールは，資本税調達に伴う財政外部性を明示的に含むものである。ルールの導出のために，まずは個別地域による資本税調達が地域資本量 K に与える影響について考える。(12.2) と (12.6) は，K と B を T の関数として与える（$K(T)$ 及び $B(T)$ と記す）。$K(T)$ の導関数は，資本増税によって地方公共要素を増加した場合に生ずる地域資本量の変化を示す。そして，$B(T)$ の導関数は，限界的資本増税に伴う地方公共要素の供給増加量を示す。(12.9)〜(12.14) が成立している租税競争均衡においては，次の式が成立する：

$$\frac{K'(T)^*}{B'(T)^*} = -\frac{F_{KB}K + F_{BB}B}{F_{KK}K + F_{KB}B} \tag{12.20}$$

導関数に付せられた＊は，均衡で評価していることを示す。(12.20) の導出プロセスは本章末尾の補論で提示する。また，補論では $B'(T)>0$ が成立することも示す（すなわち，均衡において $B'(T)^*>0$ が成立する）。(12.18) より (12.20) の右辺は負であるから，均衡を起点とした資本税調達による地方公共要素の供給増は，地域資本量を減少させる（$K'(T)^*<0$）。この地方税・支出政策と地域資本量との関係は，公共生産の費用構造に関係なく成立する。

(12.20) と (12.15) から，地域資本量の変化を含む供給ルールが導かれる：

$$F_B - C' = -\Psi \frac{K'(T)^*}{B'(T)^*} \qquad (12.21)$$

$$\Psi \equiv T - R = F_K - r \qquad (12.22)$$

(12.2) より，Ψ は資本の限界生産力と純収益率との差に等しい。各地域の観点からは，限界生産力は追加的な資本誘致がもたらす便益に等しく，純収益率は資本誘致に伴って発生する機会費用に相当する。両者の差である Ψ は，追加1単位の資本誘致がもたらす限界的純便益である。$\Psi>(<)0$ ならば，地方政府は税・支出政策を駆使して地域資本量を増加（減少）させようとするだろう。本章の拡張 OS モデルで興味深いのは，Ψ の符号が公共生産の費用構造に依存していることである。(12.15)〜(12.17) から，次の関係を確認することができる：

$$\text{Sign}((C/B) - C') = \text{Sign}\,\Psi \qquad (12.23)$$

(12.22) と (12.23) の関係に注目し，これに $K'(T)^*<0$ を併せることにより，財政外部性理論に沿った命題 12.1 及び 12.2 の解釈が可能になる。公共生産に関して規模の経済性（$C/B>C'$）が存在する場合には $\Psi>0$ であるから，地方政府は地域資本の減少を防ぐために地方公共要素の供給を抑制する。しかしながら，$\Psi>0$ が成立するケースでは資本流出は他域への正の外部性に相当し，これを無視した政策決定によって均衡における支出水準は過少になる[11]。他方，公共生産の限界費用が一定であれば（$C/B=C'$），そもそも地方政府は政策手

---

[11] 規模の不経済に伴う過剰供給は，Ψ が負であり，地方政府が地域資本量を減らす誘因を持つために発生する（$K'(T)^*<0$ であるから，資本税調達で B の供給を増やせばよい）。つまり，規模の不経済のケースでは，資本誘致競争ではなく"追い出し競争"が展開される。この議論は，Markusen, Morey and Olewiler (1995) の"not-in-my-backyard competition"の議論に類似している。

段を使って地域資本量に影響を与える誘因を持たない。$\Psi=0$ ならば，(12.21)より公共支出水準の選択は地域資本量の変化に全く依存しない。したがって，資本税調達の制約にもかかわらず，非効率な租税競争は発生しない。

次いで，(12.23)に示される地方公共生産の費用構造と政策誘因との因果関係を説明しよう。地域資本量を操作する誘因を発生させないためには，資本税によって地方公共要素のレントを取り除く必要がある（$T=R$，すなわち $\Psi=0$）。OS が論ずるように，このレント課徴は地方公共要素供給に対応する応益負担税とみなすことができよう。そして，$C/B=C'$ であれば，資本税は効率的公共支出に必要な財源を確保する手段としても機能する。$T=R$ は (12.1) と (12.6) より $F_B B=TK=C=C'B$ を意味するから，$F_B=C'$ の効率的供給ルールが維持される。このように，命題12.1においては，資本税は"租税競争の誘因の排除"と"効率的公共支出のための財源調達"という2つの機能を同時に果たしている。

公共生産に関して規模の経済が存在するケースには，資本税だけではこれらの2つの機能を果たすことはできない。$C/B>C'$ の場合に $T=R$ となるように資本税を設定すると，効率的公共支出に必要な財源を生み出すことはできない。この点を確認するために，仮に B が $F_B=C'$ を満たすように供給されている状況を想定しよう。規模の経済性の下では，$F_B=C'<C/B$ が成立しなければならないので，$F_B B<C$ を得る。一方で，$T=R$ は定義上 $F_B B=TK$ を意味するから，$TK<C$ となってしまう。結局のところ，資本税を租税競争の誘因を取り除くように設定する限り，効率的公共支出を維持するには超過負担を伴わない別の歳入源が要求されることになる。資本税調達に制約されてしまうと，地方政府の予算制約を維持するために R よりも高い資本税率が要求されて $\Psi>0$ の状態になり，資本誘致が誘因づけられてしまうのである[12]。

---

12 規模の不経済についても，同様の議論が当てはまる。$C/B<C'$ の下で効率的公共支出を維持しようとすると，$F_B=C'>C/B$ であるから，$F_B B>C=TK$ が成立することになる。したがって，$\Psi<0$ となってしまい，地方政府は資本を追い出す誘因を持つ。このため，効率的公共支出は実現せず矛盾が生ずる。規模の経済のケースとは異なり，不経済の場合に $T=R$ を維持するには，財政余剰を措置するための一括固定助成を導入する必要がある。

12-4. 関連研究との比較

OS 系列の研究との比較

　地方公共生産に関して規模の（不）経済を導入すると，資本税調達の効率性に関する OS の議論は成立しなくなる。本章の内容に関連する OS 系列の研究として，Garcia-Milà and McGuire（2001）と Kellermann（2006）がある。これらの論文は，OS と同様に，資本投資に条件づけられた不払い費用型要素の供給メカニズムと地域間資本移動を想定したものである。Garcia-Milà and McGuire（2001）は，OS モデルに資本投資に関する外部経済性を導入した研究である。各地域における個別企業の生産量は，自らの資本投資量のみならず，地域経済全体の資本量にも依存する。すなわち，各企業の投資は，地域資本量を増やして他の企業の生産性をも高める。この場合の効率的資本税は，OS の議論した応益負担税と比べて，資本投資の限界的外部効果に相当する分だけ低いものになる。結果として，地方公共要素の限界費用が一定であっても，効率的資本税のみでは効率的公共支出を支えるだけの税収を確保できない。Kellermann（2006）は OS を動学モデル化したものである。彼のモデルでは，地方政府が将来消費の価値を割り引く限り，資本税のみでは効率的資源配分は達成できない。Garcia-Milà and McGuire（2001）と Kellermann（2006）のいずれにおいても，資本税による応益課税と地方公共要素供給の効率性を両立するには，超過負担のない税源あるいは一括固定助成が必要である。

　これらの研究は，OS モデルの枠内で"資本税＝応益負担税"としての機能を確認しつつ，他の政策ツールの必要性を主張したものである。本章の分析は，地方公共生産の規模の経済性という全く別のアングルから，同様の結論を導き出したものとして位置づけられよう。

ZM モデルとの比較

　ZM モデルでは，(8.1) が示すように，競争企業は資本の限界生産力と粗収益率を均等化するように資本投資量を決定する。議論の便宜上，この条件を再掲しておく：

$$F_K = r+T \tag{12.24}$$

(12.24) の解釈として，要素貢献型・企業貢献型のような純粋公共要素を分析対象にしているものと考えることができる[13]。不払い費用型要素を分析対象にする場合には，(12.24) は OS とは異なる供給メカニズムを想定しているとみなすことが可能である。各企業に対して，移動不可能要素 L の雇用量に比例して地方公共要素が供給されるケースを考えよう。この場合，L の追加雇用に伴う限界収益は，$F_L+F_B(B/L)$ に等しい。L の供給が外生的であることを踏まえると，各地域で要素価格はこの限界収益に等しくなる。そして，公共要素のレントは資本に一切帰着しないので，(12.24) が資本投資に関する利潤最大化条件としてそのまま有効になる。すなわち，移動不可能要素の雇用に条件づけられた供給がなされているという前提の下では，ZM モデルは不払い費用型要素の理論分析として捉えることが可能なのである[14]。

このように，OS・ZM モデルの違いを不払い費用型の供給メカニズムの文脈で考えると，両モデルの類似点と相違点が浮き彫りになる。(12.24) では資本の限界生産力が資本誘致の機会費用である純収益率（$F_K>r$）を上回るから，地方政府は常に資本誘致の誘因を持つ[15]。本章第3節で指摘したように，拡張版 OS モデルでも，公共生産に関して規模の経済性が存在するケース（$\Psi>0$）には同様の議論が当てはまる。この類似性については，ZM モデルにおける地方公共要素の供給ルール (10.9) と本章でのルール (12.21) との比較から明らかであろう。

しかしながら，地方公共要素の資本税調達が地域資本量に与える影響については，両モデルで結論は異なる可能性がある。(12.20) について議論されたように，OS モデルでは，資本税調達による公共支出の増加は地域資本量を減少させる。しかしながら，不払い費用型要素に関して ZM モデルで同様の結論が成立するとは限らず，過剰供給の可能性を排除できない[16]。以上の OS・ZM モ

---

13 第11章のように，共同消費性が部分的である場合にも，(12.24) は適用可能である。
14 第9章2節において Feehan and Batina (2007) に関して議論したように，政府が不払い費用型要素の配分方法を特定しないフリー・アクセスのケースでは，全要素について"限界生産力≠要素価格"となるので，(12.2) と (12.24) はいずれも利潤最大化条件として成立しなくなる。
15 この点については，第1章1節の地域間財政外部性に関する議論を参照してもらいたい。
16 不払い費用型要素の場合には，生産関数が公共要素を含む全変数について1次同次であるため，ZM モデルでは過剰供給の可能性を否定できない。この議論は，地域企業数を一定とする場合の

デルの比較を通じて明らかになるのは，租税競争が不払い費用型要素の供給に及ぼす影響は，その供給メカニズムに大きく依存するということである。

別の興味深いOS・ZMモデルの相違点は，公共生産の費用構造に関する前提の重要性である。本章での議論は，OSモデルにおいて公共生産の費用構造が決定的に重要な役割を果たしていることを示している。しかしながら，ZMモデルでは，租税競争均衡の規範的性質と公共生産の規模の経済性との間に因果関係は存在しない[17]。本章のモデル分析の文脈から判断すると，この因果関係の不在は"ZMモデルにおいては資本誘致誘因が予め前提とされている"ことに起因すると思われる。本章の拡張版OSモデルでは，地域資本量を増加させたいのかあるいは減少させたいのかの政策誘因が，公共生産の費用構造に応じて決定される。

補論　地域資本量の変化について

ここでは，(12.20)の導出プロセスを示すとともに，(12.20)に含まれる$B'(T)$の符号を定める条件について論ずる。最初に，(12.2)と(12.6)の比較静学の結果を提示しておく：

$$K'(T) = \frac{C' - (F_{KB} + R_B)K}{\Gamma} \quad (A12.1)$$

$$B'(T) = \Lambda/\Gamma \quad (A12.2)$$

$\Gamma \equiv C'(F_{KK} + R_K) + T(F_{KB} + R_B)$である。$\Lambda$の定義は(12.13)で与えられる。

(A12.2)は次の2つの条件の下で正である：(a) Bを一定として，Tの増加が地方政府の予算余剰を増加させる（ラッファー効果の不在）；(b) Tを一定として，Bの増加が地方政府の予算余剰を下落させる。(a)は$\Lambda < 0$を，そして

企業貢献型に関するものと全く同じである（第10章2節冒頭の議論を参照）。

17　一般に地方公共要素の限界費用を$C'(B)$とすると，第8章で取り上げたZM安定条件（8.10式を参照）は$C' > F_{KB}K$になる。この条件が租税競争均衡において成立すれば過少供給状態になるが，第10章1節で議論したように，この条件は$F_B > F_{KB}K$に置き換えることができる（10.4式に関する議論を参照）。すなわち，ZMモデルで本質的に重要なのは，生産関数の性質であって地方公共生産の費用構造ではない。

(b) は $\Gamma<0$ を意味する。これらの性質を確認するために，T と B それぞれの変化が K に与える影響に注目する。(12.2) より

$$\partial K/\partial T = \frac{1}{F_{KK}+R_K} ; \quad \partial K/\partial B = -\frac{F_{KB}+R_B}{F_{KK}+R_K} \tag{A12.3}$$

を得る。$\partial K/\partial T<0$ を前提とすると，(a) について，$T(\partial K/\partial T)+K>0$ は $\Lambda=F_{KK}K+R_KK+T<0$ と同義である。そして，(b) について，$C'-T(\partial K/\partial B)>0$ は $\Gamma<0$ と同義である。

以下では，(12.8) が解かれている租税競争均衡においては，$K'(T)/B'(T)$ が (12.20) のフォーミュラで与えられることを示す。(A12.1) と (A12.2) より

$$\frac{K'(T)}{B'(T)} = \frac{C'-(F_{KB}+R_B)K}{\Lambda} \tag{A12.4}$$

を得るが，この式の分子は (12.4) より $C'-F_B-(F_{KB}K+F_{BB}B)$ に等しい。また，(12.14) より，均衡では $C'-F_B=(\lambda/\mu K)(F_{KB}K+F_{BB}B)$ が成立している。したがって，(A12.4) を均衡で評価すると，次の式に等しくならなければならない：

$$\frac{K'(T)^*}{B'(T)^*} = \frac{[(\lambda/\mu K)-1](F_{KB}K+F_{BB}B)}{\Lambda} \tag{A12.5}$$

さらに，(12.9) 及び (12.12) から $(\lambda/\mu K)-1=-1/\mu=-\Lambda/(F_{KK}K+F_{KB}B)$ を (A12.5) へ代入すると

$$\frac{K'(T)^*}{B'(T)^*} = -\frac{F_{KB}K+F_{BB}B}{F_{KK}K+F_{KB}B}$$

を得る。

第13章

地方公共財・公共要素の支出構成

❖ はじめに

　租税競争文献において議論される公共支出の非効率性は，公共サービスの供給量のみならず，様々なサービスの組み合わせの問題も包含している。本章及び次章では，租税競争が公共支出の構成に与える影響を考察する。本章の分析対象は，地方公共財・公共要素の支出構成である。このトピックについては，第7章2節で紹介した Keen and Marchand (1997)（以下，本章では KM と略する）による"地方公共要素の相対的過剰供給"に関する議論がある。KM モデルにおける支出構成の非効率性は，地域間資本移動の下で両タイプの公共サービスが異なる経済効果を持つことに起因する。資本課税ベースの拡大を目指す地方政府は，消費面にしか効果を持たない地方公共財と比べて，直接的な資本誘致効果を持つ地方公共要素を重視するバイアスを持つ。

　KM モデルの拡張として，本章では地域間人口・資本移動が併存するケースを考える。労働と資本を地域間移動可能な生産要素とし，土地を移動不可能な要素とする[1,2]。地域間効用均等化を通じて，経済全体の人口・労働配分が決定される。本章の同質小地域モデルでは，人口移動の導入は租税競争に伴う公共支出水準の非効率性に本質的な影響を与えない[3]。しかしながら，公共支出構

1　KM モデルには資本税のみならず労働税も含まれているが（第3章1節参照），支出構成の問題に焦点を絞るために，本章では資本税のみを考える。資本税調達を前提とするという意味において，本章のモデルは地方公共財・公共要素を両方とも含む ZM のオリジナル・モデルに人口移動を導入したものとも言える。

2　労働・人口移動を考慮しない第Ⅱ部の他章では，地域間移動しない生産要素を一括して"移動不可能要素"という抽象的名称で呼んでいる。しかしながら，本章では，地方財政理論における人口移動モデルの慣例に従って，移動不可能要素を"土地"と呼ぶことにする。

3　第4章2節で言及したように，人口移動は大地域間の租税競争の規範的帰結に大きな影響を与

成については，人口移動は重要な含蓄を持つ。労働と資本が補完的生産要素である場合，地方公共財の供給増は他域から住民・労働者を引きつけることで資本誘致効果を発揮する。この効果が地方公共要素の資本誘致効果を上回るかもしれない。これら2つの公共サービスの資本誘致効果が同じ程度になる可能性もある。この場合，均衡公共支出水準は非効率であっても，支出構成は効率的である。本章では，特定の生産関数（CES関数やCobb-Douglas関数）について，このような"変則的状態"が発生するケースを例示する。

本章の議論は，分権的な環境政策にも関連している。第7章2節において，公共財・公共要素の支出構成の問題と環境政策との関連性を指摘した。本章の分析内容から類推すれば，"租税競争は資本誘致のための環境基準切り下げ競争を誘発する"という単純な構図は，人口移動が存在する場合には必ずしも成立しないことになる。環境改善による人口誘致が資本誘致につながるならば，租税競争の下でかえって過度に厳しい基準が設定される可能性がある。

13-1. 人口移動を導入した租税競争モデル

多数の同質小地域からなる経済を考える。地域間で資本と労働は移動可能である。居住地域と労働地域は一致するものとし，地域境界を跨いだ通勤は捨象する。各労働者はそれぞれ1単位の労働を供給する。各地域における労働供給量は地域人口に等しい。経済全体で資本量と人口は一定であるが，移動性のため地域資本量 K と地域労働量 L は内生的である。各地域には移動不可能要素として供給量が固定された土地 Q が存在し，資本と労働と併せて生産に投入される。これらの3つの民間要素と地方公共要素 B を使用して，競争企業がニュメレール財を生産する。この財は，消費財 C，地方公共要素あるいは地方公共財 G に1対1で変形可能である。各地域の生産関数は $F(Q,L,K,B)$ で与えられる。限界生産力逓減と要素間補完性を前提とする（$F_i>0>F_{ii}$ 及び $F_{ij}>0$）。生産関数は L と K について凹関数である（$F_{LL}F_{KK}-(F_{LK})^2>0$）。

本章では，地方公共財・公共要素のいずれについても純粋公共サービスであ

える。本章における公共支出水準の議論は，第4章1節で言及したMatsumoto（2000a）に関する過少供給の議論に対応する。

ることを前提とする。そして，分析を単純化するために，主に要素貢献型の地方公共要素を考える。このタイプの定義上，生産関数は次の条件を満たさなければならない（第9章1節を参照）：

$$F = F_L L + F_K K + F_Q Q \tag{13.1}$$
$$F_B = F_{LB} L + F_{KB} K + F_{QB} B \tag{13.2}$$

本章のエッセンスは，企業貢献型公共要素にも当てはまる。しかしながら，このタイプについては，地域企業数を内生化する条件を理論モデルに加えねばならないので，分析はかなり煩雑になる。このため，本章では，要素貢献型に関してのみフォーマルな分析の全体を提示する。企業貢献型については，支出構成に関する分析結果のみを本章末尾の補論で提示しておく。

地方公共サービスの財源は，資本税によって調達される。市場価格と政策変数を与件として，競争企業は利潤を最大化するように要素量を選択する。地方政府の予算制約と利潤最大化1階条件は，以下の式で与えられる：

$$TK = G + B \tag{13.3}$$
$$F_K(Q, L, K, B) = r + T \tag{13.4}$$
$$F_L(Q, L, K, B) = W \tag{13.5}$$

T, r, W はそれぞれ資本税率，純資本収益率，賃金率である。各地域は開放小地域なので，経済全体の資本市場で決定される r を与件として扱う。

経済の全住民は選好・賦存に関して同質的であり，より高い効用を求めて地域間移動する。各住民の効用関数を $U(C, G)$ とする[4]。1単位の労働に加えて，全住民は経済に賦存する資本と各地域の土地を均等に所有する。y を土地と資本からの所得の合計額とすると，各住民の予算制約は $C = W + y$ で与えられる。地域間人口移動の下では，全地域間で住民の効用水準は均等化する：

$$U(W + y, G) = \overline{U} \tag{13.6}$$

$\overline{U}$ は均等化された効用の水準である。小地域の前提により，各地域は $\overline{U}$ と y を与件として扱う。各住民が全地域に土地を分散保有していることを踏まえると，個別の住民が各地域に持つ土地のシェアは十分に小さいと考えられる[5]。

---

[4] 効用関数は準凹関数であり，限界効用逓減及び限界代替率逓減を満たす。
[5] すなわち，各住民が居住地域で所有する土地のシェアは十分に小さい。したがって，個別の地方政府の政策は地元の土地レントに影響を与えるものの，住民の非労働所得に影響することはない。

各地域の地方政府は，r，$\overline{U}$ 及び y を与件として，土地レントを最大化するように政策選択を行う。各地域が単独で行う公共政策の変化は r，$\overline{U}$ 及び y に影響しないものの，その効果は地元の土地レントに還元される。このため，土地レントは地方政策の便益の尺度として有用である。地方財政理論では，地域間人口移動を考慮する場合，効用テイカーである地方政府の政策目的として，土地レント最大化を考えるのが標準的である[6]。特に小地域のケースについては，地域人口を一定とした場合の効用最大化と，効用水準を一定とした場合の土地レント最大化が"双対関係"にあることが知られている。

したがって，土地レント最大化に基づく租税競争均衡の非効率性を検討する際には，通常の効用最大化に基づく資源配分効率性の条件をベンチマーク・ケースとしても差し支えはない。すなわち，地方公共財についてはサミュエルソン・ルールが，そして地方公共要素については貝塚ルールが，効率的供給条件として当てはまる：

$$L(U_G/U_C) = 1 \tag{13.7}$$
$$F_B = 1 \tag{13.8}$$

これらの式より，効率的配分状態では限界便益を均等化するように，すなわち，$L(U_G/U_L)=F_B$ を保つように公共支出構成が決定されていることになる。

13-2. 地方政府の最適化問題

各地方政府が解くべき最適化問題を定式化する。(13.6) は賃金率を G の関数として与える（$W(G)$ と記す）。この関数を (13.5) に代入すると

$$F_L(Q, L, K, B) = W(G) \tag{13.9}$$
$$W'(G) = -U_G/U_C \tag{13.10}$$

を得る。(13.4) と (13.9) は，K と L を T，G 及び B の関数として与える（$K(T,G,B)$ 及び $L(T,G,B)$ と記す）。これらの関数を適用すると，土地レント最大化問題は次のように定式化される：

$$\text{Max}_{T,G,B}\ F(Q, L(T,G,B), K(T,G,B), B) - W(G)L(T,G,B)$$

---

[6] 土地レント最大化については，第4章1節冒頭の議論を参照せよ。

$$-(r+T)K(T,G,B)+\lambda[TK(T,G,B)-G-B] \qquad (13.11)$$

λ はラグランジェ未定乗数である．1階条件は次の通りである：

$$-K+\lambda(K+T\partial K/\partial T)=0 \qquad (13.12)$$
$$L(U_G/U_C)+\lambda(T\partial K/\partial G-1)=0 \qquad (13.13)$$
$$F_B+\lambda(T\partial K/\partial B-1)=0 \qquad (13.14)$$

これらの式は，税・支出政策の地域資本量への影響を反映している．(13.4) と (13.9) の比較静学により，$\Omega \equiv F_{LL}F_{KK}-(F_{LK})^2>0$ とすると，以下の結果を得る：

$$\partial K/\partial T = \frac{F_{LL}}{\Omega}<0; \quad \partial K/\partial G = \frac{F_{LK}(U_G/U_C)}{\Omega}>0;$$

$$\partial K/\partial B = \frac{F_{LK}F_{LB}-F_{LL}F_{KB}}{\Omega}>0 \qquad (13.15)$$

(13.15) の符号は，限界生産力逓減と要素間補完性に基づく．資本増税は地域資本量を減少させる一方で，地方公共サービスの供給増は K を増加させる．地方公共要素の資本誘致効果は，その生産性効果に起因する．地方公共財は，他域から住民を引きつけることによって労働供給を増加させる．要素間補完性の下では，雇用増加は資本の生産性を高めて地域資本量を増加させる．

13-3. 均衡支出水準

本節では，地方公共サービスの供給水準の非効率性を検討する．(13.12) 及び (13.13) より，地方公共財の供給ルールを得る：

$$L(U_G/U_C)-1=-T\Delta_{G,T}K \qquad (13.16)$$
$$\Delta_{G,T}K \equiv \partial K/\partial G+(\partial K/\partial T)\frac{L(U_G/U_C)}{K} \qquad (13.17)$$

地方公共要素の供給ルールは，(13.12) 及び (13.14) より導出される：

$$F_B-1=-T\Delta_{B,T}K \qquad (13.18)$$
$$\Delta_{B,T}K \equiv \partial K/\partial B+(\partial K/\partial T)(F_B/K) \qquad (13.19)$$

$\Delta_{G,T}K$ と $\Delta_{B,T}K$ は，資本税調達によって地方公共サービスを増加させた場合に発生する地域資本量の変化を示す：

$$\Delta_{G,T}K = \partial K/\partial G + (\partial K/\partial T)(\partial T/\partial G);$$
$$\Delta_{B,T}K = \partial K/\partial B + (\partial K/\partial T)(\partial T/\partial B) \qquad (13.20)$$

地方政府予算制約 (13.3) を微分すると $(K+T\partial K/\partial T)dT+(T\partial K/\partial G-1)dG+(T\partial K/\partial B-1)dB=0$ を得るが,この式に (13.12)〜(13.14) を適用することで次の式が導かれる:

$$KdT - L(U_G/U_C)dG - F_B dB = 0 \qquad (13.21)$$

均衡予算を保つためには,政策変数の変化は (13.21) を満たさなければならない。この式から,地方公共サービスを増加するために必要な資本増税として $\partial T/\partial G = L(U_G/U_C)/K$ 及び $\partial T/\partial B = F_B/K$ が得られるので,(13.20) が確認できる。(13.15) を (13.17) と (13.19) に代入すると

$$\Delta_{G,T}K = \frac{(U_G/U_C)(F_{LL}L+F_{LK}K)}{\Omega K} < 0;$$

$$\Delta_{B,T}K = \frac{[F_{LL}(F_B-F_{KB}K)+F_{LK}F_{LB}K]}{\Omega K} < 0 \qquad (13.22)$$

を得る。(13.1) 及び (13.2) の下では,$\Delta_{G,T}K$ と $\Delta_{B,T}K$ はいずれも負である[7]。

以上から,地方公共財・公共要素のいずれについても,資本税調達による供給増は地域資本量を減少させる。したがって,(13.16) と (13.18) より,租税競争均衡においては,地方公共サービスの限界便益は限界費用を上回る。同質地域間の対称的均衡に関する限り,"限界便益>限界費用"は各公共サービスの供給量が過少であることを意味する。対称均衡では,移動可能要素が各地域に均一に配分される。1地域当たりの人口・資本量をそれぞれ $\overline{L}, \overline{K}$ とすると,(13.8) を満たす効率的配分状態では $F_B(Q,\overline{L},\overline{K},B^F)=1$ である。租税競争均衡における地方公共要素の供給量を B^* とすると,$F_B(Q,\overline{L},\overline{K},B^*)>1$ が成立するので $B^F>B^*$ を得る。

地方公共財についても,この財が正常財である限り,均衡において過少供給が発生する。簡単な図解でこの点を確認しておこう[8]。図1は,(C,G) 空間に

---

[7] $\Delta_{G,T}K$ については,民間要素に関する1次同次性により $F_{LL}L+F_{LK}K=-F_{LQ}Q$ であるから,要素間補完性より負である。$\Delta_{B,T}K$ については,その分子は (13.2) より $F_{LL}(F_{LB}L+F_{QB}Q)+F_{LK}F_{LB}K$ に等しい。この式は,$F_{LL}(F_{LB}L+F_{QB}Q)+F_{LK}F_{LB}K=F_{LL}F_{QB}Q+F_{LB}(F_{LL}L+F_{LK}K)=(F_{LL}F_{QB}-F_{LB}F_{LQ})Q$ と変形できる。

[8] ここでの図と説明は,ZMによる図解と基本的に同じである (Zodrow and Mieszkowski 1986,

(a) $F(Q, \overline{L}, \overline{K}, B^F) = C+G$
(b) $F(Q, \overline{L}, \overline{K}, B^*) = C+G$

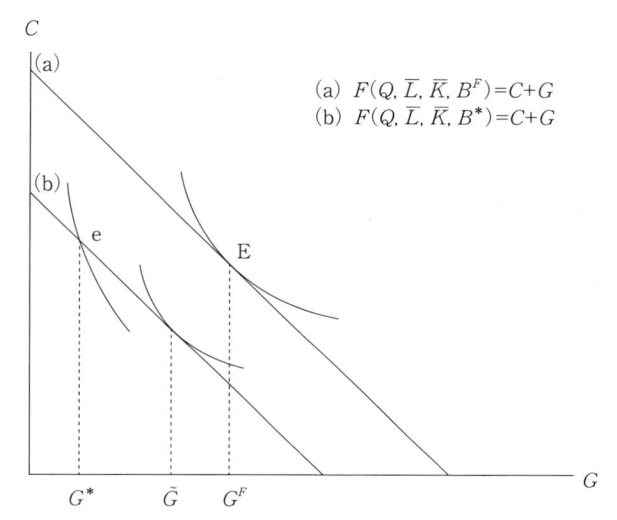

図1　租税競争が引き起こす地方公共財の過少供給

無差別曲線と対称的配分状態の下での消費可能性 $F=C+G$ を描いたものである。効率的配分状態と租税競争の下での消費可能性は，それぞれ（a）と（b）で示されている。この図で（13.7）の効率条件を満たすのはE点であり，効率的な地方公共財供給量は G^F である。他方，$\overline{L}(U_G/U_C)>1$ を満たす均衡供給量 G^* はe点で与えられる。（b）と無差別曲線の接点における地方公共財量 $\tilde{G}$ を考えると，正常財の前提は $G^F>\tilde{G}$ を，そして限界代替率逓減は $\tilde{G}>G^*$ を意味するから，$G^F>G^*$ が導かれる。

公共支出水準に関する結論を，以下の命題にまとめておく：

命題13.1
地域間人口・資本移動の下で，租税競争は過少な公共支出水準をもたらす。

（13.16），（13.18）及び（13.22）が示すように，公共支出水準の非効率性は資本税調達による地域資本量の減少に起因する。つまり，租税競争の非効率性は資

Figure 3 を参照）。

本移動に伴う地域間財政外部性によって生じている。同質小地域モデルに人口移動を導入しても，租税競争文献の基本命題である"過少課税・公共支出"に変更は生じない。

13-4. 均衡支出構成

(13.7) と (13.8) に関して言及したように，本章の理論モデルにおける効率的支出構成ルールは $L(U_G/U_L)=F_B$ である。これに対して，租税競争下の支出構成のルールは (13.13) と (13.14) から導出される：

$$L(U_G/U_C)-F_B = L(U_G/U_C)T\Delta_{B,G}K \tag{13.23}$$

$$\Delta_{B,G}K \equiv \partial K/\partial B-(\partial K/\partial G)\frac{F_B}{L(U_G/U_C)} \tag{13.24}$$

(13.21) より $\partial G/\partial B=-F_B/[L(U_G/U_C)]$ であるから，$\Delta_{B,G}K$ は支出構成を限界的に G から B へシフトした場合に生ずる地域資本量の変化を示している。したがって，(13.23) は，地域資本量への影響によって支出構成が歪められることを示している。$\Delta_{B,G}K$ が正であれば，G から B への支出シフトは資本誘致効果を発揮するので，他域への負の財政外部性を無視して，地方公共要素に偏った支出構成が選択されることになる。結果として，均衡では地方公共要素の限界便益が相対的に低くなる（$\Delta_{B,G}K$ が負であるケースは，逆に地方公共財に偏った支出構成が選択される）。

支出構成ルールに基づく議論を補完するために，対称均衡を起点とした全地域一律の支出構成の変化を考えよう。一律政策変化は人口・資本配分に中立的であり，$L=\overline{L}$ と $K=\overline{K}$ の両条件は維持される。同質地域・住民の前提から住民 1 人当たりの資本賦存は $\overline{k}\equiv\overline{K}/\overline{L}$ に等しく，N を地域数とすると住民 1 人当たりのレントは $NF_QQ/(N\overline{L})$ に等しい。したがって，$q\equiv Q/\overline{L}$ とすると，非労働所得は $y=r\overline{k}+F_Qq$ に等しい。以上の議論と (13.3)〜(13.6) により，対称均衡における各住民の効用は次の式で与えられる。

$$\omega \equiv U(F_L(Q,\overline{L},\overline{K},B)+[F_K(Q,\overline{L},\overline{K},B)-T]\overline{k}$$
$$+F_Q(Q,\overline{L},\overline{K},B)q, T\overline{K}-B) \tag{13.25}$$

人口・資本移動の下では，個別地域の政策変化は効用水準や資本純収益率に

影響せず，地域資本量と地域人口を変える。他方，対称均衡からの一律政策変化は各地域の人口・資本量に影響せず，(13.25) に従って純収益率と効用水準を変化させる。T を与件として，(13.25) を B に関して微分すると，全地域一律に G から B へと支出構成を変化させた場合の厚生効果が得られる[9]：

$$d\omega(G)/dB \equiv U_C(F_{LB} + F_{KB}\bar{k} + F_{QB}q) - U_G = U_C(F_B/\overline{L}) - U_G \quad (13.26)$$

第 2 の等号は (13.2) に基づく。均衡において (13.23) が成立していることを踏まえると，以下の結果を得る：

$$d\omega(G)/dB > 0 \Leftrightarrow \Delta_{B,G}K < 0 \quad (13.27)$$

したがって，$\Delta_{B,G}K < (>)0$ ならば，全地域一律の G から B（B から G）への支出構成の変化によって全住民の効用を高めることができる。

均衡支出構成の性質を以下の命題にまとめておく：

命題 13.2
租税競争均衡における税収を与件として，地方公共財（公共要素）が相対的に過剰供給される必要十分条件は，$\Delta_{B,G}K < (>)0$ である。

(13.15) を (13.24) に代入すると，次のフォーミュラが導出される：

$$\Delta_{B,G}K = \frac{[F_{LK}(F_{LB}L - F_B) - F_{LL}F_{KB}L]}{\Omega L} \quad (13.28)$$

生産関数に関する (13.1) と (13.2) の前提は，必ずしも (13.28) の符号を明確にするものではない。人口・資本移動が両方とも考慮されるケースでは，租税競争が地方公共財の相対的過剰供給をもたらす可能性がある。

本章の議論と KM を対比するために，(13.28) を詳しく検討してみよう。資本と地方公共要素の補完性（$F_{KB} > 0$）は，$\Delta_{B,G}K$ を正の方向に動かすことで地方公共要素が相対的に過剰供給されるバイアスを生み出す。資本生産性への直接的効果に起因するこのバイアスは，KM の議論でも指摘されているものであ

---

[9] 本章 3 節で検討した支出水準についても，(13.25) に基づく分析が可能である。地方政府の予算制約より，全地域一律の支出水準の増加は $dG = \overline{K}dT$ あるいは $dB = \overline{K}dT$ を満たさなければならない。この点を踏まえて (13.25) を微分すると，資本税調達による全地域一律の G（B）の増加が正の厚生効果を持つ必要十分条件は，$\Delta_{G,T}K < 0$（$\Delta_{B,T}K < 0$）が均衡で成立していることである。

り，人口移動の有無には関係はない。他方，(13.2) より $F_{LB}K<F_B$ であることを踏まえると，労働と資本の補完性 ($F_{LK}>0$) は $\Delta_{B,G}K$ を負の方向に動かすことが分かる。すなわち，移動可能要素間の補完性は，地方公共財が相対的に過剰供給されるバイアスを生み出す。本章の人口移動モデルでは，個別地域による B から G への支出構成の変化は，当該地域の人口を増加させる[10]。そして，地域人口の増加は，労働と資本の補完性を通じて地域資本量を増加させる効果を持つ。

人口移動を考慮しない KM モデルでは，労働と資本の補完性は地方公共要素の相対的過剰供給をもたらす要因となる。労働・余暇選択を導入した彼らのモデルにおいては，地方公共要素の供給増は労働の限界生産力を高めて労働供給を増加させる。この効果は，要素間の補完性を通じて地域資本量の増加に貢献する。以上の KM との比較から，要素補完性と支出構成の非効率性との因果関係が，人口移動の有無に応じて大きく異なることが明確になる。

(13.28) の符号の不明確さは，$\Delta_{B,G}K=0$ が成立する可能性を暗示する。つまり，租税競争均衡において公共支出水準は過少であるにもかかわらず，公共支出構成は効率的であるという変則状態が発生するかもしれない。例として，民間・公共要素間で分離可能な生産関数 $F=\alpha(B)f(Q,L,K)$ を考えよう。f は1次同次関数である。この例における (13.28) の分子は，$\alpha(B)$ の導関数を除けば，

$$f_{LK}(f_L L - f) - f_{LL}f_K L = Qf_Q f_K \left(\frac{f_{LQ}}{f_Q} - \frac{f_{LK}}{f_K}\right) \quad (13.29)$$

に等しい[11]。$f=(A_Q Q^\rho + A_L L^\rho + A_K K^\rho)^{1/\rho}$ であれば，(13.29) の右辺はゼロに等しくなり $\Delta_{B,G}K=0$ が成立する。生産関数が CES 型（あるいは Cobb-Douglas 型）であれば，租税競争が公共支出水準と構成に与える影響は全く異

---

[10] (13.4) と (13.9) の比較静学から，$\partial L/\partial G = -F_{KK}(U_G/U_C)/\Omega>0$ 及び $\partial L/\partial B = (F_{LK}F_{KB} - F_{KK}F_{LB})/\Omega>0$ が導出される。これらと (13.21) を併せて，以下の式を得る：

$$\partial L/\partial G + (\partial L/\partial B)(\partial B/\partial G) = \frac{(U_G/U_C)[F_{KK}(F_{LB}L-F_B)-F_{LK}F_{KB}L]}{F_B\Omega}$$

(13.2) 及び $F_{LK}L+F_{KK}K=-F_{KQ}Q$ を右辺分子に適用すると，右辺の符号が正であることを確認できる。

[11] (13.29) の等号は，$f_L L - f = -(f_K K + f_Q Q)$ 及び $-f_{LL}L = f_{LK}K + f_{LQ}Q$ を左辺に代入して得られる。

なるものになる。

公共支出水準と構成の規範的性質の違いは，非効率性解消のための中央介入について興味深い含蓄を有する。一般に，複数の地方公共サービスが租税競争のために過少供給されている場合，その補正策として個別のサービスについてのマッチング助成が考えられるかもしれない[12]。しかしながら，支出構成が効率的ならば，地方税収そのものの縮小が本質的な問題である。このような場合には，中央政府による介入を使途制限のない一般補助金に限定して，支出構成を地方裁量に委ねるのが分権化の望ましい方向かもしれない。

補論　企業貢献型について

本章では，要素貢献型の公共要素を想定してフォーマルな分析を展開してきた。本章の議論のエッセンスは，企業貢献型にも当てはまる。このタイプの公共要素について，ここでは支出構成に焦点を絞って議論する[13]。第10章2節と同様に，市場への自由参入を前提とする。地域企業数は，地方公共要素のレントが参入に伴うサンク・コスト S と等しくなるように決定される。各地域における総生産を $F(Q,L,K,MB)$ $(F_b \equiv \partial F/\partial(MB))$ とすると，競争企業の利潤最大化条件及び自由参入条件は，以下の体系で与えられる。

$$F_K(Q,L,K,MB) = r+T \quad (A13.1)$$

$$F_L(Q,L,K,MB) = W(G) \quad (A13.2)$$

$$BF_b(Q,L,K,MB) = S \quad (A13.3)$$

この体系を解いて $K(T,G,B)$, $L(T,G,B)$ 及び $M(T,G,B)$ の関数が得られる。これらの関数を適用して，土地レント最大化問題は以下のように定式化される：

$$\begin{aligned}
Max_{T,G,B} \ & F(Q,L(T,G,B),K(T,G,B),M(T,G,B)B) \\
& -W(G)L(T,G,B)-(r+T)K(T,G,B) \\
& -SM(T,G,B)+\lambda[TK(T,G,B)-G-B]
\end{aligned}$$

12　第6章1節冒頭の議論を参照。
13　命題13.1は，企業貢献型の公共要素が供給されるケースにも当てはまる。

G と B の 1 階条件から，次の支出構成のルールが導かれる：

$$L(U_G/U_C) - MF_b = L(U_G/U_C) T\Delta_{B,G}K \tag{A13.4}$$

$$\Delta_{B,G}K \equiv \partial K/\partial B - (\partial K/\partial G)\frac{MF_b}{L(U_G/U_C)} \tag{A13.5}$$

(A13.4) に関しては，(13.23)〜(13.27) と同様のアプローチで，命題 13.2 と同じ結論を導き出すことができる。したがって，以下では (A13.5) を検討する。

(A13.1)〜(A13.3) の比較静学により，以下の結果を得る：

$$\partial K/\partial G = \frac{B^2(U_G/U_C)(F_{Kb}F_{Lb}-F_{LK}F_{bb})}{H}; \quad \partial K/\partial B = \frac{F_bB(F_{LK}F_{Lb}-F_{LL}F_{Kb})}{H} \tag{A13.6}$$

H は (A13.1)〜(A13.3) のヤコビアンに－1 を掛けたものであり，正である[14]。これらを (A13.5) に適用して

$$\Delta_{B,G}K = \frac{F_bB}{HL}[F_{LK}(F_{Lb}L + F_{bb}MB) - F_{Kb}(F_{LL}L + F_{Lb}MB)]$$

$$= \frac{F_bBQ}{HL}[F_{Kb}F_{LQ} - F_{LK}F_{bQ}] \tag{A13.7}$$

を得る[15]。(A13.7) より，B と K の補完性は地方公共要素が相対的に過剰供給されるバイアスを生み出す一方で，L と K の補完性は逆のバイアスを生む。これらの性質は，要素貢献型公共要素に関して (13.28) から導かれる結果と同じである。また，各地域の生産関数が CES 型あるいは Cobb-Douglas 型関数である場合，租税競争均衡における公共支出構成は効率的である。例えば，生産関数が $F = (A_QQ^\rho + A_LL^\rho + A_KK^\rho + A_b(MB)^\rho)^{1/\rho}$ であれば，(A13.7) の右辺はゼロである。このケースでは，租税競争に伴う非効率性は公共支出水準の過少性に限定される。

14　H のフォーミュラは以下の行列式で与えられる：

$$H \equiv \begin{vmatrix} F_{KK} & F_{KL} & BF_{Kb} \\ F_{LK} & F_{LL} & BF_{Lb} \\ BF_{bK} & BF_{bL} & B^2F_{bb} \end{vmatrix} \times (-1)$$

生産関数の L, K 及び MB に関する凹性を前提とする限り，このフォーミュラの符号は正である。

15　第 2 の等号は，公共要素を含む全要素についての 1 次同次性から，$F_{LL}L + F_{Lb}MB = -(F_{LQ}Q + F_{LK}K)$ 及び $F_{bL}L + F_{bb}MB = -(F_{bQ}Q + F_{bK}K)$ を適用して得られる。

第14章

要素特殊的公共要素の支出構成

❖ はじめに

　複数の公共サービスを分析する場合，消費者を対象とする公共財と生産者を対象とする公共要素の2つのカテゴリーに分けて考えるのは合理的なアプローチと思われる。ZM モデルは地方公共財・公共要素の両方を含むモデルであるから，これらのサービスの支出構成に焦点を当てる Keen and Marchand（1997）や前章の分析（そして第7章2節で言及した関連研究）は，租税競争文献の自然な理論的拡張と考えられる。生活関連あるいは生産関連の公共サービスに関する理論分析においては，これらのサービスを大くくりにして，それぞれ単一の公共財あるいは公共要素としてモデル化することが多い。しかしながら，現実には公共財・公共要素には多様なサービスが含まれる。本章では，複数の地方公共要素が供給されるケースを想定し，租税競争が公共支出水準及び構成に与える影響を検討する。

　地方公共要素の支出構成を検討する際には，この要素をどのように分類するかが問題になる。本章では，1つの可能な分類として要素特殊性に着目し，移動不可能要素と資本をそれぞれ補完する地方公共要素を考える[1]。資本特殊的な公共要素の例としては，インフラ関係が挙げられる。また，移動不可能要素を労働や土地とする場合，特殊的な公共要素として職業訓練，教育一般，区画整理や土地造成事業などが挙げられる。他の分類方法として，複数の生産部門を想定した産業特殊的あるいは部門特殊的な公共要素の分析が想起されるかも

---

[1] 地方公共財の支出構成を考える場合にも，公共サービスの分類について同様の問題が生ずる。第7章2節で言及した Borck（2005）は，本章と同様に，サービス対象の地域間移動性に応じた地方公共財の分類（移動可能・不可能な労働者に対して異なる地方公共財を供給）を想定している。

しれない。しかしながら，特定の産業・部門を助成するにしても，具体的な助成策を策定する際には，当該産業・部門で使用される特定の生産要素の雇用や使用を対象にすることも考えられる。したがって，要素特殊的公共要素のコンセプトに基づく研究は，生産関連の公共支出構成を検討する上で１つのベンチマークを提供するものと言えよう[2]。

本章のフレームワークは，移動不可能要素と資本にそれぞれ特殊的な２つの地方公共要素を，ZMの１生産部門モデルに導入したものである。要素特殊的な公共要素は，ハロッド中立的あるいはソロー中立的技術進歩と同様の生産効果を持つものとしてモデル化される。租税競争が公共支出構成に与える影響について，このシンプルな理論モデルは明快な結論をもたらす。支出構成の非効率性を決定づけるのは，地方公共要素の生産効果の差ではなく，移動不可能要素と資本の間の要素代替の弾力性である。要素代替の弾力性が１を超える（下回る）場合，租税競争均衡における税収額を与件として，資本特殊的な地方公共要素が相対的に過剰（過少）供給される。他方，要素代替の弾力性が１に等しい場合，租税競争によって公共支出水準は過少になるものの，支出構成の効率性は損なわれない。

14-1. 要素特殊的公共要素を導入した租税競争モデル

多数の同質小地域からなる経済を考える。各地域には一定量の資本 $\overline{K}$ と移動不可能要素 L が賦存しており，地元住民によって所有されている。資本は地域間移動可能であり，他域に投資することができる。これらの生産要素と２種類の地方公共要素（B^l 及び B^k）を使って，競争企業がニュメレール財を生産する。地域資本量を K とする。各地域の生産関数は

$$F(\alpha(B^l)L, \beta(B^k)K) \tag{14.1}$$

で与えられる。B^l と B^k は，それぞれ移動不可能要素と資本に特殊的な地方公共要素である。各公共要素が正の生産効果（$\alpha'(B^l)>0$ 及び $\beta'(B^k)>0$）を持つ

---

[2] Konrad (1995) は，地域間人口移動を導入した理論モデルにおいて，教育とインフラの公共支出構成を検討している。本章の支出構成の捉え方は，彼の基本的発想に近い。しかしながら，彼の分析対象は世代間再分配の問題であり，本章の租税競争の分析とは全く異なるものである。

ことに加えて，生産関数の 1 次同次性を前提とする：

$$F = F_l \alpha L + F_k \beta K; \quad F_l \equiv \partial F/\partial(\alpha L); \quad F_k \equiv \partial F/\partial(\beta K) \quad (14.2)$$

限界生産力逓減と民間要素間の補完性（$F_{lk}>0$）も併せて前提とされる[3]。

　(14.1) の生産関数は，Hillman (1978) や McMillan (1979) の公共要素モデルに基づく。このように定式化されると，B^l と B^k はハロッド中立的あるいはソロー中立的な技術進歩に類似した効果を持つものとなる[4]。1 次同次性の前提より，本章の地方公共要素は要素貢献型のカテゴリーに含まれるが，民間要素の実質的供給量への影響が新たに加わる。B^i（$i=l$ あるいは k）の増加は，それが補完する民間要素の限界生産力を高めると同時に，当該要素の実質的供給量（$\alpha(B^l)L$ あるいは $\beta(B^k)K$）を増加させる。例えば，職業訓練や教育は，労働者数が一定であっても，彼らの生産性を高めて実質的な労働力を強化する。インフラへの投資は，民間資本の生産力を強化して地域資本を実質的に増やす効果がある。要素特殊的な公共要素の増加は，それが補完する民間要素の実質的供給量を増やすことで，別の民間要素の生産性を高める効果も持つ。

　B^l と B^k のための財源は資本税によって調達される。競争企業の利潤最大化条件と地方政府の予算制約は，それぞれ以下の式で与えられる：

$$\beta(B^k)F_k(\alpha(B^l)L, \beta(B^k)K) = r+T \quad (14.3)$$

$$TK = B^k+B^l \quad (14.4)$$

r と T は，それぞれ資本純収益率と資本税率である。各地方政府は，(14.3) 及び (14.4) の制約の下で，地域住民の所得を最大化するように政策変数を選択する。要素賦存（L 及び $\overline{K}$）からの所得は

$$F(\alpha(B^l)L, \beta(B^k)K) - (r+T)K + r\overline{K} \quad (14.5)$$

に等しい。小地域の前提から，各地域は資本市場において決定される純収益率を与件として政策決定を行う。

　本節を締めくくるに当たり，以上のモデルにおける資源配分効率性の条件を

3　(14.1) の生産関数では，$F_{lk}>0$ であっても地方公共要素と民間要素の補完性は必ずしも成立しない。このことが，公共支出水準の分析を複雑にする（命題 14.1 及び本章 3 節末尾の議論を参照）。

4　Hillman (1978) と McMillan (1979) により定義された生産関数は，$F(\alpha(B)L, \beta(B)K)$ である。本章の分析は，彼らのモデルを要素特殊的公共要素の研究に応用したものである。なお，分離可能なケースである $\alpha(B)F(L,K)$ は，ヒックス中立的技術進歩を前提とした定式化に対応する（Feehan 1998 を参照）。

提示しておく。各地方政府が一括固定税で公共支出を行う場合，限界便益と限界費用が一致するように各地方公共要素は供給される。この条件は以下のように定式化される：

$$\beta' F_k K = 1 ; \quad \alpha' F_l L = 1 \tag{14.6}$$

左辺は各地方公共要素の限界生産力を示す。(14.6) より，効率的配分状態では，限界生産力が均等化（$\alpha' F_l L = \beta' F_k K$）するように支出構成が決定される。

14-2. 地方政府の最適化問題

(14.3) から資本需要関数 $K(T, B^k, B^l)$ が得られる。この関数を (14.4) 及び (14.5) に代入すると，地方政府によって解かれるべき最適化問題は

$$\text{Max}_{T, B^k, B^l} F(\alpha(B^l)L, \beta(B^k)K(T, B^l, B^k)) - (r+T)K(T, B^l, B^k) + r\overline{K}$$
$$+ \lambda[TK(T, B^l, B^k) - B^k - B^l] \tag{14.7}$$

になる。λ はラグランジェ未定乗数である。T, B^k 及び B^l に関する 1 階条件に (14.3) を適用すると，次の体系を得る：

$$-K + \lambda(K + T\partial K/\partial T) = 0 \tag{14.8}$$
$$\beta' F_k K + \lambda(T\partial K/\partial B^k - 1) = 0 \tag{14.9}$$
$$\alpha' F_l L + \lambda(T\partial K/\partial B^l - 1) = 0 \tag{14.10}$$

これらの式に含まれる $K(T, B^k, B^l)$ の導関数は，次の通りである：

$$\partial K/\partial T = \frac{1}{\beta^2 F_{kk}} = -\frac{FK}{\alpha\beta F_l F_k L}\sigma \tag{14.11}$$

$$\partial K/\partial B^k = \frac{\beta' F_k + \beta\beta' F_{kk}K}{-\beta^2 F_{kk}} = \frac{\beta' FK}{\alpha\beta F_l L}\sigma - \frac{\beta'}{\beta}K \tag{14.12}$$

$$\partial K/\partial B^l = \frac{\alpha' F_{lk}L}{-\beta F_{kk}} = \frac{\alpha'}{\alpha}K \tag{14.13}$$

σ は L と K の要素代替の弾力性である（$\sigma \equiv F_l F_k/(F_{lk}F)$）。(14.11)〜(14.13) の第 2 の等号は生産関数の 1 次同次性（$F_{lk}\alpha L + F_{kk}\beta K = 0$）に基づく。

(14.11) については，資本税の投資抑制効果が σ と正相関であることは自明であろう。(14.12) は，B^k の増加が K に 2 つの影響を及ぼすことを示している。右辺第 1 項は，B^k の増加が資本の限界生産力を高めるために発生する効

果である。この資本生産性効果は L から K への代替を促すので，要素代替の弾力性が大きいほど投資促進効果は強くなる。(14.12) の右辺第 2 項は，B^k の実質的な地域資本量 ($\beta(B^k)K$) への影響に起因する。B^k の増加に伴う地域資本量の増加は，資本の限界生産力を低めて資本需要を減少させる。この資本ストック効果のために，資本特殊的な地方公共要素の増加は K を減少させるかもしれない[5]。(14.13) は，B^l の増加に伴う移動不可能要素の実質的供給 ($\alpha(B^l)L$) の増加が，要素補完性を通じて資本投資を促進することを示している。

14-3. 均衡支出水準

本節では，B^k と B^l の供給量の非効率性を検討する。(14.8) 及び (14.9) から B^k の供給ルールを得る：

$$\beta' F_k K - 1 = -T \Delta_{B^k, T} K \tag{14.14}$$

$$\Delta_{B^k, T} K \equiv \partial K/\partial B^k + (\partial K/\partial T)\beta' F_k \tag{14.15}$$

同様に，(14.8) と (14.10) から B^l の供給ルールが導出される：

$$\alpha' F_l L - 1 = -T \Delta_{B^l, T} K \tag{14.16}$$

$$\Delta_{B^l, T} K \equiv \partial K/\partial B^l + (\partial K/\partial T)(\alpha' F_l L/K) \tag{14.17}$$

これらの供給ルールに含まれる $\Delta_{B^k, T}K$ と $\Delta_{B^l, T}K$ は，資本増税によって B^k と B^l を増加させた場合に生ずる地域資本量の変化である：

$$\Delta_{B^i, T} K = \partial K/\partial B^i + (\partial K/\partial T)(\partial T/\partial B^i) \tag{14.18}$$

(14.18) は次の手順で確認できる。資本需要関数 $K(T, B^k, B^l)$ を地方政府の予算制約 (14.4) に代入して微分すると，$(K+T\partial K/\partial T)dT + (T\partial K/\partial B^l - 1)dB^l + (T\partial K/\partial B^k - 1)dB^k = 0$ を得る。この式に (14.8)〜(14.10) を適用すると，租税競争均衡において政策変数間で次の関係が成立しなければならないことが分かる：

$$KdT - \beta' F_k K dB^k - \alpha' F_l L dB^l = 0 \tag{14.19}$$

(14.19) より，$\partial T/\partial B^k = \beta' F_k$ 及び $\partial T/\partial B^l = \alpha' F_l L/K$ が導出される。

---

5 ただし，(14.11) が負になるのは，要素代替の弾力性が移動不可能要素の所得シェアを下回る場合 ($F_l \alpha L/F > \sigma$) なので，弾力性がかなり低いケースに限定される。

(14.6) と (14.14) あるいは (14.16) を比較することによって，各地域の政策変化に伴う地域資本量の変化が公共支出水準に影響していることが分かる。資本誘致を目指す各地方政府は，他域の資本量変化に伴う財政外部性を政策決定上考慮しない。$\Delta_{B^i,T}K$ が負（正）であれば，他域の資本量が増加（減少）して正（負）の財政外部性が発生するので，租税競争は B^i の過少（過剰）供給を引き起こす。

租税競争均衡の規範的性質を検証するため，同質小地域間の対称均衡について，全地域による一律政策変化の厚生効果を考える[6]。全地域が同一の政策を選択して資本が均一に分布している場合には，$K=\overline{K}$ が成立する。したがって，(14.5) から各地域の厚生は次の式で与えられる：

$$\omega \equiv F(\alpha(B^l)L, \beta(B^k)\overline{K}) - T\overline{K} \qquad (14.20)$$

(14.14) 及び (14.16) が成立している対称均衡から，全地域が一律に資本増税で B^i を増加させたとしよう。一律政策変化は $K=\overline{K}$ を維持するので，地方政府予算制約より $dB^i = \overline{K}dT$ が成立する。この点を踏まえて，(14.20) を微分して (14.14) と (14.16) を適用すると，以下の厚生効果が得られる：

$$d\omega(B^i)/dT = -T\overline{K}\Delta_{B^i,T}K \qquad (14.21)$$

$\Delta_{B^i,T}K$ が負（正）であれば，均衡からの B^i の一律増加（減少）が財政外部性を内部化して地域厚生を改善する。

(14.11)〜(14.13) を (14.15) と (14.17) に代入すると

$$\Delta_{B^k,T}K = -K\frac{\beta'}{\beta}; \quad \Delta_{B^l,T}K = K\frac{\alpha'}{\alpha}\left(1-\frac{F}{\beta F_k K}\sigma\right) \qquad (14.22)$$

が導出される。これらのフォーミュラと (14.21) から次の命題を得る：

命題14.1
租税競争は資本特殊的な地方公共要素の過少供給を引き起こす。移動不可能要素に特殊的な地方公共要素が過少供給される必要十分条件は，要素代替の弾力性が資本所得シェアを上回る（$\sigma > \beta F_k K/F$）ことである。

---

[6] 第13章とは異なり，本章の複数の公共要素を含むモデルでは，対称均衡に分析を限定しても，公共支出水準について効率的配分状態と租税競争均衡の離散的比較は容易ではない。

(14.22) において負の $\Delta_{B^k,T}K$ をもたらす要因は，B^k の資本ストック効果である。資本特殊的な公共要素の資本税調達が K に与える影響は，(14.11) に示される資本増税の投資抑制効果と，(14.12) の第1，2項に示される B^k の資本生産性効果及び資本ストック効果からなる。(14.19) により，これら3つの効果の内，資本増税の効果と B^k の資本生産性効果は互いに相殺されていることが確認できる。$\Delta_{B^l,T}K$ については，その符号を決定づけるのは，資本増税の投資抑制効果と移動不可能要素の実質的供給増がもたらす投資促進効果の相対的大小関係である。この大小関係は要素代替の弾力性に依存する。命題 14.1 で述べられているように，弾力性がかなり低い場合を除けば，租税競争は B^l の過少供給を引き起こすだろう。

本章では，要素貢献型の公共要素を考察している。しかしながら，同じタイプの要素を扱う命題 10.1 とは異なり，命題 14.1 は過剰供給の可能性を理論的に排除していない。この"表面的な違い"は，移動不可能な民間要素と地方公共要素との補完性に関連している。命題 10.1 の過少供給は要素間補完性を前提としている[7]。第10章で扱った生産関数 $F(L,K,B)$ の下では，要素補完性は2次交叉偏導関数 F_{LB} の符号の問題に過ぎない。(14.1) の生産関数においても，B^k については L との補完性が成立する（$\partial F_{B^k}/\partial L = \alpha\beta' K F_{lk} > 0$）。しかしながら，地方公共要素が民間要素の実質的供給量に与える影響を考慮しているため，B^l については要素補完性が必ずしも成立しない。命題 14.1 の過少供給の条件は，B^l と L の補完性の条件に等しい：

$$\partial F_{B^l}/\partial L = \alpha'(F_l + F_{ll}\alpha L) = \alpha' F_l\left(1 - \frac{\beta K F_k}{\sigma F}\right) \quad (14.23)$$

(14.23) より，$\Delta_{B^l,T}K < 0$ が成立する必要十分条件は $\partial F_{B^l}/\partial L > 0$ である。したがって，命題 14.1 と命題 10.1 の"表面的な違い"にもかかわらず，要素貢献型公共要素については，要素間の補完性が過剰供給の可能性を排除するという基本的な構図は一切変わらない[8]。

7　命題 10.1 における過少供給は，供給ルール (10.4) と $F_B - F_{KB}K = F_{LB}L > 0$ から導き出されている。

8　同様の議論は，本章脚注4で取り上げた Hillman-McMillan 型生産関数 $F(\alpha(B)L, \beta(B)K)$ にも当てはまる。$\partial F_B/\partial L = \alpha' F_l + \alpha(F_{ll}\alpha' L + F_{lk}\beta' K)$ が正であれば，租税競争は地方公共要素の過少供給を引き起こす。この条件は，B がヒックス中立的なケースには成立する。

14-4. 均衡支出構成

租税競争下での B^k と B^l の支出構成については，(14.9) 及び (14.10) から次の均衡条件が導出される：

$$\alpha' F_l L - \beta' F_k K = T\alpha' F_l L \Delta_{B^k,B^l} K \tag{14.24}$$

$$\Delta_{B^k,B^l} K \equiv \partial K/\partial B^k - (\partial K/\partial B^l)\frac{\beta' F_k K}{\alpha' F_l L} \tag{14.25}$$

(14.24) の右辺は，租税競争の非効率性を示す。(14.19) より $\partial B^l/\partial B^k = -(\beta' F_k K/\alpha' F_l L)$ であるから，$\Delta_{B^k,B^l} K$ は個別地域が支出構成を限界的に B^l から B^k へとシフトした場合に生ずる地域資本量の変化に等しい。支出構成の変化が課税ベース量を変える限り，地方公共要素に関する限界生産力の均等化は成立しない。$\Delta_{B^k,B^l} K$ が正である場合，資本課税ベースを増加させるために，地方政府は B^k への支出を重視するバイアスを持つので，均衡において B^k の限界生産力が B^l より低い状態になる。しかしながら，この政策に伴う他域への負の財政外部性は考慮されない。$\Delta_{B^k,B^l} K$ が正であれば，資本特殊的な地方公共要素が相対的に過剰供給されていることになる。

以下，公共支出水準の分析と同様に，対称均衡からの一律政策変化を検討することで支出構成の非効率性を検証する。$K = \overline{K}$ が成立する対称均衡においては，全地域一律の支出構成の変化は $dB^l + dB^k = 0$ を満たさねばならない。この点を踏まえて，(14.20) を微分して (14.24) を適用すると，以下の式が導出される：

$$d\omega(B^k)/dB^l = T\alpha' F_l L \Delta_{B^k,B^l} K \tag{14.26}$$

(14.26) は，全地域一律の B^l 増及び B^k 減に伴う厚生効果を示す。租税競争均衡において $\Delta_{B^k,B^l} K$ が正（負）であれば，均衡税率を与件として，B^k から B^l への（B^l から B^k への）支出構成のシフトが望ましいことになる。

(14.12) と (14.13) を (14.25) に代入すると，次のフォーミュラを得る：

$$\Delta_{B^k,B^l} K = \frac{\beta' K}{\alpha \beta F_l L} F(\sigma - 1) \tag{14.27}$$

一般に，租税競争は要素特殊的公共要素の支出構成を歪める。その非効率性の

方向は要素代替の弾力性に依存する：

命題14.2
要素代替の弾力性が1を上回る（下回る）ならば，租税競争均衡における税収を与件として，資本特殊的な地方公共要素が相対的に過剰（過少）供給される。要素代替の弾力性が1ならば，均衡支出水準は過少である一方で，均衡支出構成は効率的である。

命題14.1より，$\sigma=1$ ならば B^k と B^l がいずれも過少に供給される（$\Delta_{B^l, T} K < 0$）ので，租税競争均衡における公共支出水準は過少になる。

(14.27) より，B^l から B^k へ限界的シフトが K に与える影響は，基本的に2つの効果に分解することができる。要素代替の弾力性を含むタームは，(14.12) の右辺第1項に示される B^k の資本生産性効果を反映している。資本の限界生産力を高めるこの効果は，B^k が相対的に過剰供給されるバイアスを生み出す。一方，要素代替の弾力性を含まないタームは，公共支出構成の変化が実質的要素供給に与える影響を反映したものである。B^k の増加と B^l の減少は，地域資本量を実質的に増加させると同時に移動不可能要素の実質的供給量を減らす。(14.12) の第2項及び (14.13) が示すように，これらの要素供給量への影響は，いずれも資本の限界生産力を低下させて課税ベースの流出を招く。このため，各地方政府に対して B^k を相対的に過少供給する誘因を与える。

これら2つの効果の相対的大小関係は，要素代替の弾力性に依存する。弾力性が1に等しいならば，租税競争均衡においても支出構成に関する効率性条件が満たされる[9]。この特殊ケースを除けば，一般に租税競争は要素特殊的公共要素に関して非効率な支出構成をもたらす。例えば，移動不可能要素を労働とみなす場合，要素代替性が高いケースの生産関連公共サービスは，教育・職業訓練などを通じた労働力・人的資本の育成ではなく，地域資本を補完するためのインフラ整備に偏重したものになるだろう。

---

9 この議論は，第13章の地方公共財・公共要素について議論された CES 生産関数のケースと類似した結論である（過少な公共支出水準と効率的支出構成）。第13章4節の末尾で論じた中央介入に関する含意がそのまま当てはまる。

最後に，要素特殊的公共要素の支出構成について，その定性的性質は公共要素関係のパラメータ（$\alpha(B^l)$ 及び $\beta(B^k)$ とその導関数）には直接的に依存しないことに注意してもらいたい。特に，CES 生産関数のように要素代替の弾力性が外生的であるケースでは，公共要素関係のパラメータは公共支出構成の定性的性質に全く影響しない。一見すると"奇妙"なこの結果を説明するために，(14.25) を精査してみよう。その右辺にある各地方公共要素の K への効果（$\partial K/\partial B^i$）には，それぞれの要素に関するパラメータが含まれている。しかしながら，支出構成の性質を定めるのは，$\partial K/\partial B^k$ と $\partial K/\partial B^l$ の相対的大小関係ではなく，地方政府の予算制約を踏まえた $(\partial K/\partial B^l)(\partial B^l/\partial B^k)$ と $\partial K/\partial B^k$ の相対的大小関係である。(14.27) に関して議論したように，これらのタームは，B^k の資本生産性効果と各公共要素が実質的要素供給に与える効果に分けて整理し直すことができる。いずれの効果についても，"共通"のパラメータとして $\beta'/(\alpha\beta)$ が含まれている。したがって，要素代替の弾力性が地方公共要素の供給量に直接依存しない限り，公共要素関係のパラメータは，支出構成に関して定量的（非効率性の方向ではなく"程度・大きさ"）にしか影響を持たない[10]。

10　同様の議論は，資本特殊的な公共要素の供給水準にも当てはまる。(14.22) の $\Delta_{B^k,T}K$ のフォーミュラが示すように，β'/β が正であれば，その大きさに関係なく過少供給が発生する。他方，移動不可能要素に特殊的な公共要素については，$\Delta_{B^l,T}K$ の符号は（β を含む）資本所得シェアに依存している。

第15章

租税競争に参加する地域数の内生化

❖ はじめに

　本章の目的は，ZM モデルのフレームワークを拡張して，租税競争に参加する地域数を内生化した分析を行うことである。この分析のために，競争参加に必要な固定費用として，地域開発費用を ZM モデルに導入する[1]。移動不可能要素を生産向けに供給するためには，その所有者たる地域住民が開発費用を負担しなければならない。開発費用は地域ごとに異なる。開発された地域では，地方政府が資本税調達によって地方公共要素を供給する。租税競争に参入して得られる厚生が開発費用を上回る地域は，競争に参加して生産活動に従事する。いったん，開発が行われれば，すべての競争参加地域は同質的である。これらの地域の間で展開される租税競争は，ZM と同様に同質小地域間の競争としてモデル化される。開発費用が高く租税競争に参加しない地域の住民は，自らが所有する資本を競争参加地域に投資して所得を得る。

　以上のフレームワークの下では，地方政府による資本税の使用は2つの財政外部性を引き起こす。課税ベースの地域間移動に起因する財政外部性に加えて，地域開発に伴う負の財政外部性が存在する。経済全体の資本量が一定である場合，競争参加地域数の増加は既存の参加地域の資本税収を減少させる[2]。これら2つの外部性の間には，興味深い相互関係を見出すことができる。課税ベー

---

[1] 第7章3節で指摘したように，最近の地域間競争の研究には競争参加地域数を内生化したものが見られる。しかしながら，同章4節でも言及したように，関連研究は ZM に代表される租税競争モデルとは全く異なるフレームワークに基づく。

[2] 地域開発に伴う負の外部性の議論は，第7章3節で言及した過剰参入に関する研究に類似している。ただし，本章のモデルにおける競争参加地域数の非効率性は，地域間移動する資本への課税に起因するので（本章脚注8を参照），資源配分非効率性の発生メカニズムは第7章3節で言及した研究とは全く異なる。

ス移動性は地方公共要素の供給決定を歪めるものの，競争参加地域の厚生を低下させることで過剰な地域開発を抑える効果を持つ。このため，租税競争が公共支出水準に与える影響や，競争への自由参入が資源配分に与える影響は必ずしも明確ではない。

本章の理論分析では，ZM モデルに地域開発に伴う負の財政外部性が導入されても，租税競争文献で論じられてきた課税ベース移動に伴う財政外部性と公共支出水準の非効率性との相関性に何ら変化は生じないことが示される。すなわち，租税競争が地方公共要素の過少供給をもたらす必要十分条件は，資本税調達による供給増が地域資本量を減少させることである。ZM モデルの基本的特徴である命題 8.1 は，競争参加地域数が内生的であるケースにも当てはまる。競争参加地域数の非効率性については，地域開発に伴う負の外部性にもかかわらず，過剰参入が発生するとは限らない。地方公共要素の供給量が非効率である限り，生産活動に従事する地域数の増加は，既存の競争参加地域の公共支出水準を変化させることで正の厚生効果を持つかもしれない。この厚生ゲインが自由参入に伴う厚生ロスを上回る場合には，競争参加地域数は過少になる。

15-1. 地域開発費用を導入した租税競争モデル

多数の小地域からなる経済を考える。各地域には同じ量の移動不可能要素 L が賦存している一方で，要素の質は地域間で異なる。地域間の非同質性は開発費用の差に反映される。ある地域で生産活動を行うには，開発費用 $C(n)$ を投入して，当該地域の移動不可能要素を事業用に転用しなければならない。$n \in [0, N]$ は地域指標であり，N は経済全体の地域数である[3]。各地域は開発費用の低い順に指標づけられており，$C'(n) > 0$ が成立する。

開発費用の地域間格差は，生産環境の差をモデル化したものである。環境的・地理的・経済的・社会的要因などのハンディキャップの大きい地域が他の地域と伍して生産活動に従事するには，より高い開発費用を負担しなければならない。開発費用を投じるか否かは，移動不可能要素の所有者である地域住民

3　分析の便宜上，地域数は十分大きいものと前提し，地域指標は連続変数として扱われる。

によって決定される。開発された地域は租税競争に参入する。開発費用を負担した後，すべての競争参加地域は同質的になる。これらの地域では，Lと資本Kと地方公共要素Bを使って，競争的企業がニュメレール財を生産する。全地域共通の生産関数を$F(L, K, B)$とする。限界生産力逓減と要素間補完性を前提とする（$F_i > 0 > F_{ii}$ 及び $F_{ij} > 0$）。

各地域には$\overline{K}$の資本が賦存しており，他域にも自由に投資できる。競争参加地域の住民は，$\overline{K}$とLの両方から所得を得る。生産活動が行われない競争不参加地域では，移動不可能要素は一切収益を生まない[4]。これらの地域の住民は，$\overline{K}$を競争参加地域に投資することで所得を得る。

以下では，各地域における開発決定と競争参加地域における公共政策の決定を定式化する。経済全体の地域数が十分に大きく，競争参加地域数も十分に大きいことを前提とする。したがって，各地域は経済全体の資本市場でプライス・テイカーである。開発決定に際しては，経済全体の競争参加地域数を与件として，各地域の住民は$C(n)$を負担して生産活動に従事するか否かを決定する。

競争参加地域における政策決定

競争参加地域における政策決定は，第8章1節に提示したZMモデルと同じである。これらの地域では，地方政府が資本税調達によって地方公共要素を供給する。地方公共要素の供給量Bと資本税率T及び資本純収益率rを与件とした競争企業の利潤最大化行動により，各地域の資本量は資本の限界生産力と粗収益率が等しくなるように決定される。そして，地方政府は住民厚生（所得＝消費）を最大化するように政策変数を決定する。利潤最大化条件，地方政府予算制約及び地方政府の目的関数を，以下に提示しておく[5]：

---

4 すなわち，地域開発の機会費用はゼロである。この前提は分析の単純化のためであり，本章の結論にとって本質的ではない。

5 ZMモデルの詳細については，第8章1節における説明を参照してもらいたい。租税競争に参加する地域数の内生化が本章の主な目的であるから，地域企業数の内生性は考慮しない。また，本章末尾の補論を例外として，生産関数の同次性（公共要素のタイプ）に関する前提を一切置かない。本章の目的は，地域間資本移動に伴う財政外部性の符号を特定することではない。むしろ，この外部性の符号と公共支出水準の非効率性との連関性を，競争参加地域数が内生的である場合について再検討するのが目的である。

$$F_K(L, K, B) = r + T \tag{15.1}$$

$$TK = B \tag{15.2}$$

$$F(L, K, B) - (r+T)K + r\overline{K} \tag{15.3}$$

(15.3) は競争参加地域の厚生を示す。$F-(r+T)K$ は地域開発によってもたらされる利得である。r を与件として，(15.1) と (15.2) の制約の下で，競争参加地域の地方政府は開発利益を最大化するように政策選択を行う。競争不参加地域の厚生は $r\overline{K}$ に等しい。生産活動が行われない地域については，公共政策を一切考慮しないことにする[6]。

競争参加地域の同質性により，これらの地域間の対称均衡に分析を限定する。租税競争均衡において，すべての競争参加地域は同じ公共政策を選択し，これらの地域に資本は均等に配分される。ただし，非協調的に行動する各地方政府は，自らの政策変化が (15.1) に従って地域資本量に影響すると予想して，政策選択を行う。

開発決定と資本市場

各地域の住民は，租税競争の結果を合理的に予想して，開発に関する決定を行う。開発利益が開発費用を上回る地域は租税競争に参加するので，競争参加地域数 n_e は開発利益と費用の均等化を通じて決定される：

$$F - F_K K = C(n_e) \tag{15.4}$$

(15.4) の左辺は (15.1) に基づく。$C'(n) > 0$ であるから，指標 $n \leq n_e$ の地域は租税競争に参入する一方で，指標 $n > n_e$ の地域では生産活動は行われない。十分に大きな数の競争参加地域の存在（資本市場でのプライス・テイカーの前提）を保証するためには，$C(n)$ が $n = 0$ の近傍で十分小さい値でなければならない。また，端点解に伴う分析の複雑化を回避するために，n が N に近い地域では開発費用が十分に高く生産活動が行われないものとする。すなわち，$n_e \in (0, N)$ を前提とする。

競争参加地域間の対称均衡では，経済全体の資本市場の均衡条件は

$$n_e K = N\overline{K} \tag{15.5}$$

---

[6] 事業用資本の誘致競争に参加しなくとも，地方政府は住民用の地方公共財を供給するであろう。しかしながら，分析の単純化のために，このタイプの公共サービスを捨象する。

になる。左辺は競争参加地域による総資本需要、そして右辺は全地域による総資本供給である。(15.5) を満たすように、資本純収益率 r は決定される。

15-2. 効率的資源配分

本節では、本章の理論モデルにおける資源配分効率性の条件を提示する。効率的配分状態は、経済全体の総所得を最大化する B と n_e で与えられる。生産活動に従事する全地域で同じ B と K が配分される対称的配分状態では、(15.5) より、総所得の最大化問題は

$$Max_{B, n_e} \omega \equiv n_e\left[F\left(L, \frac{N\overline{K}}{n_e}, B\right) - B\right] - \int_0^{n_e} C(n)dn \quad (15.6)$$

となる。1階条件は以下の2式で与えられる:

$$F_B = 1 \quad (15.7)$$

$$F - F_K K - B = C(n_e^F) \quad (15.8)$$

n_e^F は効率的配分状態において生産活動に従事する地域の数である。生産活動が行われる地域では、地方公共要素の効率的供給ルールである (15.7) が満たされなければならない。(15.8) は効率的開発の条件である。この条件に関する説明は、次節において行う。

15-3. 均衡と財政外部性

地方公共要素の供給ルール

競争参加地域における地方公共要素の供給ルールは、ZM モデルと全く同じである。供給ルールの導出プロセスについては、第10章1節を参照してもらうこととして、ここでの説明は必要最小限に留める。まず、地方政府の最適化問題 (15.1〜15.3 式を参照) を解いて得られる供給ルールを提示しておく[7]:

---

7 (15.9) と (15.10) は、それぞれ (10.4) と (10.9) と同じ式である。$K'(T)^*$ と $B'(T)^*$ のフォーミュラについては、(10.7) と (10.8) を参照。なお、第10章1節末尾 (第10章脚注7を参照) でも指摘したように、(10.4) と (10.9) は、地域企業数がモデルの均衡解として重要ではな

$$F_B - 1 = -\frac{T}{F_{KK}K}(F_B - F_{KB}K) \tag{15.9}$$

(15.9) の右辺は，税・支出政策の地域資本量への影響を反映している：

$$F_B - 1 = -T\frac{K'(T)^*}{B'(T)^*} \tag{15.10}$$

$K'(T)^*$ は，資本税調達による地方公共要素の増加が地域資本量に与える影響を均衡で評価したものである。$B'(T)^*$ は正であるから

$$F_B > (<) 1 \Leftrightarrow K'(T)^* < (>) 0 \tag{15.11}$$

が成立する。$K'(T)^* \neq 0$ である限り，効率的供給ルールに従って公共支出が行われることはない。第10章1節で論じたように，競争参加地域数が一定である場合，(15.11) から地方公共要素供給の非効率性を読み取ることができる。

後の分析の便宜上，(15.10) を変形した別形式の供給ルールを提示しておく。δ を B の T に関する弾力性と定義する（$\delta \equiv (T/B)B'(T)^*$）。地方政府の予算制約により，$\delta = B'(T)^*/K$ 及び $TK'(T)^* + K = B'(T)^*$ が成立するので，(15.10) は

$$F_B - 1 = (1-\delta)/\delta \tag{15.12}$$

と変形できる。$TK'(T)^* = K(\delta - 1)$ であるから，$1 > (<) \delta$ ならば，地方公共要素の資本税調達は地域資本量を減少（増加）させることになる。

地域開発に伴う財政外部性

(15.4) と (15.8) より，租税競争均衡において $n_e = n_e^F$ は成立しない。租税競争への参加は，参加1地域当たりの資本量を減少させることで，負の財政外部性を生み出す。(15.4) について論じたように，個別地域が認識する開発利益は $F - F_K K$ に等しい。しかしながら，経済全体の観点からは，追加1地域の開発に伴う利益は $F - F_K K - B$ である。両者の差が開発決定に伴う負の財政外部性を反映している。(15.5) より，n_e の限界的増加に伴う競争参加1地域当たりの資本量の変化は，$d(N\overline{K}/n_e)/dn_e = -K/n_e$ に等しい。資本税率を与件として，既存の参加地域の総税収は $n_e T(K/n_e) = TK = B$ だけ減少する。開発決

い限り，生産関数の形状に関係なくZMモデルに適用可能な一般的供給ルールである。

定に際して各地域はこの負の財政外部性を考慮しないので，競争参加地域数の非効率性が発生する[8]。

15-4. 地方公共要素供給の非効率性

租税競争に参加する地域数が内生的である場合，これらの地域間の対称均衡に分析を限定しても，均衡と効率的配分状態との離散的比較は困難である。例外として，任意の正の要素量について $F_B > KF_{KB}$ が成立する場合には，均衡における地方公共要素の供給量が効率的水準を下回ることを証明できる[9]。しかしながら，一般にこのような比較は困難である。そこで本節では，競争参加地域による均衡からの一律政策変化を検討し，その厚生効果に基づいて非効率性の方向を判定する。

競争参加地域の数が十分に大きいことを踏まえると，個別地域による政策変化が n_e に影響することはない。しかしながら，すべての競争参加地域による政策変化は，資本移動に伴う財政外部性を内部化することで，開発利益に影響して n_e を変化させる。そして，地域開発に伴う負の外部性の存在は，n_e の変化が厚生効果を生み出すことを意味する。すなわち，B の一律政策変化を検討する際には，その直接的な厚生効果に加えて，公共支出の変化が n_e に与える影響も考慮しなければならない。均衡で (15.5) が成立していることを踏まえると，すべての競争参加地域による一律 B 変化が経済全体の総所得（15.6式を参照）に与える影響は，以下の式で与えられる[10]：

$$d\omega/dB = n_e(F_B-1) + [F - F_K K - B - C(n_e)](dn_e/dB)$$
$$= n_e(F_B-1) - B(dn_e/dB) \qquad (15.13)$$

---

8 負の開発外部性が，資本税収の変化を通じて発生していることに注意してもらいたい。地方公共要素を供給するための財源を開発利益への課税（移動不可能要素への課税）によって調達する場合には，本章で論ずる資源配分非効率性は一切発生しない。この意味において，競争参加地域数を内生化しているにもかかわらず，本章のモデルにおける非効率性の原因はあくまで移動可能な資本への源泉地課税である。

9 この命題の証明については，本章末尾の補論を参照。

10 (15.13) には直接関係しないものの，B の一律増加には資本増税が伴う。対称均衡で評価した地方政府予算制約は $TN\bar{K}/n_e = B$ であるから，一律 B 増に必要な税率変化は $dT/dB = 1/K + (dn_e/dB)(T/n_e)$ である。

第2の等号は (15.4) に基づく。(15.13) の右辺の $n_e(F_B-1)$ は,資本移動に伴う財政外部性を反映する。そして,第2項 $-B(dn_e/dB)$ は,地域開発に伴う財政外部性に対応する。これらの財政外部性は資源配分を歪めるので,その内部化を通じて均衡からの厚生改善を図る余地がある。

全競争参加地域による B の一律変化は,(15.4) を維持するように n_e を変化させる。(15.5) を (15.4) に代入すると,以下の式を得る：

$$F\left(L, \frac{N\overline{K}}{n_e}, B\right) - F_K\left(L, \frac{N\overline{K}}{n_e}, B\right)\frac{N\overline{K}}{n_e} = C(n_e) \qquad (15.14)$$

この式を微分すると,一律政策変化に伴う n_e 変化のフォーミュラが導出される：

$$dn_e/dB = \frac{F_B - KF_{KB}}{C'(n_e) - \frac{K^2}{n_e}F_{KK}} = \frac{-KF_{KK}(F_B-1)}{T\left[C'(n_e) - \frac{K^2}{n_e}F_{KK}\right]} \qquad (15.15)$$

第2の等号は (15.9) から導かれる。$C'>0$ 及び $F_{KK}<0$ であるから

$$\text{Sign } dn_e/dB = \text{Sign}(F_B-1) \qquad (15.16)$$

が成立する。

(15.16) を解釈するために,均衡で $F_B>1$ が成立していると想定しよう。このケースでは,(15.11) が示すように,個別の競争参加地域による公共支出の増加は,資本移動を通じて正の財政外部性を生み出す。均衡からの一律 B の増加は,この外部性を内部化して公共支出の非効率性を緩和することで,競争参加地域の厚生を高める。結果として,より多くの地域が開発費用を負担して租税競争に参加する誘因を持つことになる。逆に,一律に B を減少させると公共支出の非効率性を悪化させてしまうので,開発費用を負担する誘因は減退する。したがって,$F_B>1$ ならば dn_e/dB は正である[11]。

(15.13) と (15.16) より,一律 B 変化の厚生効果についてトレード・オフが存在することが分かる。すなわち,(15.13) の右辺第1,2項の符号が逆になっている。このことは,資本移動に伴う財政外部性を緩和する一律政策変化が,地域開発に伴う財政外部性を悪化させてしまうことを意味する。しかしながら,

---

11 $F_B<1$ のケースについても,同様の議論が当てはまる。

少なくとも租税競争均衡の近傍においては，これら2つの財政外部性の相対的大小関係を明らかにすることができる。(15.15) を (15.13) に代入して (15.2) を適用すると，以下の式を得る：

$$dω/dB = n_e(F_B-1) + \frac{K^2 F_{KK}(F_B-1)}{C'(n_e) - \dfrac{K^2}{n_e}F_{KK}} = \frac{n_e C'(n_e)(F_B-1)}{C'(n_e) - \dfrac{K^2}{n_e}F_{KK}} \quad (15.17)$$

(15.17) より次の関係が導かれる：

$$dω/dB > (<) 0 \Leftrightarrow F_B > (<) 1 \quad (15.18)$$

均衡において $F_B > (<) 1$ であれば，全競争参加地域に B の増加（減少）を求めることで経済全体の厚生を高めることができる。

(15.11) 及び (15.18) から得られる結論を，以下の命題にまとめておく：

命題 15.1
競争参加地域数を内生化した租税競争モデルにおいて，地方公共要素が過少（過剰）供給される必要十分条件は，資本税調達による供給増が資本流出（流入）を引き起こすことである。

この命題は，命題 8.1 の拡張として位置づけられる。ZM のフレームワークの下では，租税競争への自由参入が財政外部性を生み出すことを考慮しても，公共支出の非効率性は資本移動に伴う財政外部性に基づいて説明可能である。競争参加地域数が外生的であるケースと同様に，資本移動の方向を見極めることで非効率性の方向を判定することができる。競争に参加する地域における公共政策の規範的性質については，これらの地域数が内生的か否かは重要ではない。

15-5. 競争参加地域数の非効率性

本章3節で議論されたように，租税競争に参加する地域数は一般に非効率であるが，効率的配分状態と均衡の間で生産活動に従事する地域数を直接比較するのは困難である[12]。本節では，均衡から n_e を変化させた場合に発生する厚生

---

12 本章4節冒頭の公共支出水準に関する議論とは異なり，競争参加地域数については，租税競争

効果を検討する。競争参加地域間の対称均衡を起点として，n_e の上昇が経済の総所得を減少させるならば，租税競争の下で過剰な地域開発が実施されていることになる[13]。

n_e の変化は，既存の競争参加地域の資本量を変化させる。そして，地域資本量の変化は，競争参加地域における公共支出水準に影響を与えるであろう。この点を踏まえて，(15.6) を微分して (15.4) を適用すると，n_e の厚生効果として次の式を得る：

$$d\omega/dn_e = -B + n_e(F_B-1)(dB/dn_e) \qquad (15.19)$$

右辺第1項の $-B$ は，地域開発に伴う負の財政外部性に対応する。$n_e(F_B-1)dB/dn_e$ は，n_e の変化が競争参加地域の公共支出水準に影響することで発生する厚生効果である。均衡において公共支出水準が非効率的である限り ($F_B \neq 1$)，B の変化は総所得を変化させる。例えば，$F_B > 1$ ならば均衡における公共支出水準は過少であるから（命題 15.1 を参照），$dB/dn_e > (<) 0$ のケースについて正（負）の厚生効果が得られることになる。

n_e の変化が B に与える影響は，地方公共要素の供給ルールから導出される。便宜上，(15.9) の右辺を ϕ と表記する[14]。

$$F_B(L, N\overline{K}/n_e, B) - 1 = \phi(L, N\overline{K}/n_e, B) \qquad (15.20)$$

この式を微分して，次の式を得る：

$$dB/dn_e = -\frac{dB}{dK}\frac{K}{n_e} = \frac{(F_{KB}-\phi_K)K}{(F_{BB}-\phi_B)n_e} \qquad (15.21)$$

以下の分析においては，$F_{BB} - \phi_B \neq 0$ を前提とする。

(15.21) に含まれる ϕ_K と ϕ_B は生産関数の3階偏導係数を含むので，dB/dn_e の符号は一般に不明確である。(15.9)〜(15.11) が示すように，$F_B - 1$ についても符号の確定には公共要素のタイプや生産関数の形状に関する前提が必要である。したがって，(15.19) の右辺第2項の符号を明確にできるケースは限定的である。ここでは2つの例を挙げておく。(a) 生産関数が Cobb-Douglas 型

均衡と効率的配分状態を直接比較できる特殊例を見出すことができなかった。

13　なお，本節の分析は租税競争均衡の性質を明らかにすることを意図したものであるが，中央政府による開発規制の経済分析とみなすことも可能であろう。

14　(15.2) を適用すると，(15.9) の右辺は $-B(F_B-KF_{KB})/(K^2F_{KK})$ に等しい。このタームを $\phi(L, K, B)$ と表記する。

($F=L^\alpha K^\beta B^\gamma$) であるケース，(b) CES 型生産関数 ($F=(A_L L^\rho + A_K K^\rho + A_B B^\rho)^{1/\rho}$) かつ要素代替の弾力性が 1 を超えるケース，である。これらのケースでは $n_e(F_B-1)dB/dn_e < 0$ が成立するので[15]，競争参加地域数の増加はこれらの地域における公共支出の非効率性を悪化させる。この負の厚生効果は，地域開発の負の財政外部性と併せて，租税競争への過剰参入状態が生じていることを示す。他方，非弾力的な要素代替のケースや他の生産関数の下では，$n_e(F_B-1)dB/dn_e$ が正である可能性を否定できない。一般に租税競争の下では，過少な地域開発が行われる可能性がある。

このように，租税競争に参加する地域数の非効率性については，必ずしも明快な結論は得られない。しかしながら，(15.12) を活用して，非効率性の判定に資するシンプルな条件を導出することができる。η を"競争参加地域における B の K に関する弾力性"と定義する ($\eta \equiv (dB/dK)(K/B) = -(dB/dn_e)(n_e/B)$)。(15.12) を (15.19) に代入して，η の定義を適用すると，

$$d\omega/dn_e = \frac{B}{\delta}[\delta(\eta-1)-\eta] \tag{15.22}$$

を得る。定義上 $\delta > 0$ であることと，(15.12) に関する議論から $F_B > (<) 1 \Leftrightarrow 1 > (<) \delta$ であることに注意してもらいたい。(15.22) より以下の結果が得られる：

命題 15.2
租税競争に参加する地域数が過剰（過少）である必要十分条件は，$\eta > (<) \delta(\eta-1)$ である。

$\delta=1$ と $\eta=0$ は，それぞれ $F_B=1$ と $dB/dn_e=0$ を意味するので，(15.19) が負になる自明なケースである。命題 15.2 は，$\eta \in [0,1]$ であれば，δ の値に関係なく競争参加地域数が過剰であることを示している。つまり，租税競争への過剰参入が発生する十分条件は，各競争参加地域において公共支出水準と地域資本量が"弱い正相関性"を持つことである。他方，$\eta > 1$ あるいは $\eta < 0$ である

---

[15] (a) と (b) は，いずれも $F_B > 1$ を保証する条件である（第 10 章脚注 8 を参照）。(a) は $\phi_K = \phi_B = 0$ を，そして (b) は $\phi_K < 0$ 及び $\phi_B > 0$ を意味するので，$dB/dn_e < 0$ が得られる。

場合には，（δ の値に反映されている）資本移動に起因する財政外部性が競争参加地域数の非効率性にも影響することになる。

補論　公共支出水準の離散的比較について

ここでは，本章4節冒頭で言及した以下の命題の証明を行う。

命題 15.3
任意の正の要素量について $F_B > KF_{KB}$ である場合，租税競争均衡における地方公共要素の供給量は効率的水準を下回る。

証明。(15.7) 及び (15.8) を満たす効率的な開発地域数と地方公共要素量を，(n_e^F, B^F) と表記する。$F_B > KF_{KB}$ を前提とすると，(15.9) より租税競争均衡 (n_e, B) では $F_B > 1$ が成立する。したがって，(15.5) を踏まえると，次の不等式が成立する：

$$F_B\left(L, \frac{N\overline{K}}{n_e}, B\right) > F_B\left(L, \frac{N\overline{K}}{n_e^F}, B^F\right) \tag{A15.1}$$

以下，(A15.1) の下で $B > B^F$ であれば矛盾が生ずることを示す。

$F_{BB} < 0$ 及び $F_{KB} > 0$ から，(A15.1) と $B > B^F$ が成立するならば，$n_e < n_e^F$ でなければならない。開発利益 $\theta \equiv F - (N\overline{K}/n_e)F_K$ は，n_e の減少関数であると同時に B の増加関数である：

$$\partial\theta/\partial n_e = (K^2/n_e)F_{KK} < 0 \; ; \quad \partial\theta/\partial B = F_B - KF_{KB} > 0 \tag{A15.2}$$

$B > B^F$ 及び $n_e < n_e^F$ は，(A15.2) より $\theta(n_e, B) > \theta(n_e^F, B^F)$ をもたらす。したがって，(15.4) と (15.8) より $\theta(n_e, B) = C(n_e) > \theta(n_e^F, B^F) - B^F = C(n_e^F)$ が成立しなければならない。$C'(n) > 0$ の前提から，$C(n_e) > C(n_e^F)$ は $n_e > n_e^F$ を意味する。しかしながら，この結論は (A15.1) に基づく "$B > B^F \Rightarrow n_e < n_e^F$" の議論と相容れず，矛盾が生ずる。　　　　　　　　　　　　　　　証了。

命題 15.3 は地方公共要素の供給量を比較したものであり，競争参加地域数

の比較を行うものではない(本章脚注12を参照)。要素間補完性を前提とする限り,要素貢献型公共要素は命題15.3の条件を満たす。したがって,このタイプの地方公共要素の過少性を指摘した命題10.1は,租税競争に参加する地域数が内生的に決定されるケースにも適用可能である。すなわち,対称的配分状態の分析においては,競争参加地域数の内生・外生性に関係なく,租税競争均衡と効率的配分状態との離散的比較を通じて,要素貢献型の過少供給を証明できるのである。

第16章

地域的な経済格差と租税競争
財政移転 vs. 公共投資

❖ はじめに

本章では，租税競争と公共投資の視点から，地域的な経済格差の問題にアプローチする。地域的な経済格差の是正は大きな政策課題である。この課題への処方として，高所得区域から低所得区域への財政移転が考えられよう。他方で，注目に値するのは，地域経済の振興を目的とした公共投資が格差是正策として大きな役割を担っているという事実である[1]。わが国においても，生産関連のインフラを中心とした地域レベルの公共投資は，均整的な経済発展を実現するための政策手段として活用されてきた[2]。

地域的な経済格差に対応する公共投資を考えるために，ここでは第15章の理論モデルを応用した分析を展開する。経済を構成する各地域は多数の区域からなり，区域ごとに生産活動を行うために必要な開発費用は異なる。開発費用は，各地域の地方政府が実施する公共投資によってカバーされる。本章における公共投資は，各地域における生産区域の数を決定するものとしてモデル化される（既存の生産区域の生産性を高めるものではない）。域内の各区域について，地方政府は開発費用を投じて生産区域として自立させるか，あるいは財政移転を通じて支援するかの選択を行う[3]。これらの公共支出の財源は，資本税

---

1 例として，EU の地域政策（regional policy）には，経済的に立ち後れた地域における生産及び雇用促進を目的とした様々な補助金や公共投資が含まれている。EU における経済政策については，Farrell（2004）及び Jovanović（2005）を参照せよ。また，アメリカの州・地方レベルでも，地域的な経済格差の是正を目的とした開発政策や公共投資が盛んに行われている。Fisher and Peters（1998, p. 218）によれば，アメリカにおいては，地域的な経済格差の解消を目指した開発政策は州政府が果たすべき重要な役割の1つになっている。

2 わが国における公共投資の再分配効果に関する実証研究として，Mera（1973b），岩本・大内・竹下・別所（1996），Yamano and Ohkawara（2000）や赤木（2012）などがある。

で調達される。持続的な経済格差に焦点を当てるために，地域間・区域間での人口移動は考慮しない[4]。各地方政府は，域内住民の効用の和（ベンサム的社会厚生）を最大化するように政策を決定する。

この理論モデルにおいては，一括固定税が利用可能であれば，各地方政府は財政移転を通じて地域内の所得格差を完全に解消する。そして，公共投資水準（＝生産区域数）は，地域総所得を最大化するように決定される。しかしながら，地域間で租税競争が展開される場合には，これらの効率的政策は実施されない。資本税調達の制約のために財政移転は抑制され，生産・非生産区域間の所得格差は解消されない。公共投資水準については，生産区域の増加自体は地域資本量を増加させるが，その財源調達に必要な資本増税は資本流出を引き起こす。したがって，資本税調達による公共投資の増加が，正負いずれの財政外部性を生み出すのかは明確ではない[5]。

本章の分析対象には，財政移転と公共投資の支出構成も含まれる。租税競争に直面する地方政府は，域内経済格差の是正策として，財政移転よりも公共投資を過度に重視することが示される。公共投資の相対的過剰性は，Keen and Marchand (1997) が論じた公共支出構成の非効率性（第7章2節参照）に関連している。一定の資本税率の下で，生産区域の増加は資本流入効果を持つが，非生産区域への財政移転は地域資本量に影響しない。このため，課税ベース拡大を期待して，地方政府は公共投資に偏重した域内格差是正策に走ることになる。

16-1. 地域的な経済格差を導入した租税競争モデル

多数の同質小地域からなる経済を考える。各地域は多数の非同質的区域から

---

3 第6章1節で取り上げられた租税競争文献における地域間財政移転の研究は，主に分権的・非協調的政策決定に伴う非効率性の補正に関わるものであり，本章の地域的な経済格差の研究とは趣を異にする。また，第4章4節で取り上げられた個人間再分配の研究は専ら直接的財政移転を扱っているが，本章では地域的な経済格差と地域開発に関わる公共投資に着目している。

4 全住民が心理的・金銭的な移動費用を一切負わずに自由に地域内外を移動する場合，地域的な経済格差は深刻な政策課題にはならないであろう。

5 生産関数の独立変数としての公共要素を分析するケースとは異なり，本章における公共投資水準の非効率性は生産関数の性質のみに依存する訳ではない。

構成される。地域間・区域間の人口移動は捨象する。各区域の住民は，一定量の資本 $\overline{K}$ に加えて，自らの区域の移動不可能要素を所有する。資本は地域間・区域間で移動可能である。各区域において生産活動を行うためには，開発費用 $C(n)$ を投入しなければならない。$n \in [0, N]$ は連続的な区域の指標であり，N は各地域における区域数である。区域は開発費用の低い順に指標づけられている（$C'(n) > 0$）[6]。区域間の非同質性は開発費用の差に限定される。地方政府が実施する公共投資によって地域開発が行われ，各地域における同質的生産区域の数が決定される。以下，代表的地域を取り上げて，理論モデルを定式化する。

生産区域では，移動不可能要素と移動可能な資本を使用して，競争的企業が生産活動を展開する。生産区域共通の生産関数を $F(K)$ とする。K は各区域で使用される資本の量である[7]。資本の限界生産力は正で逓減的（$F'(K) > 0 > F''(K)$）である。資本純収益率 r と資本税 T を与件とした競争企業の利潤最大化条件は

$$F'(K) = r + T \tag{16.1}$$

で与えられる。

生産区域の住民は，移動不可能要素と資本から所得を得る。公共投資の対象にならない非生産区域の住民は，資本と財政移転から所得を得る[8]。地域内の所得格差を是正するために，地方政府は非生産区域へ財政移転を行う。非生産1区域当たりの移転額を g とすると，生産・非生産区域の所得（$Y_A \cdot Y_I$）はそれぞれ以下のようになる：

$$Y_A = F(K) - (r+T)K + r\overline{K} \tag{16.2}$$

$$Y_I = r\overline{K} + g \tag{16.3}$$

$r\overline{K}$ は資本所得，そして $F(K) - (r+T)K$ は移動不可能要素がもたらす収益である。

資本税調達の制約により，地方政府の予算制約式は以下の式で与えられる：

---

[6] 第15章の理論モデルと同様の発想で，開発費用の差は地域内の経済格差を反映したものと捉えられる。すなわち，指標 n の大きい区域は，経済的に立ち遅れた状況に置かれている。

[7] 本章では生産関数の同次性は重要ではない。したがって，式・記号の簡素化のために，生産関数から移動不可能要素を省略しておく。

[8] 生産区域で企業利潤が発生する場合には，地元区域の住民に分配されるものとする。非生産区域では，移動不可能要素は一切所得を生まない。

$$Tn_eK = (N-n_e)g + \int_0^{n_e} c(n)dn \tag{16.4}$$

n_e は生産区域の数である。$c'(n)>0$ を踏まえて，指標 $n\leq n_e$ の区域が生産区域であり，これらの区域からの総税収は Tn_eK になる。非生産区域の数は $N-n_e$ となるから，(16.4) の右辺第 1 項は財政移転総額に等しい。そして，第 2 項は生産区域数を決定づける公共投資額である[9]。全区域の住民は共通の効用関数 $U(Y_i)$ を持ち，この関数は $U'(Y_i)>0>U''(Y_i)$ を満たす。地方政府の目的関数は

$$\omega \equiv n_e U(Y_A) + (N-n_e)U(Y_I) \tag{16.5}$$

である。各地域において，(16.5) を最大化するように T, g 及び n_e が選択される。

小地域の前提より，各地方政府は資本市場で決定される r を与件として扱う。同質的地域の前提より，全地域が最終的に同じ政策を選択し，全地域・生産区域に資本が均一に配分される対称均衡を分析対象にする。対称均衡では，各地域において生産区域からの総資本需要が資本賦存（供給）に一致しなければならない。資本市場均衡は次の式で与えられる：

$$n_e K = N\overline{K} \tag{16.6}$$

資本純収益率は (16.6) を満たすように決定される。

16-2. 効率的資源配分

本章の理論モデルでは，課税ベース移動性が唯一の非効率性要因である。したがって，効率的配分状態を示すベンチマーク・ケースとして，地域間資本移動が存在しないケースを考える。資本が各地域内でしか移動できない場合，各地域の資本量は $N\overline{K}$ で固定されるので，地方政府は資本税を一括固定税とみ

---

[9] 公共投資は，開発費用の低い区域から順次行われていく。この前提は，地域厚生の観点から合理的であると思われる（開発費用の高い区域の効用を高めるには，財政移転に頼る方が安上がりである）。また，端点解を避けるため，開発費用は n が N に近づくにつれて十分に高くなり，結果として全区域が開発されることはないことを前提とする。

なす.(16.6) より1生産区域当たりの資本量は $N\overline{K}/n_e$ であることと,資本純収益率が (16.1) で与えられることを踏まえると,ファースト・ベストの政策問題は次のようになる:

$$Max_{g,T,n_e} n_e U_A \left(F\left(\frac{N\overline{K}}{n_e}\right) - \frac{N\overline{K}}{n_e} F'\left(\frac{N\overline{K}}{n_e}\right) + \left(F'\left(\frac{N\overline{K}}{n_e}\right) - T\right)\overline{K}\right)$$

$$+ (N-n_e)U_I\left(\left(F'\left(\frac{N\overline{K}}{n_e}\right) - T\right)\overline{K} + g\right)$$

$$+ \lambda\left[TN\overline{K} - (N-n_e)g - \int_0^{n_e} c(n)dn\right] \quad (16.7)$$

λ は地方政府予算制約に関するラグランジェ未定乗数である。効用関数に下付けされている $A \cdot I$ は,それぞれ生産・非生産区域を指す ($U_A \equiv U(Y_A)$ 及び $U_I \equiv U(Y_I)$)。g と T に関する1階条件より,次の式を得る:

$$U_I' - U_A' = 0 \quad (16.8)$$

同質的効用関数の前提より,(16.8) は $Y_A = Y_I$ 及び $U_A = U_I$ を意味するので,域内経済格差は非生産区域への財政移転を通じて解消されている。

n_e に関する1階条件に $U_A = U_I$ を適用すると,以下の式が導かれる:

$$c(n_e^F) = g^F \quad (16.9)$$

政策変数に上付けされた "F" は,効率的配分状態で評価されていることを示す。(16.9) の左辺は生産区域増加の限界費用であり,右辺は非生産区域減少に伴う財政移転の限界的節約に等しい。この両者は効率的配分状態において一致している。(16.1)〜(16.3) と (16.6) より,$Y_A = Y_I$ ならば $F - (N\overline{K}/n_e^F)F' = g^F$ が成立する。この式に (16.9) を代入して,効率的公共投資のルールが導かれる:

$$F - (N\overline{K}/n_e^F)F' = c(n_e^F) \quad (16.10)$$

この式の左辺・右辺は,それぞれ生産区域増加の限界便益と限界費用に対応する。公共投資の限界便益は,新たな生産区域で生み出される移動不可能要素の収益に等しい。地域総所得の最大化1階条件が,(16.10) で与えられることに留意して欲しい[10]。財政移転を通じて域内経済格差が解消される限り,生産区域数は移転の原資となる地域総所得を最大化するように選択されるべきである。

16-3. 租税競争均衡

地域間資本移動の下では，地方政府は各生産区域の資本量が（16.1）に従って変化するものと認識している。この式より，各生産区域における資本需要 $K(r+T)$ が導出される（$K'(r+T)=1/F''<0$）。この式と（16.2）及び（16.3）を（16.4）及び（16.5）に代入すると，各地方政府が解くべき最適化問題は次のようになる：

$$\text{Max}_{g,t,n_e}\, n_e U_A(F(K(r+T))-(r+T)K(r+T)+r\overline{K})$$
$$+(N-n_e)U_I(r\overline{K}+g)$$
$$+\lambda[Tn_eK(r+T)-(N-n_e)g-\int_0^{n_e}c(n)dn] \qquad (16.11)$$

g に関する1階条件 $\lambda=U'_I$ を使用とすると，T と n_e に関する1階条件は，それぞれ

$$U'_I-U'_A-U'_I\frac{T}{r+T}\varepsilon=0 \qquad (16.12)$$

$$U_A-U_I+[TK+g-c(n_e)]U'_I=0 \qquad (16.13)$$

になる。ε は資本需要の弾力性である（$\varepsilon\equiv-(r+T)K'/K>0$）。

資本税調達の制約下，（16.12）は $U'_I>U'_A$ を意味するので，限界効用逓減によって $Y_A>Y_I$ 及び $U_A>U_I$ が導かれる。つまり，財政移転が行われるにもかかわらず，生産区域の所得は非生産区域よりも高く，租税競争均衡では各地域内で経済格差が持続している[11]。

$U_A>U_I$ 及び $T>0$ の下で，（16.13）から以下の式を得る：

---

10 各地域の総所得は $n_e F(N\overline{K}/n_e)-\int_0^{n_e}c(n)dn$ に等しく，これを n_e について最大化すると（16.10）を得る。

11 この議論に関して，均衡資本税率が正であることに注意する必要がある。もし税率が非正であれば，地方政府の予算制約より $g<0$ が成立しなければならない（非生産区域への課税）。しかしながら，このケースでは公共投資は一切行われない。（16.12）より，$T\leq 0$ は $U_A\leq U_I$ を意味する。しかしながら，$U_A\leq U_I$ と $g<0$ が両立する場合には，（16.13）の左辺が負になってしまう。以上の議論から，本章では一貫して T，g 及び n_e が正であるケースを分析する。

$$c(n_e) > g \qquad (16.14)$$

(16.9)とは異なり，租税競争均衡においては，公共投資の限界費用が非生産区域の減少に伴う財政移転の節約を上回る．また，域内格差が持続している限り，生産区域数は地域総所得を最大化するようには選択されない．この点を確認するために，(16.1)～(16.3) から次の関係が得られることに注目して欲しい：

$$F - (N\overline{K}/n_e)F' - (Y_A - Y_I) = g \qquad (16.15)$$

この式を g に関して (16.13) に代入すると，以下の公共投資のルールを得る：

$$F - (N\overline{K}/n_e)F' = c(n_e) + \frac{1}{U'_I}[(Y_A - Y_I)U'_I - (U_A - U_I)] - TK \qquad (16.16)$$

均衡においては，公共投資の限界便益と限界費用は一致しない．(16.16) の右辺第2項（ブラケット内のターム）は域内の経済格差に起因するもので，効用関数の凹性により正である．格差持続の原因が資本税調達の制約であることを踏まえれば，この正の項は租税競争に伴う公共投資コストの上昇を反映しているものと考えられる．(16.16) の右辺第3項（$-TK$）は，公共投資が資本税収に与える影響を反映している．生産区域の増加は地域資本量を増やして税収増をもたらすので，地方政府が認識する公共投資のコストは低下する．

以上の議論は，公共投資ルールについて租税競争均衡と効率的配分状態との違いを明確にするものの，公共投資水準（生産区域数）の比較は容易ではない．他方，以下の命題が示すように，財政移転水準の離散的比較は可能である：

命題 16.1

(A) 租税競争均衡における非生産1区域当たりの財政移転額は，効率的配分状態における額を下回る．

(B) 租税均衡における公共投資水準が効率的配分状態における水準を上回る必要十分条件は，公共投資の限界便益が限界費用を下回ることである（$F - (N\overline{K}/n_e)F' < c(n_e)$）．

(A) の証明．(16.9) 及び (16.14) より，以下の関係が導かれる：

$$c(n_e^F) - c(n_e) < g^F - g \qquad (16.17)$$

公共投資の限界便益を $\theta(n_e) \equiv F(N\overline{K}/n_e) - (N\overline{K}/n_e)F'(N\overline{K}/n_e)$ と記す．租

税競争均衡においては，$Y_A>Y_I$ と（16.15）より，$\theta(n_e)>g$ が成立する。この不等式と（16.10）は

$$\theta(n_e^F)-\theta(n_e) < g^F-g \tag{16.18}$$

をもたらす。（16.17）と（16.18）を組み合わせることで，命題とは逆に $g^F \leq g$ が成立する場合には矛盾が生ずることを示すことができる。$g^F \leq g$ であれば，$c'(n)>0$ より，（16.17）は $n_e^F < n_e$ を意味する。他方，$\theta'(n_e)<0$ であるから，$g^F \leq g$ の下では $n_e^F > n_e$ でなければ（16.18）は成り立たたず，矛盾が生ずる。

（B）の証明。公共投資の限界便益 $\theta(n_e)$ と限界費用 $C(n_e)$ がそれぞれ n_e の減少・増加関数なので，（16.16）から $\theta(n_e)>(<)c(n_e) \Leftrightarrow n_e^F>(<)n_e$ を得る。

証了。

命題 16.1（A）における過少財政移転は，移転増加に必要な資本増税が地域資本量を減少させるために生ずる。したがって，租税競争に関してしばしば論じられる"課税ベース移動性は再分配を阻害する"という議論に一貫する内容である[12]。本章の分析は，この議論を地域的な格差の問題に拡張したものと位置づけられる。特に，地域開発のための公共投資を導入することで，リッチ・プアな区域の内生性が考慮されている。

命題 16.2（B）が示すように，公共投資水準の比較は曖昧である。このため，租税競争均衡と効率的配分状態の税収額（総支出水準）の比較は容易ではない。$n_e^F \geq n_e$ のケースでは，均衡税収・支出水準は効率的配分状態を下回るが，$n_e^F < n_e$ のケースでは逆の状況が発生するかもしれない。

16-4. 一律政策変化の効果：予備的分析

租税競争均衡の規範的性質を検討するために，同質地域間の対称的均衡を起点として，全地域による一律政策変化の厚生効果を分析する。この分析は，特に公共支出構成の非効率性について有益な洞察をもたらす。本節では，次節以降のための予備的分析として，フォーマルな諸結果を導出しておく。

---

12 第1章2節と第4章4節を参照（ただし，第4章4節では，租税競争が必ずしも再分配を阻害しないケースにも言及した）。

個別地域の政策変化とは異なり，対称均衡からの一律政策変化は各地域の資本量に影響しない（$d(n_eK)=0$）。各地域の資本需要を一定に保つように純収益率が変化する。すなわち，(16.6) より $Kdn_e+n_e(dr+dT)K'=0$ であるから，
$$dr/dT = -1 < 0; \quad dr/dn_e = (r+T)/(n_e\varepsilon) > 0 \qquad (16.19)$$
を得る。生産区域の数を与件として，一律資本増税は純収益率を低下させる。追加的公共投資による生産区域の増加は，各地域における総資本需要を高めて r を上昇させる。

地方政府予算式 (16.4) を微分して，$d(n_eK)=0$ を適用すると
$$N\overline{K}dT = (N-n_e)dg+[c(n_e)-g]dn_e \qquad (16.20)$$
を得る。いかなる一律政策変化も，各地域の地方政府予算制約を保つためには (16.20) を満たさなければならない。(16.14) と $N>n_e$ より，均衡から一律に n_e を高めるには資本増税あるいは財政移転の削減が要求される。

地域厚生への影響について，(16.5) を微分すると以下の式を得る：
$$d\omega \equiv n_eU'_AdY_A+(N-n_e)U'_IdY_I+(U_A-U_I)dn_e \qquad (16.21)$$
(16.2) と (16.3) は，それぞれ $dY_A=-(dr+dT)K+\overline{K}dr$ と $dY_I=\overline{K}dr+dg$ をもたらす[13]。これらの式において，$dr=(dr/dT)dT+(dr/dn_e)dn_e$ である。(16.19) から $dr/dT=-1$ を適用すると，一律政策変化に伴う各区域の所得変化はそれぞれ以下のようになる：
$$dY_A = -\overline{K}dT+(\overline{K}-K)(dr/dn_e)dn_e;$$
$$dY_I = -\overline{K}dT+\overline{K}(dr/dn_e)dn_e+dg \qquad (16.22)$$

(16.21) 及び (16.22) から，各政策変数について，全地域による一律変化の厚生効果が導出される：
$$d\omega/dT = -n_e\overline{K}U'_A-(N-n_e)\overline{K}U'_I;$$
$$d\omega/dg = (N-n_e)U'_I; \quad d\omega/dn_e = [c(n_e)-g-T\overline{K}]U'_I \qquad (16.23)$$
最初の2つの式は，(16.22) を (16.21) へ代入して直ちに得られる。3番目の式の導出に際しては，均衡条件である (16.12) と (16.13) を適用しなければならない[14]。$d\omega/dT<0$ 及び $d\omega/dg>0$ は明らかである。また，(16.13) から，均

---

13 生産区域の所得変化については，(16.1) を適用して導出されることに注意せよ。
14 (16.22) を (16.21) へ代入し，(16.6) より $n_e(K-\overline{K})=(N-n_e)\overline{K}$ を適用すると，以下の式を得る：

衡では $d\omega/dn_e>0$ が成立しなければならない。(16.21) が示すように，$U_A>U_I$ である限り，n_e の増加は直接的に地域厚生を高める。また，均衡では $\overline{K}<K$ が成立するので，(16.22) によれば，n_e の増加は Y_I を高める一方で Y_A を下落させる。均衡においては $U'_I>U'_A$ が成立しているので，この所得格差の縮小は地域厚生を高めることになる。

16-5. 財政移転・公共投資の支出構成

租税競争均衡を起点として，均衡税率を維持しつつ，地方政府予算制約を保つように支出構成を変化させたとしよう。

$$d\omega(n_e)/dg \equiv d\omega/dg+(d\omega/dn_e)(dn_e/dg) \quad (16.24)$$

この式は，全地域一律に g を高め，地方政府予算制約を保つように n_e を下落させた場合に生ずる厚生効果である。(16.24) の符号が支出構成の非効率性の方向を決定づける。$d\omega/dg$ と $d\omega/dn_e$ について (16.23) を (16.24) に代入し，(16.20) より $dn_e/dg=-(N-n_e)/(c(n_e)-g)$ であることを踏まえると

$$d\omega(n_e)/dg = T\overline{K}U'_I\frac{N-n_e}{c(n_e)-g} > 0 \quad (16.25)$$

を得る。正の符号は $N>n_e$ 及び (16.14) に基づく。すなわち，公共投資から財政移転への一律支出シフトによって，均衡よりも高い厚生を得ることができる：

命題 16.2
租税競争均衡における税収を与件として，公共投資と財政移転の支出構成は非効率であり，公共投資が相対的に過剰な水準になる。

均衡において $n_e^F<n_e$ が成立しているケースでは，この命題は命題 16.1 の系とみなすことができる。この場合，租税競争は効率的配分状態と比べて公共投

$$d\omega/n_e = n_e(K-\overline{K})(U'_I-U'_A)(dr/dn_e)+U_A-U_I$$

(16.12) と (16.19) より $n_e(K-\overline{K})(U'_I-U'_A)(dr/dn_e)=T(K-\overline{K})U'_I$ が得られる。他方，(16.13) より $U_A-U_I=[c(n_e)-g-TK]U'_I$ が成立する。

資水準を高めつつ財政移転額を減少させるからである。しかしながら，均衡における公共投資水準が過剰か否かに関係なく，支出構成に関する命題16.2は成立する。租税競争が公共支出総額を減少させる場合（$n_e^F > n_e$）には，限られた支出総額に占める公共投資のシェアが高すぎることになる。

命題16.2に示される非効率性は，資本移動に伴う財政外部性に基づいて説明できる。個別地域の税・支出政策は，それぞれ地域資本量の変化を通じて他域の税収に影響を及ぼす。資本税は他域に正の財政外部性を及ぼす要因である。支出政策については，財政移転と公共投資は全く異なる効果を持つ。個別地域による公共投資の増加は，当該地域の生産区域を増加させることで地域資本量を増やす。結果として，経済全体の資本量が一定である限り，他域の資本量を減少させて負の財政外部性を生み出す。他方，財政移転は地域資本量に影響しないので，地域間外部性をいっさい引き起こさない。一定税収の配分と資本税の外部性との間に因果関係がないことを踏まえると，(16.25)に示される厚生ゲインは，公共投資の負の外部性を内部化することで生み出されていることが分かる。支出構成の非効率性に関するこの議論は，人口移動が存在しない場合について生産関連公共サービスの相対的過剰性を主張する Keen and Marchand (1997) の議論とパラレルなものである。

地域的な経済格差が存在する場合の生産関連公共投資の役割について，命題16.2は重要な含蓄を持つ。本章冒頭で指摘したように，地理的にターゲットを絞った経済振興策は，地域的な経済格差を是正する目的で行われている。しかしながら，多額の費用を伴う公共投資は，格差是正策としては"無駄"なものと認識されるかもしれない。格差是正が目的であれば，公共投資を通じて無理に経済的自立を促すよりも，財政移転によって経済的に支えるのが望ましいケースもあるかもしれない。本章の理論モデルにおいては，租税競争が存在しなければ，公共投資が格差是正に活用されることはない。格差是正は財政移転に委ねつつ，公共投資は地域総所得の最大化のために行われる。この点について，本章の分析は，公共投資に偏った経済格差の是正が行われる状況について，1つの理論的解釈を提示しているものと位置づけられる。租税競争に直面する地方政府は，域内経済格差への対処方法として，プアな区域への財政移転よりも，リッチな区域を増やすための公共投資を重視する誘因を持つ。しかしながら，

このような格差は正策は経済全体の観点から見て非効率である。

16-6. 公共支出水準の一律変化

本節では，一律資本増税による公共支出増が地域厚生に与える影響を検討する。公共支出水準については，命題 16.1 に効率配分状態と均衡の比較が示されている。本稿では，このような比較が困難な場合に，一律政策変化の厚生効果を効率性基準として使用してきた。一律資本増税から得られる税収が g あるいは n_e に支出される場合，厚生効果は

$$d\omega(g)/dT \equiv d\omega/dT + (d\omega/dg)(dg/dT);$$
$$d\omega(n_e)/dT \equiv d\omega/dT + (d\omega/dn_e)(dn_e/dT) \qquad (16.26)$$

に等しい。(16.20) より $dg/dT = N\overline{K}/(N-n_e) > 0$ 及び $dn_e/dT = N\overline{K}/(c(n_e)-g) > 0$ であるから，(16.23) を (16.26) に代入して，以下の式を得る[15]：

$$d\omega(g)/dT = n_e\overline{K}U'_I\frac{T}{r+T}\varepsilon; \quad d\omega(n_e)/dT = n_e\overline{K}U'_I\frac{T}{r+T}(\varepsilon-\zeta); \qquad (16.27)$$

$$\zeta \equiv \frac{(r+T)K}{c(n_e)-g} > 0. \qquad (16.28)$$

(16.28) の符号は (16.14) に基づく。これらの結果を，以下の命題にまとめておく：

命題 16.3
(A) 一律資本増税による財政移転額の増加は地域厚生を高める。
(B) 一律資本増税による公共投資額の増加が地域厚生を高める（低める）必要十分条件は，$\varepsilon > (<) \zeta$ である。

---

[15] $d\omega(g)/dT$ の導出に際しては，(16.12) を使用することに注意せよ。$d\omega(n_e)/dT$ については，(16.23) を (16.26) に代入して (16.6) を適用すると

$$d\omega(n_e)/dT = n_e\overline{K}(U'_I - U'_A) - U'_I T\overline{K}\frac{n_e K}{c(n_e)-g}$$

となる。この式に (16.12) を適用すると，本文の式が導出される。

域内財政移転は地域間財政外部性を伴わないので，命題16.3（A）の厚生効果は，資本税の正の外部性を内部化することによって得られるものである。この漸進的政策変化は，資本税調達に起因する財政移転への抑制圧力を緩和する。命題16.3（B）に関して，$d\omega(n_e)/dT$ の符号は，個別地域が資本税調達で n_e を増加させた場合に発生する地域資本量の変化とは逆である[16]。$d\omega(n_e)/dT$ の符号の曖昧さは，資本税と公共投資が逆符号の財政外部性を引き起こすことに起因する。ε は資本税の正の外部性を，ζ は公共投資の負の外部性をそれぞれ反映している。これらの両外部性の相対的大小関係は，定性的には明らかではない。生産区域数としてモデル化される公共投資水準については，生産関数の性質のみで財政外部性の符号が確定できる訳ではない。

公共投資水準に関するこの曖昧さは，基本的に命題16.1（B）とパラレルである。租税競争均衡と効率的配分状態の離散的比較と同様に，一律政策変化の厚生効果に基づく効率性基準も過剰な公共投資水準の可能性を排除しない。しかしながら，これら2つの効率性基準に基づく"過剰"あるいは"過少"の判定が，互いに一致するとは限らないことに注意する必要がある。均衡 n_e から n_e^F に向けての一律の漸進的政策変化は，必ずしも正の厚生効果をもたらさない。地域内で経済格差が持続している限り，単に地域総所得を増加させる政策変化ではかえって地域厚生を下落させるかもしれない[17]。本章補論では，そのような事例を2次形式の効用関数について提示する。他方，命題16.1（A）と命題16.3（A）より，財政移転に関しては，一律政策変化の厚生効果と離散的比

---

[16] 個別地域による政策変化が地域資本量に与える影響は，$n_e K' + K(dn_e/dT)$ に等しい。地方政府予算制約（16.4）より，$dn_e/dT = n_e(K+TK')/[c(n_e)-g-TK]$ を得る（この式は，あくまで個別地域の政策変化に関するものであり，全地域一律政策変化に関する16.20式から得られる dn_e/dT とは異なることに注意する）。以上より，

$$n_e K' + K \frac{dn_e}{dT} = \varpi(\varepsilon - \zeta), \quad \text{ただし } \varpi = \frac{-n_e K[c(n_e)-g]}{[c(n_e)-g-TK](r+T)} < 0$$

が導出される。（16.13）と（16.14）より，租税競争均衡において ϖ は負である。

[17] 第Ⅱ部で租税競争均衡と効率的配分状態との離散的比較が可能な他のケース（第10章1節と2節末尾，第11章5節，第12章，第13章3節，第15章補論）については，離散的比較に基づく効率性基準は一律政策変化に基づく基準と整合的である。つまり，いずれのケースについても，効率的配分状態と比べて地方公共サービスが過少である場合，全地域一律のサービス増加は正の厚生効果をもたらす。しかしながら，この結果は本章の公共投資には必ずしも当てはまらない。他章と本章の効率性基準に関する議論の違いは，地域内の経済格差を考慮していることに起因するものと思われる。

較との間で規範的結論の非整合性は発生しない．

補論　2次形式効用関数の例

ここでは，前節末尾で言及した公共投資の効率性基準の問題について，2次形式効用関数の例を提示する．効用関数の形状を次のように特定する：

$$U_i = (v - vY_i)Y_i \tag{A16.1}$$

（ただし，$i = A$ あるいは I．）この効用関数の下で，(16.16)の公共投資ルールは

$$F - (N\overline{K}/n_e)F' - c(n_e) = T\frac{\left\{\frac{\varepsilon[c(n_e)-g]}{2(r+T)} - K\right\}}{1 - \frac{T\varepsilon}{2(r+T)}} = TK\frac{(\varepsilon - 2\zeta)}{\left(2 - \frac{T\varepsilon}{r+T}\right)\zeta} \tag{A16.2}$$

に等しい．右辺分母はラッファー効果が存在しない限り（つまり，$TK' + K > 0$である限り）正である．

(A16.2)の導出プロセスは以下の通りである．まず，(A16.1)より

$$(Y_A - Y_I)U'_I - (U_A - U_I) = v(Y_A - Y_I)^2 \tag{A16.3}$$

$$2v(Y_A - Y_I) = U'_I\frac{T\varepsilon}{r+T} \tag{A16.4}$$

を得る．(A16.3)は(A16.1)から直接導出したものである．そして，(A16.1)から得られる $U'_I - U'_A = 2v(Y_A - Y_I)$ を(16.12)に代入すると，(A16.4)が導出される．(A16.3)と(A16.4)より

$$\frac{(Y_A - Y_I)U'_I - (U_A - U_I)}{U'_I} = \frac{T\varepsilon(Y_A - Y_I)}{2(r+T)} \tag{A16.5}$$

となり，これを(16.16)の右辺に代入すると

$$F - (N\overline{K}/n_e)F' - c(n_e) = \frac{T\varepsilon(Y_A - Y_I)}{2(r+T)} - TK \tag{A16.6}$$

を得る．最後に，(16.15)より $Y_A - Y_I = F - (N\overline{K}n_e)F' - c(n_e) + [c(n_e) - g]$

を (A16.6) に代入すると，(A16.2) が導出される。

命題16.1 (B)，(16.27) 及び (A16.2) から，以下の3つパターンが考えられる：

(a) $\varepsilon \in (\zeta, 2\zeta) \Rightarrow d\omega(n_e)/dT > 0$ かつ $n_e^F < n_e$
(b) $\varepsilon > 2\zeta \Rightarrow d\omega(n_e)/dT > 0$ かつ $n_e^F > n_e$
(c) $\varepsilon < \zeta \Rightarrow d\omega(n_e)/dT < 0$ かつ $n_e^F < n_e$

(b) と (c) については，一律政策変化に基づく効率性基準は，均衡と効率的配分状態との離散的比較と整合的である。(b) は資本需要の弾力性が高いケースであり，資本税の正の外部性が公共投資の負の外部性を上回るケースである（本章脚注16を参照）。このようなケースでは，一律政策変化に基づく効率性基準によっても，均衡公共投資水準は過少であると判定される。(c) の資本需要の弾力性が低いケースについては，公共投資水準は逆に過剰であると判定される。

(b) と (c) の中間的ケースが (a) である。このケースでは，(b) のように資本税の正の外部性が公共投資の負の外部性を上回るものの，その差は大きくない。すなわち，税・支出の両外部性が互いに相殺されて，資本税調達による公共投資の増加は大きな財政外部性を生み出さない。このような場合には，一律政策変化の基準では公共投資水準は過少と判定される一方で，均衡における生産区域数は効率的配分状態を上回る。したがって，効率性基準間で非整合性が発生している。(a) のようなケースでは，公共投資を増やすことで財政移転の不完全性を補うことが，地域総所得の増加よりも望ましい漸進的政策変化である[18]。

---

18 同様の議論が，$\varepsilon = \zeta$ や $\varepsilon = 2\zeta$ のケースにも当てはまる。前者のケースでは，一律政策変化が厚生効果を生まない状態で $n_e^F < n_e$ が成立している。後者では $n_e^F = n_e$ であるにもかかわらず，均衡からの一律の公共投資増が厚生ゲインを生む。

第Ⅱ部のまとめ

　本稿第Ⅱ部では，Zodrow and Mieszkowski（1986）の地方公共要素のモデルに基づいて，公共支出水準及び構成の非効率性を検討するとともに，競争参加地域を内生化した拡張的モデルの分析を行った。そして，地域的な経済格差が存在するケースについて，租税競争が財政移転と公共投資に与える影響を考察した。以下，これらの研究から得られた結論を簡潔にまとめておきたい。

　租税競争文献の基本命題である"過少課税・公共支出"が，生産関連の公共サービスである公共要素に当てはまるか否かについては，意見の分かれるところである。第8章で指摘したように，過少供給が発生するか否かの論議は，ZM安定条件の是非を巡って展開されてきた。ZM安定条件は生産関数の性質に関わるものである。租税競争均衡の規範的性質を決定づける要因として，資本需要関数の特性，つまり生産関数の3階偏微係数の符号に関心が寄せられても何ら不思議ではない。これに対して本稿では，生産関数の1次同次性と共同消費性の程度に応じて公共要素を要素貢献型・企業貢献型・不払い費用型に分類し（第9章を参照），それぞれのタイプについて租税競争が公共支出水準に与える影響を考察した（第10～12章を参照）。

　純粋公共要素としての要素貢献型・企業貢献型については，要素間補完性の下で前者の過少供給が発生するものの，ZMモデルは後者の過剰供給の可能性を排除しない。しかしながら，過剰供給の可能性は，企業利潤が存在するにもかかわらず地域企業数を与件として扱うことに起因する。ZMモデルは地方公共政策が資本移動に与える影響のみに関心を払っており，地域企業数の内生的決定を考慮していない。企業の自由参入や地域間移動を導入すると，企業貢献型についても資本税調達の制約下では過少供給が発生する。この結論は，地方公共要素の使用に伴う混雑外部性や，混雑税としての利潤税を導入しても成立する。ただし，資本税・利潤税のタックス・ミックスについては，地域企業数の決定方法（自由参入あるいは地域間移動）に応じて均衡の性質が異なることに注意しなければならない。

Oates and Schwab（1991）の効率性命題は，不払い費用型要素の供給を前提としたものである。OS モデルは，その結論から Sinn（1997）の混雑外部性モデルに類似しているように思われるかもしれない。しかしながら，両者には公共要素の扱いについて根本的な違いがあり，類似した理論モデルとして扱うべきではない。本稿では不払い費用型の供給メカニズムに着目して，OS・ZM の両モデルを関連づけた。このタイプの公共要素について，OS モデルは資本投資にリンクした供給を想定する一方で，ZM モデルは移動不可能要素の雇用にリンクした供給を潜在的に前提している。OS モデルでは，公共生産に関する規模の経済性が存在する場合，租税競争は過少公共支出をもたらす。他方，規模の経済の有無に関係なく，ZM モデルにおいては不払い費用型の過剰供給が発生するかもしれない。

地方公共財・公共要素の支出構成については，地域間人口移動の影響に着目して，Keen and Marchand（1997）の議論に再検討を加えた（第 13 章を参照）。資本移動のみを前提する KM モデルでは，資本誘致に貢献する地方公共要素の相対的過剰供給が発生する。ところが，人口・資本移動を両方考慮すると，労働と資本が補完的要素である限り，地方公共財の供給増は人口流入を通じて地域資本量を増加させる。したがって，支出構成の非効率性の方向は不明確になる。要素補完性は"資本が労働を追い掛ける構図"を作り出すので，地方公共財の相対的過剰供給が発生するかもしれない。

要素特殊的公共要素の分析（第 14 章を参照）は，多様な公共要素を集計的に扱う ZM モデルに比べて精緻な分析であると言えよう。要素特殊性に基づく租税競争と公共要素の分析の特徴は，そのシンプルさにある。ZM のような 1 生産部門モデルのフレームワークで検討することが可能であり，支出構成の非効率性を決定づけるパラメータは要素代替の弾力性に限定される。この弾力性が大きいほど，移動可能な民間要素に特殊的な公共要素が，相対的に過剰供給される可能性が高くなる。

第 13，14 章の理論分析を通じて，過少支出水準と効率的支出構成が両立する変則的状態があり得ることを示した。地方公共財・公共要素の支出構成については，生産関数が CES 型あるいは Cobb-Douglas 型である場合にこのような状態が生ずる。要素特殊的公共要素の支出構成については，要素代替の弾力性が

1であるケースに該当する。非効率性が公共支出水準に限定されるならば，その是正のための中央介入は地方税収総額の確保に向けた施策に重点を置くべきである。効率的支出水準に必要な税収を与えれば，課税ベース移動性の下でも各地方政府は個別公共サービスへの効率的配分を行うだろう。

競争に参加する地域数の内生化については，ZMモデルの直接的な拡張として地域開発費用を導入した（第15章を参照）。各地域の住民は，開発費用を負担して資本誘致競争に参加するか否かを決定する。この拡張モデルにおいては，資本移動に伴う財政外部性に加えて，地域開発に伴う負の財政外部性が存在する。それでもなお，地方公共要素の供給が過少（過剰）である必要十分条件は，ZMと同様に，資本税調達による支出増加が地域資本を減少（増加）させることである。すなわち，公共支出水準の非効率性を分析する際には，租税競争に参加する地域数が内生的か否かは重要な問題ではない。他方，地域開発の負の外部性が存在するにもかかわらず，均衡において競争参加地域数が過剰であるとは限らない。追加的参入が既存の競争地域における公共支出水準に影響することで，租税競争の非効率性を緩和するかもしれない。

最後に，地域的な経済格差の問題については，既存のリッチ・プア区域間の財政移転とプアな区域をリッチにするための公共投資を対比させて，租税競争の影響を考察した（第16章を参照）。地域開発のための公共投資は地域全体の所得最大化のために行われるべきであり，地域的な格差の是正は直接的な財政移転を通じて行うべきである。しかしながら，租税競争の下では，このような効率・公平の二分法は成立しない。財政移転を通じた域内の格差是正は不十分となる一方で，課税ベースの拡大を意図して過剰な公共投資が行われる可能性がある。特に，均衡での税収額を与件として，支出構成は公共投資に非効率に偏る。この議論は，コスト度外視で経済振興目的の開発政策に偏りがちな地域間格差是正策に対して，1つの理論的解釈を提示するものと言える。

お わ り に

　租税競争の理論を学ぶことは，政府間競争の色彩が強くなる地方分権化やグローバル化の経済的帰結を考察するのに役立つ。この理論は政府間競争の弊害を分析するツールとしてスタートしたが，現代の租税競争文献には政府間競争のメリット・デメリットの両面も含めて多様な学術的議論が含まれている。本稿第Ⅰ部の 300 本を超える論文など（租税競争に直接関わる引用文献）のサーベイから，関連研究の多様性は感じられると思う。しかしながら，これでも租税競争理論の全体像を"ぼんやり"と浮き上がらせている程度に過ぎない。資本税競争の理論に限れば全体像が体系的に見通せる内容になっていると思われるが，それでも決して十分なサーベイとは言えない。この点について，ドイツの著名な公共経済学者である Kai Konrad 教授が，私宛に郵送してきた論文の中で述べている "Any list of seminal contributions to this capital tax competition literature will notoriously be unfair to some authors…" というコメントに私は同意する（Konrad 2008, Footnote 1 を参照：なお，私が "some authors" に含まれているのか否かは確認していない）。

　実際，本稿第Ⅰ部においても，全体の構成を考えた上であえて取り上げなかった研究が数多くある。租税競争文献は今なお急速に発展しており，興味深い新たな論文が続々と学術雑誌に掲載されている。本稿作成の最終段階において認知した論文もあり，時間や編集の都合から取り上げなかったものもある。本稿で取り上げられた研究についても，エッセンスのみを簡潔に記述したので，完全な説明になっているわけではない。複数のトピックを扱っている研究については，そのすべてを紹介するのではなく，租税競争文献の発展に大きく貢献していると思われる部分のみをピックアップしている。したがって，第Ⅰ部のサーベイは，あくまで "租税競争の研究に取り組むきっかけ" として役立ててもらいたい。当然のことながら，関心を持った研究については "原典に直接当たる" ことを強くお勧めする。

　第Ⅱ部で取り上げた公共要素の研究については，租税競争文献の中でも "研

究の方向性が見えにくく,体系化が進んでいないカテゴリー"と言わざるを得ない。特に,公共支出水準の非効率性については,関連する研究が互いに比較検討されることなく乱立してきた印象が強い。

例えば,第10章の土台である論文は,1998年に海外の学術雑誌に掲載されたものである。第10章3節においても指摘したが,租税競争と公共要素に関する比較的新しい研究であるはずの Bénassy-Quéré, Gobalraja and Trannoy (2007) や Dhillon, Wooders and Zissimos (2007) は,本稿で言及した公共要素の基礎研究の成果を全く考慮していない。私としては,これらの論文に対して,Matsumoto (1998) の後に出版された研究としては"全く物足りない"という印象を強く持っている。Dhillon, Wooders and Zissimos (2007) に至っては,第8章3節において批判したように Zodrow and Mieszkowski (1986) のオリジナル・モデルに対する理解すら不十分である。また,Oates and Schwab (1991) の効率性命題は,Zodrow and Mieszkowski (1986) 系列の研究と全く含蓄が異なるにもかかわらず,両者の比較検討も十分に行われてこなかった。"租税競争が地方公共要素の供給量に及ぼす影響"という基本的問題の考察を十分に深めることなく,第Ⅱ部で扱った支出構成や地域開発に関する研究,あるいは戦略的政策や他の非効率性要因を導入した高度な理論的拡張(例として,第7章脚注2及び20で言及した研究)に突き進んだことが,この分野の体系的理解をかえって妨げているように思える。

租税競争文献の"基本中の基本"とも言える公共支出水準への影響に関して"交通整理ができていない"状況のためか,私の過去の研究を引用している先端論文を読んだ時に,引用してもらえるのは大変有り難いことであると思いつつ,色々と違和感を感じることが少なくない。もちろん,その理由の一端は,私自身の論文の書き方や書くタイミングが拙かったことにもある。本稿第Ⅱ部,特に第8～12章はこの違和感の根源を除去する目的で構成されたものである。第13,14章の支出構成や第15,16章の地域開発についても,第7章2～4節と併せて関連研究との違いを明確にするように心掛けた。租税競争と公共要素に関する研究について,本稿が"体系的理解を深める"ことに貢献することを期待している。

色々と辛口なことを述べてきたが,私自身も"修行が足りない"と言わざ

を得ない。第Ⅱ部の各章は，第7章4節で述べたように，古典的な Zodrow and Mieszkowski (1986) の同質小地域モデルに基づくものであり，租税競争の理論としては基本的レベルを超えるものではない。上述のごとく"体系的理解を深める"べく，本稿ではあえて基本にこだわった側面もある。しかしながら，私個人としては，"基礎を修めたもの"として，より高度な理論研究に進まなければならないと考えている（第15，16章のオリジナル論文は，そのささやかな第一歩のつもりで作成したものである）。第Ⅱ部の3大テーマのみならず，第Ⅰ部のサーベイで取り上げたトピックの範囲内でも，租税競争と公共要素に関する研究を深める余地は十分にあるものと思われる。

参 考 文 献

* 各文献末尾カッコ内の数字は，本稿で該当文献が引用・参照されているページを指している。

Abe, K. (1990) "A Public Input as a Determinant of Trade," *Canadian Journal of Economics* 23, 400-407. [115]
Abe, K., H. Okamoto and M. Tawada (1986) "A Note on the Production Possibility Frontier with Pure Public Intermediate Goods," *Canadian Journal of Economics* 19, 351-356. [115]
Aiura, H. and H. Ogawa (2013) "Unit Tax versus Ad valorem Tax: A Tax Competition Model with Cross-border Shopping," *Journal of Public Economics* 105, 30-38. [23]
Akai, N., H. Ogawa and Y. Ogawa (2011) "Endogenous Choice on Tax Instruments in a Tax Competition Model: Unit Tax versus Ad Valorem Tax," *International Tax and Public Finance* 18, 495-506. [23]
Altenburg, L. (1987) "Production Possibilities with a Public Intermediate Good," *Canadian Journal of Economics* 20, 715-734. [115]
Andersson, F. and R. Forslid (2003) "Tax Competition and Economic Geography," *Journal of Public Economic Theory* 5, 279-303. [26, 27]
Andersson, F. and K. A. Konrad (2003a) "Globalization and Risky Human-capital Investment," *International Tax and Public Finance* 10, 211-228. [68]
Andersson, F. and K. A. Konrad (2003b) "Human Capital Investment and Globalization in Extortionary States," *Journal of Public Economics* 87, 1539-1555. [68]
Aoyama, N. and E. C. D. Silva (2010) "Equitable and Efficient Federal Structures with Decentralized Leadership, Spillovers, and Attachment of Heterogeneous Labor," *Journal of Public Economic Theory* 12, 323-343. [74]
Arachi, G. (2001) "Efficient Tax Competition with Factor Mobility and Trade: A Note," *International Tax and Public Finance* 8, 171-188. [35, 36]
Arikan, G. G. (2004) "Fiscal Decentralization: A Remedy for Corruption?," *International Tax and Public Finance* 11, 175-195. [56]
Arnott, R. J. and R. E. Grieson (1981) "Optimal Fiscal Policy for a State or Local Government," *Journal of Urban Economics* 9, 23-48. [54]
Aronsson, T. and S. Wehke (2008) "Public Goods, Unemployment and Policy Coordination," *Regional Science and Urban Economics* 38, 285-298. [92, 95]
Aschauer, D. A. (1989) "Is Public Expenditure Productive?," *Journal of Monetary Economics* 23, 177-200. [112]
Atkinson, A. B. and N. H. Stern (1974) "Pigou, Taxation and Public Goods," *Review of Economic Studies* 41, 119-128. [11]
Bacchetta, P. and M. P. Espinosa (1995) "Information Sharing and Tax Competition among Governments," *Journal of International Economics* 39, 103-121 [37-39, 80]
Bacchetta, P. and M. P. Espinosa (2000) "Exchange-of-Information Clauses in International Tax Treaties," *International Tax and Public Finance* 7, 275-293. [80]
Baldwin, R. E. and P. Krugman (2004) "Agglomeration, Integration and Tax Harmoniza-

tion," *European Economic Review* **48**, 1-23. 〔26-28〕

Baldwin, R. E, R. Forslid, P. Martin, G. I. P. Ottaviano and F. Robert-Nicoud (2003) *Economic Geography and Public Policy*, Princeton University Press, Princeton. 〔26〕

Barros, P. P. and L. Cabral (2000) "Competing for Foreign Direct Investment," *Review of International Economics* **8**, 360-371. 〔30〕

Bartik, T. J. (2004) "Evaluating the Impacts of Local Economic Development Policies on Local Economic Outcomes: What Has been Done and What is Doable?," In: OECD, *Evaluating Local Economic and Employment Development: How to Assess What Works among Programmes and Policies*, 113-142. 〔118〕

Bayindir-Upmann, T. (1998) "Two Games of Interjurisdictional Competition When Local Governments Provide Industrial Public Goods," *International Tax and Public Finance* **5**, 471-487. 〔22, 88, 90, 96, 98, 103〕

Bayindir-Upmann, T. and A. Ziad (2005) "Existence of Equilibria in a Basic Tax-competition Model," *Regional Science and Urban Economics* **35**, 1-22. 〔11, 130〕

Becker, D. and M. Rauscher (2007) "Fiscal Competition in Space and Time: An Endogenous-growth Approach," CESifo Working Paper **2048**. 〔96〕

Becker, J. and C. Fuest (2011) "Source versus Residence Based Taxation with International Mergers and Acquisitions," *Journal of Public Economics* **95**, 28-40. 〔35〕

Behrens, K., J. Hamilton, G. Ottaviano and J-F. Thisse (2009) "Commodity Tax Competition and Industry Location under the Destination and the Origin Principle," *Regional Science and Urban Economics* **39**, 422-433. 〔14〕

Bénassy-Quéré, A., N. Gobalraja, N. and A. Trannoy (2007) "Tax and Public Input Competition," *Economic Policy* **22**, 385-430. 〔90, 98, 99, 103, 105-107, 130, 131, 214〕

Besley, T. and P. Seabright (1999) "The Effects and Policy Implications of State Aids to Industry: An Economic Analysis," *Economic Policy* **14**, 13-53. 〔30〕

Besley, T. and M. Smart (2007) "Fiscal Restraints and Voter Welfare," *Journal of Public Economics* **91**, 755-773. 〔57〕

Bjorvatn, K. and G. Schjelderup (2002) "Tax Competition and International Public Goods," *International Tax and Public Finance* **9**, 111-120. 〔73〕

Bjorvatn, K. and C. Eckel (2006) "Policy Competition for Foreign Direct Investment between Asymmetric Countries," *European Economic Review* **50**, 1891-1907. 〔30〕

Black, D. A. and W. H. Hoyt (1989) "Bidding for Firms," *American Economic Review* **79**, 1249-1256. 〔15, 30〕

Blonigen, B. A. and V. Kolpin (2007) "Technology, Agglomeration, and Regional Competition for Investment," *Canadian Journal of Economics* **40**, 1149-1167. 〔30〕

Boadway, R. (2006) "Intergovernmental Redistributive Transfers: Efficiency and Equity," In: E. Ahmad and G. Brosio (eds.) *Handbook of Fiscal Federalism*, Edward Elgar, Northampton. 〔73〕

Boadway, R. and F. Flatters (1982) "Efficiency and Equalization Payments in a Federal System of Government: A Synthesis and Extension of Recent Results," *Canadian Journal of Economics* **15**, 613-633. 〔47〕

Boadway R. and M. Keen (1996) "Efficiency and the Optimal Direction of Federal-State

Transfers," *International Tax and Public Finance* **3**, 137-155. [75, 76]

Boadway R., M. Marchand and M. Vigneault (1998) "The Consequences of Overlapping Tax Bases for Redistribution and Public Spending in a Federation," *Journal of Public Economics* **68**, 453-478. [51, 75]

Boadway R. and A. Shah (eds.) (2007) *Intergovernmental Fiscal Transfers: Principles and Practices*, The World Bank, Washington DC. [73]

Boadway, R. and J-F. Tremblay (2010) "Mobility and Fiscal Imbalance," *National Tax Journal* **63**, 1023-1054. [75]

Boadway, R. and J-F. Tremblay (2012) "Reassessment of the Tiebout Model," *Journal of Public Economics* **96**, 1063-1078. [13, 44]

Boeters, S. and K. Schneider (1999) "Government versus Union: The Structure of Optimal Taxation in a Unionized Labor Market," *FinanzArchiv* **56**, 174-187. [69, 70]

Bond, E. W. and L. Samuelson (1986) "Tax Holidays as Signals," *American Economic Review* **76**, 820-826. [66, 68]

Bond, E. W. and L. Samuelson (1989) "Strategic Behavior and the Rules for International Taxation of Capital," *Economic Journal* **99**, 1099-1111. [14]

Bond, E. W. and T. A. Gresik (1996) "Regulation of Multinational Firms with Two Active Governments: A Common Agency Approach," *Journal of Public Economics* **59**, 33-53. [66]

Borck, R. (2003) "Tax Competition and the Choice of Tax Structure in a Majority Voting Model," *Journal of Urban Economics* **54**, 173-180. [60]

Borck, R. (2005) "Fiscal Competition, Capital Skill Complementarity, and the Composition of Public Spending," *FinanzArchiv* **61**, 488-499. [92, 171]

Borck, R. and M. Pflüger (2006) "Agglomeration and Tax Competition," *European Economic Review* **50**, 647-668. [26]

Braid, R. M. (1996) "Symmetric Tax Competition with Multiple Jurisdictions in Each Metropolitan Area," *American Economic Review* **86**, 1279-1290. [32, 33, 43, 45]

Braid, R. M. (2000) "A Spatial Model of Tax Competition with Multiple Tax Instruments," *Journal of Urban Economics* **47**, 88-114. [34]

Braid, R. M. (2005) "Tax Competition, Tax Exporting and Higher-Government Choice of Tax Instruments for Local Governments," *Journal of Public Economics* **89**, 1789-1821. [55]

Brander, J. A., and B. J. Spencer (1985) "Export Subsidies and International Market Share Rivalry," *Journal of International Economics* **18**, 83-100. [56]

Break, G. F. (1967) *Intergovernmental Fiscal Relations in the United States*, Brookings Institution, Washington DC. [1]

Brennan, G. and J. Buchanan (1980) *The Power to Tax: Analytical Foundations of a Fiscal Constitution*, Cambridge University Press, New York. [3, 56, 57]

Breuillé, M-L. and M. Vigneault (2010) "Overlapping Soft Budget Constraints," *Journal of Urban Economics* **67**, 259-269. [75]

Breuillé, M-L., T. Madiès and E. Taugourdeau (2010) "Gross versus Net Equalization Scheme in a Federation with Decentralized Leadership," *Journal of Urban Economics* **68**, 205-214. [74, 75, 88]

Brown, C. and W. E. Oates (1987) "Assistance to the Poor in a Federal System," *Journal of*

Public Economics **32**, 307-330. 〔50, 52〕

Brueckner, J. (1983) "Property Values Maximization and Public Sector Efficiency," *Journal of Urban Economics* **14**, 1-15. 〔44〕

Brueckner, J. (2000a) "A Tiebout/Tax-competition Model," *Journal of Public Economics* **77**, 285-306. 〔49, 50〕

Brueckner, J. (2000b) "Welfare Reform and the Race to the Bottom: Theory and Evidence," *Southern Economic Journal* **66**, 505-525. 〔50〕

Brueckner, J. (2004) "Fiscal Decentralization with Distortionary Taxation: Tiebout vs. Tax Competition," *International Tax and Public Finance* **11**, 133-153. 〔49, 50, 79〕

Brueckner, J. (2009) "Partial Fiscal Decentralization," *Regional Science and Urban Economics* **39**, 23-32. 〔50〕

Brueckner, J. and L. Saavedra (2001) "Do Local Governments Engage in Strategic Property-Tax Competition?," *National Tax Journal* **54**, 203-229. 〔16〕

Bucovetsky, S. (1991) "Asymmetric Tax Competition," *Journal of Urban Economics* **30**, 167-181. 〔24, 25, 79, 81〕

Bucovetsky, S. (1995) "Rent Seeking and Tax Competition," *Journal of Public Economics* **58**, 337-363. 〔47〕

Bucovetsky, S. (2005) "Public Input Competition," *Journal of Public Economics* **89**, 1763-1787. 〔93〕

Bucovetsky, S. (2009) "An Index of Capital Tax Competition," *International Tax and Public Finance* **16**, 727-752. 〔24, 79〕

Bucovetsky, S. (2011) "Incentive Equivalence with Fixed Migration Costs," *Journal of Public Economics* **95**, 1292-1301. 〔47, 48〕

Bucovetsky, S. and J. D. Wilson (1991) "Tax Competition with Two Tax Instruments," *Regional Science and Urban Economics* **21**, 333-350. 〔32-36, 38, 64〕

Bucovetsky S., M. Marchand and P. Pestieau, (1998) "Tax Competition and Revelation of Preferences for Public Expenditure," *Journal of Urban Economics* **44**, 367-390. 〔76, 77〕

Bucovetsky, S. and M Smart (2006) "The Efficiency Consequences of Local Revenue Equalization: Tax Competition and Tax Distortions," *Journal of Public Economic Theory* **8**, 119-144. 〔73〕

Bucovetsky, S. and A. Haufler (2007) "Preferential Tax Regimes with Asymmetric Countries," *National Tax Journal* **60**, 789-795. 〔39, 41〕

Buettner, T. (2001) "Local Business Taxation and Competition for Capital: The Choice of the Tax Rate," *Regional Science and Urban Economics* **31**, 215-245. 〔16〕

Burbidge, J. and G. M. Myers (1994a) "Population Mobility and Capital Tax Competition," *Regional Science and Urban Economics* **24**, 441-459. 〔48〕

Burbidge, J. and G. M. Myers (1994b) "Redistribution within and across the Regions of a Federation," *Canadian Journal of Economics* **27**, 620-636. 〔51〕

Burbidge, J., J. DePater, G. M. Myers and A. Sengupta (1997) "A Coalition-Formation Approach to Equilibrium Federations and Trading Blocs," *American Economic Review* **87**, 940-956. 〔81〕

Burbidge, J. and K. Cuff (2005) "Capital Tax Competition and Returns to Scale," *Regional*

Science and Urban Economics **35**, 353-373. [24, 25]

Cai, H. and D. Treisman (2005) "Does Competition for Capital Discipline Governments?: Decentralization, Globalization and Public Policy," *American Economic Review* **95**, 817-830. [58, 88]

Caplan, B. (2001) "When is Two Better than One? How Federalism Mitigates and Intensifies Imperfect Political Competition," *Journal of Public Economics* **80**, 99-119. [58]

Caplan, A. J., R. C. Cornes and E. C. D. Silva (2000) "Pure Public Goods and Income Redistribution in a Federation with Decentralized Leadership and Imperfect Labor Mobility," *Journal of Public Economics* **77**, 265-284. [74]

Cardarelli, R., E. Taugourdeau and J-P. Vidal (2002) "A Repeated Interactions Model of Tax Competition," *Journal of Public Economic Theory* **4**, 19-38. [80]

Catenaro, M. and J-P. Vidal (2006) "Implicit Tax Co-ordination under Repeated Policy Interactions," *Louvain Economic Review* **72**, 5-17. [80]

Chang, M. C. (1995) "The Optimal Revenue Tariff for Public Input Provision: A Further Result on Feehan," *Journal of Development Economics* **46**, 403-407. [115]

Chi, K. S. and D. J. Hofmann (2000) *State Business Incentive: Trends and Options for the Future*, The Council of State Governments, Lexington. [1]

Chu, A. C. and C. C. Yang (2012) "Fiscal Centralization versus Decentralization: Growth and Welfare Effects of Spillovers, Leviathan Taxation and Capital Mobility," *Journal of Urban Economics* **71**, 177-188. [57]

Chung, S. M. and J. D. Wilson (1997) "The Optimal Taxation of Interregionally Mobile Capital under Uncertainty," *Regional Science and Urban Economics* **27**, 475-496. [63, 64]

Colombier, C. (2008) "Efficiency in Public Infrastructure Provision: A Theoretical Note," *Journal of Economic Studies* **35**, 528-543. [114]

Conconi, P., C. Perroni and R. Riezman (2008) "Is Partial Tax Harmonization Desirable?," *Journal of Public Economics* **92**, 254-267. [78]

Costa, J. S., R. W. Ellson and R. C. Martin (1987) "Public Capital, Regional Output and Development: Some Empirical Evidence," *Journal of Regional Science* **27**, 419-437. [112]

Cremer, H., V. Fourgeaud, M. Leite-Monteiro, M. Marchand and P. Pestieau (1996) "Mobility and Redistribution: A Survey," *Public Finance* **51**, 325-352. [15]

Cremer, H. and F. Gahvari (2000) "Tax Evasion, Fiscal Competition and Economic Integration," *European Economic Review* **44**, 1633-1657. [78]

Cremer, H. and P. Pestieau (2004) "Factor Mobility and Redistribution: A Survey," *Handbook of Regional and Urban Economics* **4**, 2529-2560, Elsevier, New York. [13, 15, 69]

Dahlby, B. (1996) "Fiscal Externalities and the Design of Intergovernmental Grants," *International Tax and Public Finance* **3**, 397-412. [11, 72]

Dahlby, B., J. Mintz and S. Wilson (2000) "The Deductibility of Provincial Business Taxes in a Federation with Vertical Fiscal Externalities," *Canadian Journal of Economics* **33**, 677-694. [73]

Dahlby, B. and L. S. Wilson (2003) "Vertical Fiscal Externalities in a Federation," *Journal of Public Economics* **87**, 917-930. [14, 88]

Davies, R. B. (2003) "The OECD Model Tax Treaty: Tax Competition and Two-Way Capital

Flows," *International Economic Review* **44**, 725-753. [14]

Davies, R. B. and T. A. Gresik (2003) "Tax Competition and Foreign Capital," *International Tax and Public Finance* **10**, 127-145. [14]

De Crombrugghe, A. and H. Tulkens (1990) "On Pareto Improving Commodity Tax Changes under Fiscal Competition," *Journal of Public Economics* **41**, 335-350. [13]

Dembour, C. (2008) "Competition for Business Location: A Survey," *Journal of Industry, Competition and Trade* **8**, 89-111. [15]

Dembour, C. and X. Wauthy (2009) "Investment in Public Infrastructure with Spillovers and Tax Competition between Contiguous Regions," *Regional Science and Urban Economics* **39**, 679-687. [96]

DePater, J. and G. M. Myers (1994) "Strategic Capital Tax Competition: A Pecuniary Externality and a Corrective Device," *Journal of Urban Economics* **36**, 66-78. [21, 22, 72]

De Borger, B. and K. Kerstens (1996) "Cost Efficiency of Belgian Local Governments: A Comparative Analysis of FDH, DEA and Econometric Approaches," *Regional Science and Urban Economics* **26**, 145-170. [148]

Dhillon, A., C. Perroni and K. Scharf (1999) "Implementing Tax Coordination," *Journal of Public Economics* **72**, 243-268. [76]

Dhillon, A., M. Wooders and B. Zissimos (2007) "Tax Competition Reconsidered," *Journal of Public Economic Theory* **9**, 391-423. [90, 98, 99, 103, 105, 106, 108, 113, 130, 131, 214]

Diamond, P. A. and J. A. Mirrlees (1971) "Optimal Taxation and Public Production I: Production Efficiency; II: Tax Rules," *American Economic Review* **61**, 8-27; 261-278. [34]

Dickescheid, T. (2000) "Capital Income Taxation, Cross-Ownership and the Structure of Public Spending," *FinanzArchiv* **57**, 435-458. [92, 95]

Doyle, C., and S. van Wijnbergen (1994) "Taxation of Foreign Multinationals: A Sequential Bargaining Approach to Tax Holidays," *International Tax and Public Finance* **1**, 211-225. [68]

Duncombe, W. and J. Yinger (1993) "An Analysis of Returns to Scale in Public Production, with an Application to Fire Protection," *Journal of Public Economics* **52**, 49-72. [148]

Edwards, J. and M. Keen (1996) "Tax Competition and Leviathan," *European Economic Review* **40**, 113-134. [56-58]

Eggert, W. and A. Haufler (1999) "Capital Taxation and Production Efficiency in an Open Economy," *Economics Letters* **62**, 85-90. [35]

Eggert, W. and B. Genser (2001) "Is Tax Harmonization Useful?," *International Tax and Public Finance* **8**, 511-527. [36]

Eggert, W. and M. Kolmar (2002) "Residence-Based Capital Taxation in a Small Open Economy: Why Information is Voluntary Exchanged and Why it is Not," *International Tax and Public Finance* **9**, 465-482. [38, 39, 80]

Eggert, W. and M. Kolmar (2004) "The Taxation of Financial Capital under Asymmetric Information and the Tax-Competition Paradox," *Scandinavian Journal of Economics* **106**, 83-106. [38]

Eggert, W. and P. B. Sorensen (2008) "The Effects of Tax Competition When Politicians Create Rents to Buy Political Support," *Journal of Public Economics* **92**, 1142-1163. [59]

Eichner, T. and M. Runkel. (2011) "Corporate Income Taxation of Multinationals in a General Equilibrium Model," *Journal of Public Economics* **95**, 723-733. [15]

Eichner, T. and T. Upmann. (2012). "Labor Markets and Capital Tax Competition," *International Tax and Public Finance* **19**, 203-215. [69, 70]

Elitzur, R. and J. Mintz (1996) "Transfer Pricing Rules and Corporate Tax Competition," *Journal of Public Economics* **60**, 401-422. [14]

Epple, D. and T. Romer (1991) "Mobility and Redistribution," *Journal of Political Economy* **99**, 828-858. [53]

Epple, D. and T. Nechyba, T (2004) "Fiscal Decentralization," *Handbook of Regional and Urban Economics* **5**, 2423-2480, Elsevier, New York. [13]

Esteller-Moré, A., U. Galmarini and L. Rizzo (2012) "Vertical Tax Competition and Consumption Externalities in a Federation with Lobbying," *Journal of Public Economics* **96**, 295-305. [14]

Farrell, M. (2004) "Regional Integration and Cohesion: Lessons from Spain and Ireland in the EU," *Journal of Asian Economics* **14**, 927-946. [194]

Feehan, J. P. (1989) "Pareto-Efficiency with Three Varieties of Public Input," *Public Finance* **44**, 237-248. [94, 109, 111, 113-115, 117, 118]

Feehan, J. P. (1992) "The Optimal Revenue Tariff for Public Input Provision," *Journal of Development Economics* **38**, 221-231. [115]

Feehan, J. P. (1998) "Public Investment: Optimal Provision of Hicksian Public Inputs," *Canadian Journal of Economics* **31**, 693-707. [115, 173]

Feehan, J. P. and M. Matsumoto (2000) "Productivity-Enhancing Public Investment and Benefit Taxation: The Case of Factor-Augmenting Public Inputs," *Canadian Journal of Economics* **33**, 114-121. [115]

Feehan, J. P. and M. Matsumoto (2002) "Distortionary Taxation and Optimal Public Spending on Productive Activities," *Economic Inquiry* **40**, 60-68. [115]

Feehan, J. P. and R. G. Batina (2007) "Labor and Capital Taxation with Public Inputs as Common Property," *Public Finance Review* **35**, 626-642. [117, 156]

Fenge, R., M. von Ehrlich and M. Wrede (2009) "Public Input Competition and Agglomeration," *Regional Science and Urban Economics* **39**, 621-631. [93]

Fisher, P. S. and A. H. Peters (1998) *Industrial Incentives: Competition among American States and Cities*, W. E. Upjohn Institute for Employment Research, Kalamazoo, Michigan. [118, 194]

Flochel, L. and T. Madies (2002) "Interjurisdictional Tax Competition in a Federal System of Overlapping Revenue Maximizing Governments," *International Tax and Public Finance* **9**, 121-141. [61]

Flowers, M. R. (1988) "Shared Tax Sources in a Leviathan Model of Federalism," *Public Finance Quarterly* **16**, 67-77. [14]

Fuest, C. (1995). "Interjurisdictional Competition and Public Expenditure: Is Tax Co-ordination Counterproductive?," *FinanzArchiv* **52**, 478-496. [78, 88, 90, 98]

Fuest, C. (2000) "The Political Economy of Tax Coordination as a Bargaining Game between Bureaucrats and Politicians," *Public Choice* **103**, 357-382. [60]

Fuest, C. and B. Huber (1999a) "Tax Coordination and Unemployment," *International Tax and Public Finance* **6**, 7-26.〔69〕

Fuest, C. and B. Huber (1999b) "Can Tax Coordination Work?," *FinanzArchiv* **56**, 443-458.〔78〕

Fuest, C. and B. Huber (2001a) "Labor and Capital Income Taxation, Fiscal Competition and the Distribution of Wealth," *Journal of Public Economics* **79**, 71-91.〔65〕

Fuest, C. and B. Huber (2001b) "Why is There So Little Tax Coordination? The Role of Majority Voting and International Tax Evasion," *Regional Science and Urban Economics* **31**, 299-317.〔79〕

Fuest, C. and B. Huber (2002) "Why Capital Income Taxes Survive in Open Economies: The Role of Multinational Firms," *International Tax and Public Finance* **9**, 567-589.〔55〕

Fuest, C., B. Huber and J. Mintz (2005) "Capital mobility and tax competition," *Foundations and Trends in Microeconomics* **1**, 1-62.〔13〕

Fumagalli, C. (2003) "On the Welfare Effects of Competition for Foreign Direct Investments," *European Economic Review* **47**, 963-983.〔30〕

Gaigné, C. and I. Wooton (2011) "The Gains from Preferential Tax Regimes Reconsidered," *Regional Science and Urban Economics* **41**, 59-66.〔42〕

Garcia-Milà, T. and T. J. McGuire (1992) "The Contribution of Publicly Provided Inputs to States' Economies," *Regional Science and Urban Economics* **22**, 229-241.〔112〕

Garcia-Milà, T. and T. J. McGuire (2001) "Tax Incentives and the City," *Institute of Government and Public Affairs Working Papers* **101**.〔90, 155〕

Gerber, R. I. and D. P. Hewitt (1987) "Decentralized Tax Competition for Business Capital and National Economic Efficiency," *Journal of Regional Science* **27**, 451-460.〔98〕

Glazer, A., V. Kanniainen and P. Poutvaara (2008) "Income Taxes, Property Values and Migration," *Journal of Public Economics* **92**, 915-923.〔53〕

Gordon, R. H. (1983) "An Optimal Taxation Approach to Fiscal Federalism," *Quarterly Journal of Economics* **98**, 567-586.〔11, 54〕

Gordon, R. H. (1986) "Taxation of Investment and Savings in a World Economy: The Certainty Case," *American Economic Review* **76**, 1086-1102.〔35〕

Gordon, R. H. and A. L. Bovenberg (1996) "Why is Capital so Immobile Internationally? Possible Explanations and Implications for Capital Income Taxation," *American Economic Review* **86**, 1057-1075.〔66〕

Gordon, R. H. and J. B. Cullen (2012) "Income Redistribution in a Federal System of Governments," *Journal of Public Economics* **96**, 1100-1109.〔51, 75〕

Gordon, R. H. and H. R. Varian (1989) "Taxation of Asset Income in the Presence of a World Securities Market," *Journal of International Economics* **26**, 205-226.〔63〕

Gordon, R. H. and J. D. Wilson (1986) "An Examination of Multijurisdictional Corporate Income Taxation under Formula Apportionment," *Econometrica* **54**, 1357-1376.〔15〕

Gottschalk, S. and W. Peters (2003) "Redistributive Taxation in the Era of Globalization," *International Tax and Public Finance* **10**, 453-468.〔59〕

Grazzini, L. and T. van Ypersele (2003) "Fiscal Coordination and Political Competition," *Journal of Public Economic Theory* **5**, 305-325.〔79〕

Gresik, T. A. (2001) "The Taxing Task of Taxing Transnationals," *Journal of Economic Literature* **39**, 800–838. [14, 66]

Ha, J. and A. Sibert (1997) "Strategic Capital Taxation in Large Open Economies with Mobile Capital," *International Tax and Public Finance* **4**, 243–262. [21]

Haaparanta, P. (1996) "Competition for Foreign Direct Investments," *Journal of Public Economics* **63**, 141–153. [66]

Hamilton, J. H. and S. M. Slutsky (1990) "Endogenous Timing in Duopoly Games: Stackelberg or Cournot Equilibria," *Games and Economic Behavior* **2**, 29–46. [28]

Han, S. and J. Leach (2008) "A Bargaining Model of Tax Competition," *Journal of Public Economics* **92**, 1122–1141. [30]

Hange, U., and D. Wellisch (1998) "The Benefit of Fiscal Decentralization," *FinanzArchiv* **55**, 315–327. [56]

Hatfield, J. W. (2011) "Federalism, Taxation, and Economic Growth," unpublished paper. [96]

Haufler, A. (1996) "Tax Coordination with Different Preferences for Public Goods: Conflict or Harmony of Interest?," *International Tax and Public Finance* **3**, 5–28. [49]

Haufler, A. (2001) *Taxation in a Global Economy*. Cambridge University Press, New York. [13]

Haufler, A. and I. Wooton (1999) "Country Size and Tax Competition for Foreign Direct Investment," *Journal of Public Economics* **71**, 121–139. [25, 26, 28–30, 94]

Haughwout, A. F. (2002) "Public Infrastructure Investments, Productivity and Welfare in Fixed Geographic Areas," *Journal of Public Economics* **83**, 405–428. [112]

Haupt, A. and W. Peters (2005) "Restricting Preferential Tax Regimes to Avoid Harmful Tax Competition," *Regional Science and Urban Economics* **35**, 493–507. [41]

Hayashi, M. (2002) "Congestion, Technical Returns and the Minimum Efficient Scales of Local Government Expenditures: The Case of Japanese Municipalities," Discussion Paper Series **01-01**, Institute for Research in Business and Economics, Meiji Gakuin University. [118, 148]

Hayashi, M. and R. Boadway (2001) "An Empirical Analysis of Intergovernmental Tax Interaction: The Case of Business Income Taxes in Canada," *Canadian Journal of Economics* **34**, 481–503. [16]

Henderson, J. V. (1974) "A Note on the Economics of Public Intermediate Inputs," *Economica* **41**, 322–327. [109, 114–117]

Hercowitz, Z. and D. Pines (1991) "Migration with Fiscal Externalities," *Journal of Public Economics* **46**, 163–180. [47]

Hillman, A. L. (1978) "Symmetries and Asymmetries between Public Input and Public Good Equilibria," *Public Finance* **33**, 269–279. [94, 109, 113–115, 117, 173]

Hindriks, J. (1999) "The Consequences of Labor Mobility for Redistribution: Tax vs. Transfer Competition," *Journal of Public Economics* **74**. 215–234. [23]

Hindriks, J. (2001) "Mobility and Redistributive Politics," *Journal of Public Economic Theory* **3**, 95–120. [51, 52]

Hindriks, J., S. Peralta and S. Weber (2008) "Competing in Taxes and Investment under

Fiscal Equalization," *Journal of Public Economics* **92**, 2392-2402. [96, 131]

Hoel, M. and P. Shapiro (2003) "Population Mobility and Transboundary Environmental Problems," *Journal of Public Economics* **87**, 1013-1024. [47]

Hoyt, W. H. (1991a) "Property Taxation, Nash Equilibrium, and Market Power," *Journal of Urban Economics* **30**, 123-131. [21, 22, 24, 57, 77, 93]

Hoyt, W. H. (1991b) "Competitive Jurisdictions, Congestion, and the Henry George Theorem," *Regional Science and Urban Economics* **21**, 351-370. [44]

Hoyt, W. H. (1993) "Tax Competition, Nash Equilibria, and Residential Mobility," *Journal of Urban Economics* **34**, 358-379. [23]

Hoyt, W. H. (2001) "Tax Policy Coordination, Vertical Externalities and Optimal Taxation in a System of Hierarchical Governments," *Journal of Urban Economics* **50**, 491-516. [14, 76]

Huber, B. (1999) "Tax Competition and Tax Coordination in an Optimum Income Tax Model," *Journal of Public Economics* **71**, 441-458. [65]

Huizinga, H. and S. B. Nielsen (1997) "Capital Income and Profit Taxation with Foreign Ownership of Firms," *Journal of International Economics* **42**, 149-165. [55]

Huizinga, H. and S. B. Nielsen (2002) "The Coordination of Capital Income and Profit Taxation with Cross-Ownership of Firms," *Regional Science and Urban Economics* **32**, 1-26. [55]

Huizinga, H. and S. B. Nielsen (2003) "Withholding Taxes or Information Exchange: The Taxation of International Interest Flows," *Journal of Public Economics* **87**, 39-72. [80]

Hulten, C. R. and R. M. Schwab (1997) "A Fiscal Federalism Approach to Infrastructure Policy," *Regional Science and Urban Economics* **27**, 139-159. [90]

Hwang, H-S. and B. Choe (1995) "Distribution of Factor Endowments and Tax Competition," *Regional Science and Urban Economics* **25**, 655-673. [25]

Ihori, T. and C. C. Yang (2009) "Interregional Tax Competition and Intraregional Political Competition: The Optimal Provision of Public Goods under Representative Democracy," *Journal of Urban Economics* **66**, 210-217. [59]

Ishizawa, S. (1991) "Increasing Returns, Public Inputs and Transformation Curves," *Canadian Journal of Economics* **24**, 144-160. [115]

Itaya, J., M. Okamura and C. Yamaguchi (2008) "Are Regional Asymmetries Detrimental to Tax Coordination in a Repeated Game Setting?," *Journal of Public Economics* **92**, 2403-2411. [80, 81]

Janeba, E. (1995) "Corporate Income Tax Competition, Double Taxation Treaties and Foreign Direct Investment," *Journal of Public Economics* **56**, 311-325. [14]

Janeba, E. (1998) "Tax Competition in Imperfectly Competitive Markets," *Journal of International Economics* **44**, 135-153. [56]

Janeba, E. (2000) "Tax Competition When Governments Lack Commitment: Excess Capacity as a Countervailing Threat," *American Economic Review* **90**, 1508-1519. [67]

Janeba, E. and W. Peters (1999) "Tax Evasion, Tax Competition and the Gains from Nondiscrimination: The Case of Interest Taxation in Europe," *Economic Journal* **109**, 93-101. [39-42, 68]

Janeba, E. and M. Smart (2003) "Is Targeted Tax Competition Less Harmful Than its

Remedies?," *International Tax and Public Finance* **10**, 259-280. 〔39, 41〕

Janeba, E. and G. Schjelderup (2009) "The Welfare Effects of Tax Competition Reconsidered: Politicians and Political Institutions," *Economic Journal* **119**, 1143-1161. 〔57〕

Janeba, E. and J. D. Wilson (2011) "Optimal Fiscal Federalism in the Presence of Tax Competition," *Journal of Public Economics* **95**, 1302-1311. 〔60, 62〕

Jayet, H. and S. Paty (2006) "Capital Indivisibility and Tax Competition: Are There Too Many Business Areas When Some of Them are Empty?," *Journal of Urban Economics* **60**, 399-417. 〔93〕

Jovanović, M. N. (2005) *The Economics of European Integration: Limits and Prospects*, Edward Elgar, Northampton. 〔194〕

Justman, M., J-F. Thisse and T. van Ypersele (2002) "Taking the Bite Out of Fiscal Competition," *Journal of Urban Economics* **52**, 294-315. 〔96〕

Justman, M., J-F. Thisse and T. van Ypersele (2005) "Fiscal Competition and Regional Differentiation," *Regional Science and Urban Economics* **35**, 848-861. 〔30, 93, 96〕

Kaizuka, K. (1965) "Public Goods and Decentralization of Production," *Review of Economics and Statistics* **47**, 118-120. 〔101〕

Kalamov, Z. (2013) "Risk Sharing and the Efficiency of Public Good Provision under Tax Competition," *Regional Science and Urban Economics* **43**, 676-683. 〔64〕

Kanbur, R. and M. Keen (1993) "Jeux Sans Frontieres: Tax Competition and Tax Coordination When Countries Differ in Size," *American Economic Review* **83**, 877-892. 〔13, 24〕

Keen, M. (1998) "Vertical Tax Externalities in the Theory of Fiscal Federalism," *IMF Staff Papers* **45**, 454-488. 〔14〕

Keen, M. (2001) "Preferential Regimes Can Make Tax Competition Less Harmful," *National Tax Journal* **54**, 757-762. 〔39-42〕

Keen, M. and M. Marchand (1997). "Fiscal Competition and the Pattern of Public Spending," *Journal of Public Economics* **66**, 33-53. 〔32-34, 78, 88, 91, 92, 95, 98, 159, 171, 195, 204, 210〕

Keen, M. and H. Piekkola (1997) "Simple Rules for the Optimal Taxation of International Capital Income," *Scandinavian Journal of Economics* **90**, 447-461. 〔35〕

Keen, M. and C. Kotsogiannis (2002) "Does Federation Lead to Excessive High Taxes?," *American Economic Review* **92**, 363-370. 〔61〕

Keen, M. and C. Kotsogiannis (2003) "Leviathan and Capital Tax Competition in Federations," *Journal of Public Economic Theory* **5**, 177-199. 〔61, 62〕

Keen, M. and C. Kotsogiannis (2004) "Tax Competition in Federations and the Welfare Consequences of Decentralization," *Journal of Urban Economics* **56**, 397-407. 〔61, 62〕

Keen, M. and D. E. Wildasin (2004) "Pareto-Efficient International Taxation," *American Economic Review* **94**, 259-275. 〔35〕

Keen, M. and J. E. Ligthart (2006a) "Information Sharing and International Taxation: A Primer," *International Tax and Public Finance* **13**, 81-110. 〔14〕

Keen, M. and J. E. Ligthart (2006b) "Incentives and Information Exchange in International Taxation," *International Tax and Public Finance* **13**, 163-180. 〔38〕

Keen, M. and J. E. Ligthart (2007) "Revenue Sharing and Information Exchange under Non-

Discriminatory Taxation," *Scandinavian Journal of Economics* **109**, 487-504. [38]
Kehoe, P. J. (1989) "Policy Cooperation among Benevolent Governments may be Undesirable," *Review of Economic Studies* **56**, 289-296. [67]
Kelders, C. and M. Köthenbürger (2010) "Tax Incentives in Fiscal Federalism: An Integrated Perspective," *Canadian Journal of Economics* **43**, 683-703. [73]
Kellermann, K. (2006) "A Note on Intertemporal Fiscal Competition and Redistribution," *International Tax and Public Finance* **13**, 151-161. [90, 96, 155]
Kempf, H. and G. Rota-Graziosi (2010) "Endogenizing Leadership in Tax Competition," *Journal of Public Economics* **94**, 768-776. [28, 29]
Kessing, S. G., K. A. Konrad and C. Kotsogiannis (2006) "Federal Tax Autonomy and the Limits of Cooperation.," *Journal of Urban Economics* **59**, 317-329. [80]
Kessler, A., C. Lülfesmann and G. M. Myers (2002) "Redistribution, Fiscal Competition and the Politics of Economic Integration," *Review of Economic Studies* **69**, 899-923. [51, 52]
Kessler, A. and C. Lülfesmann (2005) "Tiebout and Redistribution in a Model of Residential and Political Choice," *Journal of Public Economics* **89**, 501-528. [53]
Kiekebeld, B. J. (2004) *Harmful Tax Competition in the European Union: Code of Conduct, Countermeasures and EU Law*, Foundation for European Fiscal Studies, Kluwer, Netherlands. [2]
Kim, H. Y. and R. Clark (1988) "Economies of Scale and Scope in Water Supply," *Regional Science and Urban Economics* **18**, 479-502. [148]
Kim, J. and J. D. Wilson (1997) "Capital Mobility and Environmental Standards: Racing to the Bottom with Multiple Tax Instruments," *Japan and the World Economy* **9**, 537-551. [91]
Kind, H. J., K. H. M. Knarvik and G. Schjelderup (2000) "Competing for Capital in a 'Lumpy' World," *Journal of Public Economics* **78**, 253-274. [15, 26, 27]
King, I., R. P. McAfee and L. Welling (1993) "Industrial Blackmail: Dynamic Tax Competition and Public Investment," *Canadian Journal of Economics* **26**, 590-608. [15, 30]
Kiss, A. (2012) "Minimum Taxes and Repeated Tax Competition," *International Tax and Public Finance* **19**, 641-649. [82]
Konrad, K. A. (1995) "Fiscal Federalism and Intergenerational Distribution," *FinanzArchiv* **52**, 166-181. [172]
Konrad, K. A. (2008) "Mobile Tax Base as a Global Common," *International Tax and Public Finance* **15**, 395-414. [96, 213]
Konrad, K. A. (2009) "Non-binding Minimum Taxes May Foster Tax Competition," *Economics Letters* **102**, 109-111. [82, 83]
Konrad, K. A. and G. Schjelderup (1999) "Fortress Building in Global Tax Competition," *Journal of Urban Economics* **46**, 156-167. [78]
Konrad, K. A. and D. Kovenock (2009) "Competition for FDI with Vintage Investment and Agglomeration Advantages," *Journal of International Economics* **79**, 230-237. [67]
Koskela, E. and R. Schöb (2002) "Optimal Factor Income Taxation in the Presence of Unemployment," *Journal of Public Economic Theory* **4**, 387-404. [69, 70]
Koskela, E. and R. Schöb (2005) "Optimal Capital Taxation in Economies with Unionized and Competitive Labor Markets," *Oxford Economic Papers* **57**, 717-731. [69, 70]

Köthenbürger, M. (2002) "Tax Competition and Fiscal Equalization," *International Tax and Public Finance* **9**, 391-408. [73]

Köthenbürger, M. (2004) "Tax Competition in a Fiscal Union with Decentralized Leadership," *Journal of Urban Economics* **55**, 498-513. [73, 74]

Köthenbürger, M. (2005) "Leviathans, Federal Transfers and the Cartelization Hypothesis," *Public Choice* **122**, 449-465. [77]

Köthenbürger, M. (2008) "Federal Tax-Transfer Policy and Intergovernmental Pre-Commitment," *Journal of Public Economics* **38**, 16-31. [73, 74]

Köthenbürger, M. (2011) "How Do Local Governments Decide on Public Policy in Fiscal Federalism? Tax vs. Expenditure Optimization," *Journal of Public Economics* **95**, 1516-1522. [23]

Köthenbüerger, M. and B. Lockwood (2010) "Does Tax Competition Really Promote Growth?," *Journal of Economic Dynamics and Control* **34**, 191-206. [64, 65, 88, 96]

Kotsogiannis, C. (2010) "Federal Tax Competition and the Efficiency Consequences for Local Taxation of Revenue Equalization," *Internatonal Tax and Public Finance* **17**, 1-14. [73, 75]

Kotsogiannis, C. and D. Martínez (2008) "Ad Valorem Taxes and the Fiscal Gap in Federations," *Economics Letters* **99**, 431-434. [14, 76]

Krelove, R. (1992) "Efficient Tax Exporting," *Canadian Journal of Economics* **25**, 145-155. [46, 47]

Krelove, R. (1993) "The Persistence and Inefficiency of Property Tax Finance of Local Public Expenditures," *Journal of Public Economics* **51**, 415-435. [44]

Kunce, M. and J. Shogren (2005) "On Efficiency of Decentralized Environmental Regulation," *Journal of Regulatory Economics* **28**, 129-140. [91]

Lai, Y-B. (2010) "The Political Economy of Capital Market Integration and Tax Competition," *European Journal of Political Economy* **26**, 475-487. [60]

Laussel, D. and M. Le Breton (1998) "Existence of Nash Equilibria in Fiscal Competition Models," *Regional Science and Urban Economics* **28**, 283-296. [11, 130]

Lee, K. (2002) "Factor Mobility and Income Redistribution in a Federation," *Journal of Urban Economics* **51**, 77-100. [52]

Lee, K. (2003a) "Factor Ownership and Governmental Strategic Interaction," *Journal of Public Economic Theory* **5**, 345-361. [55]

Lee, K. (2003b) "Should Land and Capital be Taxed at a Uniform Rate?," *Canadian Journal of Economics* **36**, 350-372. [55, 56]

Lee, K. (2004) "Taxation of Mobile Factors as Insurance under Uncertainty," *Scandinavian Journal of Economics* **106**, 253-271. [63]

Lee, K. (2007) "Does Mobility Undermine Income Redistribution?: A Political-Support Approach to Redistribution in a Federation," *FinanzArchiv* **63**, 186-210. [52]

Leite-Monteiro, M. and M. Sato (2003) "Economic Integration and Fiscal Devolution," *Journal of Public Economics* **87**, 2507-2525. [79]

Lejour, A. M. and H. A. A. Verbon (1997) "Tax Competition and Redistribution in a Two-country Endogenous-growth Model," *International Tax and Public Finance* **4**, 485-497. [55]

Lejour, A. M. and H. A. A. Verbon (1998) "Source-based versus Residence-based Capital Income Taxes in a Dynamic Model," *European Journal of Political Economy* 14, 529-541. [35]

Lockwood, B. (2001) "Tax Competition and Tax Co-ordination under Destination and Origin Principles: A Synthesis," *Journal of Public Economics* 81, 279-319. [13]

Lockwood, B. (2004) "Competition in Unit vs. Ad Valorem Taxes," *International Tax and Public Finance* 11, 763-772. [22, 23]

Lockwood, B. and M. Makris (2006) "Tax Incidence, Majority Voting and Capital Market Integration," *Journal of Public Economics* 90, 1007-1025. [60]

López, S., M. Marchand and P. Pestieau (1998) "A Simple Two-Country Model of Redistributive Capital Income Taxation," *FinanzArchiv* 55 (S), 445-460. [53]

Lorz, O. (1998) "Capital Mobility, Tax Competition and Lobbying for Redistributive Capital Taxation," *European Journal of Political Economy* 14, 265-279. [59]

Lorz, O. (2001) "On the Effects of Capital Mobility on Local Infrastructure Policy and Rent-Seeking," *Regional Science and Urban Economics* 31, 319-337. [60, 88, 115]

Lucas, V. (2004) "Cross-border Shopping in a Federal Economy," *Regional Science and Urban Economics* 34, 365-385. [14, 61]

Ludema, R. D. and I. Wooton (2000) "Economic Geography and the Fiscal Effects of Regional Integration," *Journal of International Economics* 52, 331-357. [26, 27]

Lynde, C. and J. Richmond (1993) "Public Capital and Total Factor Productivity," *International Economic Review* 34, 401-414. [112]

Madiès, T. (2008) "Do Vertical Tax Externalities Lead to Tax Rates Being Too High? A Note," *Annals of Regional Science* 42, 225-233. [14, 88]

Madiès, T. and J-J. Dethier (2012) "Fiscal Competition in Developing Countries: A Survey of the Theoretical and Empirical Literature," *Journal of International Commerce, Economics and Policy* 3, 1250013-1-1250013-32. [15]

Makris, M. (2003) "International Tax Competition: There is No Need for Cooperation in Information Sharing," *Review of International Economics* 11, 555-567. [37, 38]

Manning, R., J. Markusen and J. McMillan (1985) "Paying for Public Inputs," *American Economic Review* 75, 235-238. [115]

Mansoorian, A. and G. M. Myers (1993) "Attachment to Home and Efficient Purchases of Population in a Fiscal Externality Economy," *Journal of Public Economics* 52, 117-132. [47]

Marceau, N., S. Mongrain and J. D. Wilson (2010) "Why Do Most Countries Set Higher Tax Rates on Capital?," *Journal of International Economics* 80, 249-259. [40, 68]

Marchand, M., P. Pestieau and M. Sato (2003) "Can Partial Fiscal Coordination be Welfare-Worsening: A Model of Tax Competition?," *Journal of Urban Economics* 54, 451-458. [78]

Markusen, J. R., E. R. Morey and N. Olewiler (1995) "Competition in Regional Environmental Policies When Plant Locations are Endogenous," *Journal of Public Economics* 56, 55-77. [153]

Martinez, D. (2008) "Optimal Federal Taxes with Public Inputs," *FinanzArchiv* 64, 422-433. [14, 88]

Martinez, D. and A. J. Sanchez (2010) "A Note on the Optimal Level of Public Inputs," *Social*

Choice and Welfare 34, 363-369. [115]

Matsumoto, M. (1995) "Optimal Tariff Financing of Public Inputs in a Small Open Economy," Public Finance 50, 278-291. [115]

Matsumoto, M. (1998) "A Note on Tax Competition and Public Input Provision," Regional Science and Urban Economics 28, 465-473. [94, 122, 131, 214]

Matsumoto, M. (2000a) "A Note on the Composition of Public Expenditure under Capital Tax Competition," International Tax and Public Finance 7, 691-697. [44, 78, 88, 95, 160]

Matsumoto, M. (2000b) "A Tax Competition Analysis of Congestible Public Inputs," Journal of Urban Economics 48, 242-259. [45, 88, 94]

Matsumoto, M. (2001) "Public Input Provision in an Optimal Income Tax Model," FinanzArchiv 58, 12-30. [115]

Matsumoto, M. (2004) "The Mix of Public Inputs under Tax Competition," Journal of Urban Economics 56, 389-396. [78, 88, 95]

Matsumoto, M. (2008) "Redistribution and Regional Development under Tax Competition," Journal of Urban Economics 64, 480-487. e1. [78, 88, 96]

Matsumoto, M. (2010) "Entry in Tax Competition: A Note," International Tax and Public Finance 17, 627-639. [95]

Matsumoto, M. and J. P. Feehan (2010) "Capital-tax Financing and Scale Economies in Public-Input Production," Regional Science and Urban Economics 40, 116-121. [94]

McAfee, R. P. and J. McMillan (1987) "Auctions and Bidding," Journal of Economic Literature 25, 699-738. [15]

McLure, C. (1967) "The Interstate Exporting of State and Local Taxes: Estimates for 1962," National Tax Journal 20, 49-77. [54]

McLure, C. (1969) "The Inter-regional Incidence of General Regional Taxes," Public Finance 24, 457-485. [54]

McLure, C. (1986) "Tax Competition: Is What's Good for the Private Goose also Good for the Public Gander?," National Tax Journal 39, 341-348. [1, 73, 83]

McMillan, J. (1979) "A Note on the Economics of Public Intermediate Goods," Public Finance 34, 293-299. [94, 109, 113, 117, 173]

Meade, J. (1952) "External Economies and Diseconomies in a Competitive Situation," Economic Journal 62, 54-67. [109, 111]

Mera, K. (1973a) "Regional Production Functions and Social Overhead Capital: An Analysis of the Japanese Case," Regional and Urban Economics 3, 157-185. [112]

Mera, K. (1973b) "Trade-off between Aggregate Efficiency and Interregional Equity: The Case of Japan," Regional and Urban Economics 3, 273-300. [194]

Merriman, D. (1991) "Public Capital and Regional Output: Another Look at Some Japanese and American Data," Regional Science and Urban Economics 20, 437-458. [112]

Mieszkowski, P. and G. R. Zodrow (1989) "Taxation and the Tiebout Model: The Differential Effects of Head Taxes, Taxes on Land Rents, and Property Taxes," Journal of Economic Literature 27, 1098-1146. [13]

Mintz, J. and H. Tulkens (1986) "Commodity Tax Competition between Member States of a Federation," Journal of Public Economics 29, 133-172. [13]

Mintz, J. and H. Tulkens (1996) "Optimality Properties of Alternative Systems of Taxation of Foreign Capital Income," *Journal of Public Economics* **60**, 373-399. [55]

Mintz, J. and M. Smart (2004) "Income Shifting, Investment, and Tax Competition: Theory and Evidence from Provincial Taxation in Canada," *Journal of Public Economics* **88**, 1149-1168. [14]

Mirrlees, J. A. (1971) "An Exploration in the Theory of Optimum Income Taxation," *Review of Economic Studies* **38**, 175-208. [65]

Myers, G. M. (1990) "Optimality, Free Mobility, and the Regional Authority in a Federation," *Journal of Public Economics* **43**, 107-121. [46, 47]

Myers, G. M. and Y. Y. Papageorgiou (1997) "Efficient Nash Equilibria in a Federal Economy with Migration Costs," *Regional Science and Urban Economics* **27**, 345-371. [47, 48]

Negishi, T. (1973) "The Excess of Public Expenditures on Industries," *Journal of Public Economics* **2**, 231-240. [111, 112, 116, 117]

Nielsen, S. B. (1998) "On Capital Income Tax Policies under Uncertainty," *European Economic Review* **42**, 1553-1580. [64]

Noiset, L. (1995) "Pigou, Tiebout, Property Taxation, and the Underprovision of Local Public Goods: Comment," *Journal of Urban Economics* **38**, 312-316. [90, 94, 98, 99, 104, 105, 108, 130]

Noiset, L. (2003) "Is It Tax Competition or Tax Exporting?," *Journal of Urban Economics* **54**, 639-647. [55]

Noiset, L. and W. Oakland (1995) "The Taxation of Mobile Capital by Central Cities," *Journal of Public Economics* **57**, 297-316. [55, 80, 90, 98]

Oates, W. E. (1972) *Fiscal Federalism*, Harcourt Brace Jovanovich, New York. [1, 8, 10, 12, 84, 89]

Oates, W. E. (1999) "An Essay on Fiscal Federalism," *Journal of Economic Literature* **37**, 1120-1149. [90]

Oates, W. E. (2001) "Fiscal Competition and European Union: Contrasting Perspectives," *Regional Science and Urban Economics* **31**, 133-145. [90]

Oates, W. E. (2005) "Toward a Second-Generation Theory of Fiscal Federalism," *International Tax and Public Finance* **12**, 349-373. [75]

Oates, W. E. and R. M. Schwab (1988) "Economic Competition among Jurisdictions: Efficiency Enhancing or Distortion Inducing?," *Journal of Public Economics* **35**, 333-354. [91]

Oates, W. E. and R. M. Schwab (1991) "The Allocative and Distributive Implications of Local Fiscal Competition," In: D. A. Kenyon and J. Kincaid (eds.), *Competition among States and Local Governments: Efficiency and Equity in American Federalism*, Urban Institute Press, Washinton DC. Reprinted in: W. E. Oates (2004) *Environmental Policy and Fiscal Federalism: Selected Essays of Wallance E. Oates*, Edward Elgar, Northampton. [90, 94, 109, 118, 124, 147, 151, 210, 214]

OECD (1998) *Harmful Tax Competition: An Emerging Global Issue*, OECD Publications, Paris. [2]

Ogawa, H. (2006) "Tax Competition, Spillovers and Subsidies," *Annal of Regional Science* **40**,

849-858. [73]

Ogawa, H. (2007) "Strategic Taxation on Mobile Capital with Spillover Externality," *FinanzArchiv* **63**, 33-45. [73]

Ogawa, H. (2011) "Competition in Unit vs. Ad valorem Taxes Revisited: When Ad valorem Tax Competition Prevails?" unpublished paper. [23]

Ogawa, H. (2013) "Further Analysis on Leadership in Tax Competition: the Role of Capital Ownership," *International Tax and Public Finance* **20**, 474-484. [28, 29]

Ogawa, H., Y. Sato, Y. and T. Tamai (2006) "A Note on Unemployment and Capital Tax Competition," *Journal of Urban Economics* **60**, 350-356. [69, 70]

Ohsawa, Y. (1999) "Cross-Border Shopping and Commodity Tax Competition among Governments," *Regional Science and Urban Economics* **29**, 33-51. [14]

Ohsawa, Y. (2003) "A Spatial Tax Harmonization Model," *European Economic Review* **47**, 443-459. [14]

Olsen, T. and P. Osmundsen (2003) "Spillovers and International Competition for Investments," *Journal of International Economics* **59**, 211-238. [66]

Oshima, K. (2010) "Single Capital, Investment Choices and Preferential Tax Regimes," *Papers in Regional Science* **89**, 659-668. [41]

Osmundsen, P., K. P. Hagen and G. Schjelderup (1998) "Internationally Mobile Firms and Tax Policy," *Journal of International Economics* **45**, 97-113. [65]

Ottaviano, G. I. P. and T. van Ypersele (2005) "Market Size and Tax Competition," *Journal of International Economics* **67**, 25-46. [27, 30]

Otto, G. and G. M. Voss (1994) "Public Capital and Private Sector Productivity," *Economic Record* **70**, 121-132. [112]

Pal, R. and A. Sharma (2013) "Endogenizing Governments' Objectives in Tax Competition," *Regional Science and Urban Economics* **43**, 570-578. [58]

Pauly, M. V. (1973) "Income Redistribution as a Local Public Good," *Journal of Public Economics* **2**, 35-58. [51]

Pechman, J. A. (1987) *Federal Tax Policy*, 5th edition, Brooking Institution, Washington, DC. [1]

Peralta, S. and T. van Ypersele (2005) "Factor Endowments and Welfare Levels in an Asymmetric Tax Competition Game," *Journal of Urban Economics* **57**, 258-274. [25]

Peralta, S. and T. van Ypersele (2006) "Coordination of Capital Taxation among Asymmetric Countries," *Regional Science and Urban Economics* **36**, 708-726. [82]

Perroni, C. and K. A. Scharf (2001) "Tiebout without Politics: Capital Tax Competition and Constitutional Choices," *Review of Economic Studies* **68**, 133-154. [59, 93]

Persson, T. and G. Tabellini (1992) "The Politics of 1992: Fiscal Policy and European Integration," *Review of Economic Studies* **59**, 689-701. [59]

Pestieau, P. (1978) "Public Intermediate Goods and Distortionary Taxation," *European Economic Review* **7**, 351-357. [114, 115]

Petchey, J. D. and P. Shapiro (2009) "Equilibrium in Fiscal Competition Games from the Point of View of the Dual," *Regional Science and Urban Economics* **39**, 97-108. [11, 30]

Pieretti, P. and S. Zanaj (2011) "On Tax Competition, Public Goods Provision and

Jurisdictions' Size," *Journal of International Economics* **84**, 124-130. [25, 88, 96]

Pinto, C. (2003) *Tax Competition and EU Law, EUCOTAX Series on European Taxation Vol. 7*, Kluwer Law International, New York. [2]

Poutvaara, P. (2001) "Alternative Tax Constitutions and Risky Education in a Federation," *Regional Science and Urban Economics* **31**, 355-377. [64]

Qian, Y. and G. Roland (1998) "Federalism and the Soft Budget Constraint," *American Economic Review* **88**, 1143-1162. [75]

Raff, H. and J. D. Wilson (1997) "Income Redistribution with Well-Informed Local Governments," *International Tax and Public Finance* **4**, 407-427. [76, 78]

Rauscher, M. (1998) "Leviathan and Competition among Jurisdictions: The Case of Benefit Taxation," *Journal of Urban Economics* **44**, 59-67. [57, 88]

Rauscher, M. (2000) "Interjurisdictional Competition and Public-Sector Prodigality: The Triumph of the Market over the State?," *FinanzArchiv* **57**, 89-105. [57, 88, 122]

Rauscher, M. (2005) "Economic Growth and Tax-Competing Leviathans," *International Tax and Public Finance* **12**, 457-474. [57, 88, 96]

Reiter, M. and A. J. Weichenrieder (1997) "Are Public Goods Public? A Critical Survey of the Demand Estimates for Local Public Services," *FinanzArchiv* **54**, 374-408. [118]

Richter, W. F. (1994) "The Efficient Allocation of Local Public Factors in Tiebout's Tradition," *Regional Science and Urban Economics* **24**, 323-340. [116, 132, 135, 138]

Richter, W. F. (2000) "An Efficiency Analysis of Consumption and Production Taxation with an Application to Value-Added Taxation," *International Tax and Public Finance* **7**, 23-41. [44]

Richter, W. F. (2004) "Delaying Integration of Immigrant Labor for the Purpose of Taxation," *Journal of Urban Economics* **55**, 597-613. [51]

Richter, W. F. and D. Wellisch (1996) "The Provision of Local Public Goods and Factors in the Presence of Firm and Household Mobility," *Journal of Public Economics* **60**, 73-93. [132]

Richter, W. F. and K. Schneider (2001) "Taxing Mobile Capital with Labor Market Imperfections," *International Tax and Public Finance* **8**, 245-262. [69, 70]

Ross, S. and J. Yinger (1999) "Sorting and Voting: A Review of the Literature on Urban Public Finance," *Handbook of Regional and Urban economics* **3**, 2001-2060, North-Holland, Amsterdam. [148]

Rothstein, P. (2007) "Discontinuous Payoffs, Shared Resources and Games of Fiscal Competition: Existence of Pure Strategy Nash Equilibrium," *Journal of Public Economic Theory* **9**, 335-368. [11, 130]

Sanchez, A. J. and D. Martinez (2011) "Optimization in Non-standard Problems: An Application to the Provision of Public Inputs," *Computational Economics* **37**, 13-38. [115]

Sandmo, A. (1972) "Optimality Rules for the Provision of Collective Factors of Production," *Journal of Public Economics* **1**, 149-157. [114, 115]

Sato, M. (2000) "Fiscal Externalities and Efficient Transfers in a Federation," *International Tax and Public Finance* **7**, 119-139. [76]

Sato, M. (2003) "Tax Competition, Rent-Seeking and Fiscal Decentralization," *European Economic Review* **47**, 19-40. [59]

Sato, Y. (2009) "Capital Tax Competition and Search Unemployment," *Papers in Regional Science* **88**, 749-764. [69, 70]

Sato, Y. and J.-F. Thisse (2007) "Competing for Capital When Labor is Heterogeneous," *European Economic Review* **51**, 2054-2079. [25]

Scotchmer, S. (2002). "Local Public Goods and Clubs," *Handbook of Public Economics* **4**, 1997-2042, North-Holland, Amsterdam. [13]

Seitz, H. (1994) "Public Capital and the Demand for Private Inputs," *Journal of Public Economics* **54**, 287-307. [112]

Silva, E. C. D. and C. Yamaguchi (2010) "Interregional Competition, Spillovers and Attachment in a Federation," *Journal of Urban Economics* **67**, 219-225. [74]

Sinn. H-W. (1997) "The Selection Principle and Market Failure in Systems Competition," *Journal of Public Economics* **66**, 247-274. [90, 133, 144, 145, 147, 210]

Sinn, H-W. (2003) *The New Systems Competition*, Blackwell Publishing. [i, 13]

Smart, M. (1998) "Taxation and Deadweight Loss in a System of Intergovernmental Transfers," *Canadian Journal of Economics* **31**, 189-206. [73]

Smith, S. C. (1999) "Tax Competition with Two Types of Capital," *Journal of Urban Economics* **45**, 177-183. [39]

Sorensen, P. B. (2000) "The Case for International Tax Co-ordination Reconsidered," *Economic Policy* **15**, 429-472. [13]

Sorensen, P. B. (2004) "International Tax Coordination: Regionalism versus Globalism," *Journal of Public Economics* **88**, 1187-1214. [78]

Stiglitz, J. E. (1977) "The Theory of Local Public Goods," In: M. Feldstein and R. Inman (eds.), *The Economics of Public Services*, 274-333, Macmillan, London. [47]

Stiglitz, J. E. (1982) "Self-Selection and Pareto Efficient Taxation," *Journal of Public Economics* **17**, 213-240. [65]

Stöwhase, S. and C. Traxler (2005) "Tax Evasion and Auditing in a Federal Economy," *International Tax and Public Finance* **12**, 515-531. [78]

Taugourdeau, E. and A. Ziad (2011) "On the Existence of Nash Equilibria in an Asymmetric Tax Competition Game," *Regional Science and Urban Economics* **41**, 439-445. [11, 130]

Tawada, M. (1980) "The Production Possibility Set with Public Intermediate Goods," *Econometrica* **48**, 1005-1012. [111, 112]

Tawada, M. and K. Abe (1984) "Production Possibilities and International Trade with a Public Intermediate Good," *Canadian Journal of Economics* **17**, 232-248. [115]

Thomas, K. P. (2000) *Competing for Capital: Europe and North America in a Global Era*, Georgetown University Press, Washington DC. [2]

Thum, C. and S. Uebelmesser (2003) "Mobility and the Role of Education as a Commitment Device," *International Tax and Public Finance* **10**, 549-564. [68]

Tiebout, C. M. (1956) "A Pure Theory of Local Expenditures," *Journal of Political Economy* **64**, 416-424. [3, 13, 49]

Vigneault, M. (1996) "Commitment and the Time Structure of Taxation of Foreign Direct Investment," *International Tax and Public Finance* **3**, 479-494. [68]

Vigneault, M. (2007) "Grants and Soft Budget Constraints," In: R. Boadway and A. Shah (eds.), *Intergovernmental Fiscal Transfers: Principles and Practice*, World Bank, Washington DC. [75]

Wagner, W. and S. Eijffinger (2008) "Efficiency of Capital Taxation in an Open Economy: Tax Competition versus Tax Exportation," *International Tax and Public Finance* 15, 637–646. [55]

Weichenrieder, A. J. and O. Busch (2007) "Delayed Integration as a Possible Remedy for the Race to the Bottom," *Journal of Urban Economics* 61, 565–575. [51]

Weingast, B. R. (2009) "Second Generation Fiscal Federalism: The Implication of Fiscal Incentives," *Journal of Urban Economics* 65, 279–293. [75]

Wellisch, D. (1994) "Interregional Spillovers in the Presence of Perfect and Imperfect Household Mobility," *Journal of Public Economics* 55, 167–184. [48]

Wellisch, D. (1995) "Can Household Mobility Solve Basic Environmental Problems?," *International Tax and Public Finance* 2, 245–260. [48]

Wellisch, D. (1996) "Decentralized Fiscal Policy with High Mobility Reconsidered: Reasons for Inefficiency and an Optimal Intervention Scheme," *European Journal of Political Economy* 12, 91–111. [51]

Wellisch, D. (2000) *Theory of Public Finance in a Federal State*, Cambridge University Press, New York. [47, 48, 50]

Wellisch, D. and J. Hülshorst (2000) "A Second-Best Theory of Local Government Policy," *International Tax and Public Finance* 7, 5–22. [44]

Wen, J.-F. (1997) "Tax Holidays and the International Capital Market," *International Tax and Public Finance* 4, 129–148. [68]

Westerhout, ED W. M. T. (2002) "The Capital Tax and Welfare Effects from Asymmetric Information on Equity Markets," *International Tax and Public Finance* 9, 219–233. [66]

Wildasin, D. E. (1986a) *Urban Public Finance*, Harwood Academic Publishers, New York. [1, 11, 44, 54, 134]

Wildasin, D. E. (1986b) "Interstate Tax Competition: A Comment," *National Tax Journal* 39, 353–356. [11]

Wildasin, D. E. (1987) "Theoretical Analysis of Local Public Economics," *Handbook of Regional and Urban Economics* 2, 1131–1178, North-Holland, Amsterdam. [1, 44, 134]

Wildasin, D. E. (1988) "Nash Equilibria in Models of Fiscal Competition," *Journal of Public Economics* 35, 229–240. [11, 22, 29, 62, 76]

Wildasin, D. E. (1989) "Interjurisdictional Capital Mobility: Fiscal Externality and a Corrective Subsidy," *Journal of Urban Economics* 25, 193–212. [11, 20, 72]

Wildasin, D. E. (1991a) "Some Rudimetary 'Duopolity' Theory," *Regional Science and Urban Economics* 21, 393–421. [23, 29]

Wildasin, D. E. (1991b) "Income Redistribution in a Common Labor Market," *American Economic Review* 81, 757–774. [50, 52]

Wildasin, D. E. (2000) "Labor-market Integration, Investment in Risky Human Capital and Fiscal Competition," *American Economic Review* 90, 73–95. [64]

Wildasin, D. E. and J. D. Wilson (1998) "Risky Local Tax Bases: Risk-Pooling vs. Rent Capture," *Journal of Public Economics* 69, 229–247. [55, 64]

Wilson, J. D. (1985) "Optimal Property Taxation in the Presence of Interregional Capital Mobility," *Journal of Urban Economics* **18**, 73-89.〔39〕

Wilson, J. D. (1986) "A Theory of Inter-Regional Tax Competition," *Journal of Urban Economics* **19**, 296-315.〔3, 4, 8, 9, 11, 12, 19, 77, 89, 97〕

Wilson, J. D. (1991) "Tax Competition with Interregional Differences in Factor Endowments," *Regional Science and Urban Economics* **21**, 423-451.〔24, 25, 79, 81〕

Wilson, J. D. (1995) "Mobile Labor, Multiple Tax Instruments, and Tax Competition," *Journal of Urban Economics* **38**, 333-356.〔44-46, 133〕

Wilson, J. D. (1997) "Property Taxation, Congestion and Local Public Goods," *Journal of Public Economics* **64**, 207-217.〔44〕

Wilson, J. D. (1999) "Theories of Tax Competition," *National Tax Journal* **52**, 269-304.〔9, 13, 18, 55〕

Wilson, J. D. (2005) "Welfare-Improving Tax Competition," *Journal of Urban Economics* **57**, 1-18.〔57, 88〕

Wilson, J. D. and R. H. Gordon (2003) "Expenditure Competition," *Journal of Public Economic Theory* **5**, 399-417.〔5, 57〕

Wilson, J. D. and D. E. Wildasin (2004) "Capital Tax Competition: Bane or Boon?," *Journal of Public Economics* **88**, 1065-1091.〔13, 26〕

Wilson, J. D. and E. Janeba (2005) "Decentralization and International Tax Competition," *Journal of Public Economics* **89**, 1211-1229.〔62〕

Wrede, M. (1996) "Vertical and Horizontal Tax Competition: Will Unco-ordinated Leviathans End up on the Wrong Side of the Laffer Curve?," *Finanzarchiv* **53**, 461-479.〔61〕

Wrede, M. (1997) "Tax Competition and Federalism: The Underprovision of Local Public Goods," *FinanzArchiv* **54**, 494-515.〔90, 98〕

Wrede, M. (2000) "Shared Tax Sources and Public Expenditures," *International Tax and Public Finance* **7**, 163-175.〔61, 88〕

Yamano, N. and T. Ohkawara (2000) "The Regional Allocation of Public Investment: Efficiency or Equity?," *Journal of Regional Science* **40**, 205-229.〔194〕

Zhang, J. (2011) "Interjurisdictional Competition for FDI: The Case of China's 'Development Zone Fever'," *Regional Science and Urban Economics* **41**, 145-159.〔93, 94〕

Zisssimos, B. and M. Wooders (2008) "Public Good Differentiation and the Intensity of Tax Competition," *Journal of Public Economics* **92**, 1105-1121.〔96〕

Zodrow, G. R. (2003) "Tax Competition and Tax Coordination in the European Union," *International Tax and Public Finance* **10**, 651-671.〔9, 13, 77〕

Zodrow, G. R. (2010) "Capital Mobility and Capital Tax Competition," *National Tax Journal* **63**, 865-901.〔16〕

Zodrow, G. R. and P. Mieszkowski (1986) "Pigou, Tiebout, Property Taxation, and the Underprovision of Local Public Goods," *Journal of Urban Economics* **19**, 356-370.〔3, 4, 8, 9, 11, 17, 18, 89, 164, 209, 214, 215〕

赤井伸郎（2006）「政府間関係（国と地方）における契約問題：ソフトな予算制約問題（Soft Budget）を中心に」『フィナンシャル・レビュー』**82**, 79-102〔75〕

赤木博文（2012）『生活基盤型社会資本の経済分析』多賀出版〔194〕
伊多波良雄（2002）『地方分権時代の地方財政』有斐閣〔1〕
岩本康志・大内聡・竹下智・別所正（1996）「社会資本の生産性と公共投資の地域間配分」『フィナンシャル・レビュー』41, 27-52〔110, 112, 194〕
大島考介（2011）『租税競争と差別課税』大学教育出版〔39〕
小川光（2006）「地方政府間の政策競争：税・支出の競争と外部効果」『フィナンシャル・レビュー』82, 10-36〔5, 20〕
岸本哲也（1986）『公共経済学』有斐閣〔i〕
佐藤主光（2006）「政府間財政関係の政治経済学」『フィナンシャル・レビュー』82, 103-137〔75〕
佐藤主光（2011）『地方税改革の経済学』日本経済新聞出版社〔1, 2, 13, 15〕
佐藤泰裕・田淵隆俊・山本和博（2011）『空間経済学』有斐閣〔26〕
菅原宏太・國崎稔（2006）「財政競争の実証分析：日本の都道府県のケース」『経済論集』（愛知大学経済学会）171, 1-29〔2, 16〕
田中宏樹（2013）『政府間競争の経済分析：地方自治体の戦略的相互依存の検証』頸草書房〔2, 16〕
田中宏樹・日高政浩（2010）「動学的租税競争と公的資本形成：非対称的な公的資本の生産力効果を考慮した2地域世代重複モデルによるシミュレーション分析」『日本経済研究』62, 39-63〔96〕
土居丈朗（2000）『地方財政の政治経済学』東洋経済新報社〔1〕
中井英雄（2007）『地方財政学：公民連携の限界責任』有斐閣〔1〕
林正義（2002）「地方自治体の最小効率規模：地方公共サービス供給における規模の経済と混雑効果」『フィナンシャル・レビュー』61, 59-89〔118〕
林正義（2006）「再分配政策と地方財政」『フィナンシャル・レビュー』82, 138-160〔15〕
深澤映司（2009）「我が国の地方法人課税をめぐる租税競争：法人事業税を対象とした現状分析」『レファレンス』59, 55-85〔2, 16〕
堀場勇夫（1999）『地方分権の経済分析』東洋経済新報社〔1〕
堀場勇夫（2008）『地方分権の経済理論：第1世代から第2世代へ』東洋経済新報社〔1, 2, 75〕
松本睦（2006）「政府間税競争の理論：資本税競争を中心として」『フィナンシャル・レビュー』82, 37-78〔ii, iii〕
米原淳七郎（1977）『地方財政学』有斐閣〔1〕

索引

◇ あ 行

足による投票　3, 13, 49
1次同次性（公共要素に関する定義・概念）
　　109-112
一般均衡モデル　9, 115
移転価格税制　14
M&Aモデル　35
応益原則　5, 90,
応益負担税　13, 49, 90, 115, 147, 148, 154, 155
OSモデル（表記）　147, 148
オークション　13, 15, 30, 94

◇ か 行

貝塚ルール（定義・概念）　101
確率的投票モデル　59
下限税率　28, 82, 83
過剰参入　93, 181, 182, 191
課税自主権　1, 2
課税ベース均等化　73-75, 96
環境外部性・環境創設型　109, 110
環境政策　91, 160
企業課税に関する行動綱領　2
企業貢献型公共要素（定義・概念）　110, 111
技術進歩
　　ハロッド中立的・ソロー中立的——
　　　172, 173
　　ヒックス中立的——　173, 177
規模の経済性
　　——（公共サービス供給に関する定義・概念）　44, 132-134, 148
　　——（公共生産に関する定義・概念）
　　　148, 149
　　——（民間生産部門）　20, 25, 84

共同消費性　24, 59, 94, 109, 111, 112, 116-118, 120, 134, 147, 149, 156, 209
金銭的外部性　20, 21, 24, 29, 72, 81-83
クラブ理論　13
繰り返しゲーム　39, 80-82
cross-border shopping　13
KMモデル（表記）　159
結託耐性ナッシュ均衡　81
原産地・仕向地消費課税　13, 36
源泉地・居住地資本課税（定義・概念）
　　3
交易条件効果　21
公共財・公共要素（定義・概念）　4
公共選択　3
公共投資の負の外部性　204, 206
公共要素のレント（定義・概念）　110-112
効率的交渉　70
コミットメント　54, 67, 68, 70, 78, 80, 85, 149
コモン・エージェンシー　66
混合戦略　40, 68, 94
混雑外部性　44, 132-136, 138, 144, 145, 209, 210
混雑税　44, 46, 132, 139, 209

◇ さ 行

財産税　33, 34, 44-46, 133
財政平衡交付金　72, 73, 85
財政連邦主義　1
最低投入量制約　114-119
最適課税理論　11
最適所得課税　65
歳入シェアリング　73, 77
サーチ・モデル　69, 70
サンク・コスト　116, 120, 125, 129, 135,

索引

169
時間的不整合性　67, 78, 80
自己選択制約　65, 66, 77
事後的財政移転　72-75, 85
支出競争　5
支出ゲーム　22, 23, 29
従価税　10, 14, 22, 23, 100
集積経済　20, 26, 27, 30, 42, 84, 93, 113, 115
従量税　10, 22, 23, 100
準公共要素　111, 112
純粋戦略　40
上限税率　82
小地域の前提（定義・概念）　10, 17, 96, 99, 100
消費税競争　13, 14, 23, 24, 36, 49, 61, 78, 82
情報交換　14, 16, 32, 36-39, 80
情報非対称性　10, 30, 50, 54, 58, 65, 66, 68, 73, 76, 85, 93
新古典派成長モデル　35
人的資本　64, 68, 69, 179
人頭税　13, 44-46, 48, 49, 57, 133
水平的・垂直的租税競争，外部性（定義・概念）　14, 61
スピルオーバー　5, 48, 72, 73, 91, 96
税ゲーム　22, 23, 29, 62, 76
政策の均一性　82
生産効率性補題　34, 35
政治的レント　58
政党間競争　58
ZM 安定条件　98, 99, 103-105, 120, 122, 130, 157, 209
ZMW モデル（表記）　8, 9
ZM モデル（表記）　89, 99
競り合い　15
戦略的委任　59
戦略的補完・代替　16, 28, 62, 78
相対的小地域のメリット　20, 24, 84
相対的大地域のメリット　24-27, 84

租税競争（定義・概念）　i, 1
租税輸出　54-56, 66, 72, 92
ゾーニング　13
ソフト予算　75

◇ た 行

第3国モデル　56
対称均衡（定義・概念）　10, 18, 96, 102
大地域（定義・概念）　20
タックス・ホリデー　68
タックス・ミックス　5, 34, 45, 133, 137-139, 141-144, 209
地域開発に伴う負の財政外部性（定義・概念）　181, 182, 186
地域間財政外部性（定義・概念）　11
小さな政府　3
中位投票者　51, 59, 60, 79
徴発効果　74, 75, 77
賃金交渉　70, 92
定式配分　14, 15
Tiebout sorting　49, 50, 53
Tiebout モデル　16, 43
底辺への競争　2, 4, 8
手　番　20, 28, 29, 82, 83
独占的組合　69, 70
土地レント最大化　44, 49, 162, 169

◇ な 行

内生的成長モデル　55, 57, 64
ナッシュ交渉　69
二重課税　14, 36-38
not-in-my-backyard competition　153

◇ は 行

引き金戦略　80
ピグー補助金　72, 85
Hillman-McMillan 型生産関数　173, 177
不確実性　10, 54, 56, 63-65
福祉移住　50-52
福祉国家の危機　2, 84

不在資本所有者　11, 28, 29
負の成長外部性　55, 73
不払い費用型要素（定義・概念）　111, 112
部分的集積　27, 30
プライス・メイカー　10, 20, 33, 60
フリー・アクセス　116-118, 156
プリンシパル・エージェント　65, 76
分離会計　14, 15
ベンサム的社会厚生　195
ヘンリー・ジョージの定理　44, 132
補助金競争　13, 15, 16, 20, 25, 26, 28-30, 84, 88, 93, 94

◇ ま 行

マッチング助成　72, 76, 169
マルコフ完全均衡　68
メトロポリタン・モデル　13, 23, 33, 43, 44, 50
モラルハザード　75

◇ や 行

ヤードスティック競争　16

誘因等価性　46, 47, 51, 84, 85
要素貢献型公共要素（定義・概念）　109, 110
要素特殊的公共要素（定義・概念）　171-173

◇ ら 行

ラッファー効果　146, 157, 207
利潤税
　——（垂直的外部性に関して）　75, 76
　——（限界混雑税に関して）　132, 209
離散的比較・一律政策変化（厚生分析の手法・非整合性）　11, 12, 18, 19, 97, 102, 127, 206
リージョナル・モデル　13, 33, 43
risk-exposure externality　65
立地効率性　16, 30, 84
立地レント　26-28
リバイアサン　54, 56-58, 61, 62, 68, 73, 77, 85, 92, 122
労働税　14, 32-36, 38, 39, 45, 46, 57, 63, 68-70, 75, 76, 115, 133, 159
浪費的政治活動　59, 60

● 著者紹介

松本　睦（まつもと　むつみ）

1967年1月生まれ
神戸大学大学院経済学研究科博士課程前期課程修了
大分大学経済学部助教授などを経て，
現在，立命館大学経済学部教授（専攻：公共経済学，財政学），経済学博士（神戸大学）

主要著作
"A Note on Tax Competition and Public Input Provision," *Regional Science and Urban Economics* **28**, 465-473, 1998.
"Redistribution and Regional Development under Tax Competition," *Journal of Urban Economics* **64**, 480-487. el., 2008.
"Entry in Tax Competition: A Note," *International Tax and Public Finance* **17**, 627-639, 2010.
"Capital-tax Financing and Scale Economies in Public-Input Production," (with J. P. Feehan) *Regional Science and Urban Economics* **40**, 116-121, 2010.
「政府間税競争の理論——資本税競争を中心として」『フィナンシャル・レビュー』**82**，37-78，2006年

租税競争の経済学——資本税競争と公共要素の理論
Economics of Tax Competition: A Study of Capital-Tax Competition and Public-Input Provision

2014年3月10日　初版第1刷発行

著　者　松　本　　　睦

発行者　江　草　貞　治

発行所　株式会社　有　斐　閣

郵便番号101-0051
東京都千代田区神田神保町2-17
電話　(03) 3264-1315〔編集〕
　　　(03) 3265-6811〔営業〕
http://www.yuhikaku.co.jp/

印刷・株式会社精興社／製本・牧製本印刷株式会社
© 2014, Mutsumi Matsumoto, Printed in Japan.
落丁・乱丁本はお取替えいたします。

★定価はカバーに表示してあります。

ISBN 978-4-641-16428-4

|JCOPY| 本書の無断複写(コピー)は，著作権法上での例外を除き，禁じられています。複写される場合は，そのつど事前に，(社)出版者著作権管理機構（電話03-3513-6969, FAX03-3513-6979, e-mail:info@jcopy.or.jp）の許諾を得てください。